AF567416

Hans J. Nissen Peter Heine

Von Mesopotamien zum Irak

Van-See
VAN
TÄBRIS
Urmia-See
DIYARBAKIR
TÜRKEI
IRAN
SYRIEN
Dur-Scharrukin
Ninive
MOSUL
Kalach
ZAGROS
Kar Tukulti-Ninurta
Hatra
KERKUK
Assur
Nuzi
DER EZ-ZOR
Terqa
Mari
HAMADAN
Samarra
Bisutun
Eschnunna
Dur-Kurigalzu
BAGDAD
Ktesiphon
IRAK
Dschemdet Nasr
Babylon
Kisch
Nippur
Hira
Umma
Susa
Isin
Dur-Untasch
Uruk
Girsu
Larsa
Tell el-Obed
Ur
Eridu
BASRA
SAUDI ARABIEN
KUWEIT
KUWEIT

Hans J. Nissen   Peter Heine

Von Mesopotamien zum Irak

Kleine Geschichte eines alten Landes bis heute

Verlag Klaus Wagenbach   Berlin

Wagenbachs Taschenbuch 732

Umschlaggestaltung: Julie August unter Verwendung des Gemäldes *Turmbau zu Babel* von Peter Brueghel und des Fotos *Fighting in Fallujah*, © dpa/picture alliance. Reihenkonzept: Rainer Groothuis. Das Karnickel auf Seite 1 zeichnete Horst Rudolph. Autorenphotos privat. Vorsatzmaterial von peyer graphic, Leonberg. Gedruckt auf chlor- und säurefreiem Papier (Schleipen) und gebunden bei Pustet, Regensburg.

ISBN 978 3 8031 2732 7

Inhalt

7 Vorwort

9 Landschaft, Klima, Bevölkerung
17 Die Anfänge seßhaften Lebens
32 Die erste städtische Kultur und die Schrift
56 Die Stadtstaaten und der Weg zum Zentralstaat
75 Die ersten Zentralstaaten
96 Teil der vorderasiatischen Staatenwelt
111 Die Weltreiche der Assyrer und Babylonier
131 Die Achämeniden
138 Alexander und die Seleukiden in Babylonien
145 Die Weltreiche der Parther und Sasaniden
161 Die islamische Eroberung
172 Teil des Osmanischen Reiches
180 Der Irak unter der Monarchie
185 Der republikanische Irak
206 Zeittafel
211 Ausgewählte Literatur
212 Abbildungsnachweis

214 Register

Vorwort

Die Plünderungen im irakischen Nationalmuseum in Bagdad in den ersten Tagen nach dem Zusammenbruch des Regimes von Saddam Hussein im April 2003 haben für weltweites Aufsehen gesorgt. Die Bestürzung war größer als die über die Vernichtung der arabischen Handschriftensammlung der Nationalbibliothek oder die Zerstörung der aktuellen Katasterbücher und anderer Unterlagen in den Verwaltungen des Landes. Plötzlich wurde auch denen, die mit dem Wort Irak bis dahin nur Terror, Massenvernichtungswaffen oder Öl verbunden hatten, bewußt, daß das Land zwischen Euphrat und Tigris auf eine vieltausendjährige Geschichte zurückblickt und daß hier grundlegende Kulturtechniken und Weltanschauungen entstanden sind, ohne die die Menschheit sich nicht auf dem heutigen zivilisatorischen Stand befände. Ursprünge eines Schriftsystems, auf dem auch die westliche Kultur beruht, erstaunlich weit entwickelte bürokratische Techniken wie zum Beispiel die der Archivierung, die bis heute Grundprinzipien moderner Verwaltungen geblieben sind, oder etwa frühe Formen des Monotheismus sind solche Grundlagen menschlichen Wissens, die von Mesopotamien ausgingen; unter dem Begriff *Premieren* werden diese Errungenschaften in der folgenden Darstellung besonders betont. Das Einzigartige der mesopotamischen Kultur sind aber nicht nur diese zahllosen Neuerungen, sondern daß sich über einen Zeitraum von 10 000 Jahren fast lückenlos ihre allmähliche Herausbildung und ihre Einfügung in den gesellschaftlichen Kanon verfolgen läßt.

Die oben genannte Katastrophe hat daher nicht nur eine Stadt oder eine Nation getroffen, sondern die gesamte Menschheit, unabhängig von den sich unterscheidenden historischen Entwicklungen, die einzelne Gesellschaften im Verlauf ihrer Geschichte genommen haben. Ein wichtiger Teil der Geschichte der gesamten Menschheit und ihres kulturellen Gedächtnisses ist mit den Verwüstungen in Bagdad verlorengegangen, auch wenn manche verschwundenen Schätze des Museums zu einem späteren Zeitpunkt wieder auftauchen mögen. Zugleich bleibt es eine Schande nicht nur für die Eroberer, sondern für alle, die sich dem politischen und gesellschaftlichen System des Saddam Hussein überlegen fühlten, daß sie nicht in der Lage waren, diese unersetzlichen Schätze zu schützen.

Das allgemeine Erschrecken über die Plünderungen und Zerstörungen der Kunstwerke und Dokumente aus Ur und Ninive, aus Babylon und Ktesiphon weist darauf hin, daß Mesopotamien für viele Menschen mehr bedeutet als andere Länder des Orients, die auf eine ähnlich lange geschichtliche Tradition zurückblicken. Dies ist um so erstaunlicher, als das wissenschaftliche Interesse am modernen Irak weniger ausgeprägt war als das an anderen nahöstlichen Staaten wie Ägypten oder einem kleinen Land wie Libanon. Die besondere öffentliche Aufmerksamkeit, mit der die jeweiligen aktuellen politischen und militärischen Ereignisse im Irak verfolgt wurden, zeigt, daß hier tiefe Schichten des Bewußtseins und der kulturellen Identität vieler Menschen berührt wurden. Die in allen Ländern Europas verbreitete Ablehnung eines *preemptive strike* gegen den Irak, die auch den politischen Entscheidungen der Regierenden galt, war keine Folge degenerierter Konfliktvermeidung, sondern Ausdruck des tiefen Bewußtseins, daß der Irak Teil der *alten Welt* ist, auf dessen Boden einige der grundlegenden Regeln menschlichen Zusammenlebens erstmals formuliert worden sind.

Seit der ersten Auflage hat sich die Situation nicht zum Besseren gewendet. Die aktuelle dramatische Eskalation mit dem Anwachsen des Machtbereichs der radikalen Organisation »Islamischer Staat« läßt einen Zerfall des irakischen Staates befürchten. In kaum einer von Menschen kontinuierlich bewohnten Region auf dem Globus läßt sich eine derart große historische Spanne von politischen, wirtschaftlichen und kulturellen Entwicklungen nachvollziehen. Die geographische Lage Mesopotamiens und der Ölreichtum des Irak haben es mit sich gebracht, daß das Gebiet zwischen Euphrat und Tigris immer wieder zum Spannungsfeld der Interessen fremder Mächte wurde. Uns erscheint es weiterhin sinnvoll, sich wieder der historischen Tatsachen zu vergewissern, die den Irak und unsere Welt zu dem gemacht haben, was sie heute sind.

Peter Heine   Hans J. Nissen

Landschaft, Klima, Bevölkerung

Mesopotamien (»[Land] zwischen den Flüssen«) nannten die Römer das Gebiet zwischen Euphrat und Tigris, das zeitweise ihre östlichste Provinz war. Obwohl es damals auch einen Teil des heutigen Syrien mit einschloß, hat sich dieser Name für das Gebiet des Irak eingebürgert. Diese Region ist von den großen Ebenen geprägt, die sich durch die Zuschwemmung des Grabens an der Nahtstelle gebildet haben, an der die afrikanische und die eurasische Platte aneinanderstoßen. Es umfaßt auch das westliche Vorfeld des gewaltigen Faltengebirges des Zagros, das sich aufgrund des Drucks der Erdplatten aufgetürmt hat. Den ehemaligen Graben durchfließt in nahezu geradem Lauf der Tigris. Der Euphrat dagegen durchquert nach seinem Ursprung in fast der gleichen Gegend zunächst einmal in weitem Bogen das heutige Gebiet Syriens, bevor er im südlichen Teil des Irak mit dem Euphrat zusammentrifft; dieser Graben findet schließlich seine Fortsetzung im Persischen Golf. Im Laufe der Jahrtausende haben die Sedimente der beiden Flüsse von Norden her einen immer größeren Teil des Grabens aufgeschüttet, so daß die heutige Schwemmebene des Südirak entstand. Dieser Vorgang dürfte im großen und ganzen ungefähr vor 10 000 Jahren abgeschlossen gewesen sein – was aber nicht bedeutet, daß es seit dieser Zeit keine Veränderungen mehr gab.

Die Auffüllung erfolgte unregelmäßig: In relativ warmen Phasen bewirkte die Häufigkeit der Niederschläge, daß die Flüsse mehr Wasser führten, somit mehr Geröll und Sedimente mit sich rissen und ablagerten als in kühleren Klimaphasen. Wie viele dieser größeren oder kleineren Veränderungen im Laufe der Jahrmillionen stattgefunden haben, ist nicht bekannt. Sie ereigneten sich in Zeiten, in denen der Mensch aufgrund seiner nichtseßhaften Lebensweise kaum von ihnen betroffen war. Allerdings hatte im Laufe des vierten Jahrtausends v. Chr. der Wandel zu einem leicht kühleren Klima großen Einfluß auf den

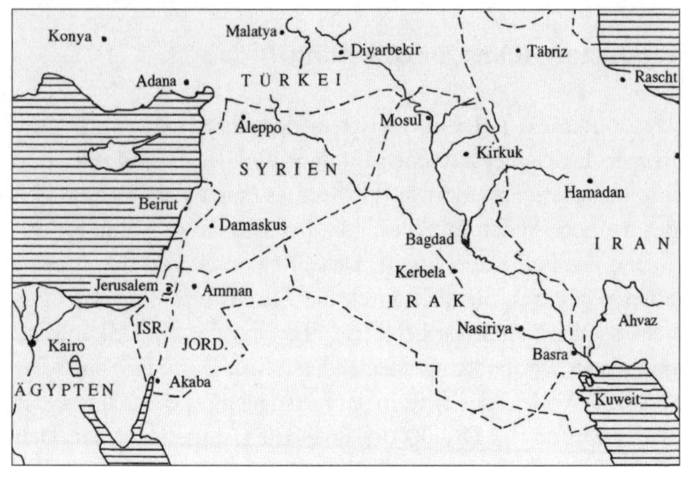

Der Irak und seine angrenzenden Länder

Fortgang der Entwicklung. Gegen 2000 v. Chr. scheinen sich klimatische Verhältnisse eingependelt zu haben, die im wesentlichen unseren heutigen entsprechen.

Einer der wichtigsten klimatischen Unterschiede innerhalb des Irak ist, daß im nördlichen und östlichen Teil genügend Regen fällt, um Pflanzen gedeihen zu lassen; im westlichen Teil und vor allem im Bereich der südlichen Schwemmebene dagegen reichen die Niederschläge für Pflanzenanbau nicht aus. In der Nähe der Flüsse kann zwar statt dessen Wasser abgeleitet werden, doch weite Gebiete im Westen des heutigen Irak sind für Bewässerungssysteme nicht erreichbar und fallen daher für einen Anbau völlig aus. Wie fruchtbar diese Wüstengebiete jedoch sein könnten, zeigt sich, wenn sie nach einem der seltenen Frühjahrsregen einem Blumenteppich gleichen.

Mit den genannten Klimaschwankungen verschob sich jeweils die Grenze zwischen dem potentiell landwirtschaftlich nutzbaren und dem nicht nutzbaren Bereich, doch wahrscheinlich nie so weit, daß die südliche Schwemmebene oder ein Teil davon im Gebiet des Regenfeldbaus gelegen hätte. Die Landwirtschaft

Babyloniens, wie man den Landesteil zwischen Bagdad und dem Kopf des Persischen Golfes nach seiner zeitweiligen Hauptstadt nennt, war daher stets auf künstliche Bewässerung angewiesen. Der nördliche Landesteil, Assyrien, hingegen konnte weitgehend ohne diese Anstrengungen auskommen.

Da die meisten Frühen Hochkulturen, so die ägyptische, die chinesische oder die indische, in großen Flußtälern lagen, meinte man, den Ausspruch Herodots aus dem fünften Jahrhundert v. Chr., »Ägypten sei das Geschenk des Nils«, auch auf andere Kulturen übertragen zu können. Herodot spielt darauf an, daß die Hochflut des Nil die Felder des Niltales rechtzeitig vor der Aussaat überschwemmt, so daß die Saat in den fruchtbaren abgelagerten Schlamm ausgebracht werden kann. Das gewährleistet jedes Jahr einen hohen Ertrag, ohne daß der Boden gedüngt, anderweitig verbessert werden oder brachliegen muß.

Eine einfache Übertragung dieses Gedankenganges wäre jedoch mindestens für die indische und die mesopotamische Hochkultur verfehlt, denn in diesen beiden Regionen liegt die Zeit der Hochflut so spät, daß sie im Gegenteil eine große Gefahr für die Ernte darstellt. Der Nil fließt von Süden nach Norden; Euphrat und Tigris aber, wie auch der Indus, fließen von Norden nach Süden. Die Hochfluten der Flüsse sind ein Ergebnis der Schneeschmelze in den jeweiligen Quellgebieten. Die Schneeschmelze setzt im Ursprungsgebiet des Nil erheblich früher ein als zum Beispiel im Quellgebiet von Euphrat und Tigris in Südostanatolien. Dennoch ist es keine Frage, daß erst der Wasserreichtum jene intensive Landwirtschaft ermöglichte, die die Grundlage der Frühen Hochkulturen bildete. In Mesopotamien mußte allerdings die positive Nutzung des Wassers der Natur abgetrotzt werden. Es war keine geringe Herausforderung für die Gesellschaften Mesopotamiens, sich zu überlegen, wie man mit dieser Gefahr umgehen konnte.

Die Entstehung der mesopotamischen Ebenen durch Einschwemmung hatte zur Folge, daß in ihnen keine Rohstoffe wie zum Beispiel Metalle vorhanden sind, und zumindest die südliche Schwemmebene verfügt auch kaum über Gestein. Eine Ausnahme bildet eine Stelle am südwestlichen Euphrat bei der Stadt Samauwa, wo Kalkstein dicht unter der Oberfläche zutage tritt. Er ist von minderer Qualität und daher als Baumaterial kaum geeignet, noch weniger für die Herstellung von Schmuck oder Steingefäßen. Dennoch wurde er im vierten Jahrtausend v. Chr. für kurze Zeit abgebaut und in der Stadt Uruk zur Fundamentierung eines großen öffentlichen Gebäudes, des *Kalkstein-Tempels*, verwendet. Heute wird dieser Kalkstein wieder abgebaut und zu Zement verarbeitet. Das Vorkommen von Kalkstein an dieser Stelle rührt daher, daß die Vorketten des Zagros sich auch unter dem Schwemmland fortsetzen und ehemals hochgelegene Teile dieser Ketten nicht allzutief unter die Schwemmebene gerieten. Im Norden und natürlich in den östlichen Vorketten des Zagros ist Stein dagegen häufig und von guter Qualität. Insbesondere der Mosul-Alabaster diente im ersten Jahrtausend v. Chr. zur Herstellung der monumentalen Stierkolosse an den Eingängen der assyrischen Paläste sowie der Reliefs, mit denen die Wände dieser Paläste geschmückt sind.

Das Baumaterial und damit die Bauweise orientieren sich immer an den lokal vorhandenen Möglichkeiten. Während im Norden und Osten zum Teil in Stein oder mit dem reichlich vorhandenen Holz gebaut wird, wird im Süden – wie auch in den anderen Schwemmebenen – ausschließlich der aus dem vorhandenen Boden geformte Ziegel verwendet, der meist nur an der Sonne getrocknet verbaut wird.

Die verschiedenen harten und unterschiedlich farbigen Steine, die der Herstellung von Schmuck und Steingefäßen dienten, stammen aus den Ketten des Zagros. Von dort kommt auch der in großem Umfang zu Perlen verarbeitete Halbedelstein Karneol, während der gleichfalls sehr beliebte blaue Lapislazuli einen sehr viel längeren Weg nahm: Die einzigen nachgewiesenen Lagerstätten befinden sich in Badachschan, einem Tal im äußersten Nordosten des heutigen Afghanistan. Der insbesondere in der Frühzeit zu Messern und Gefäßen verarbeitete Obsidian stammt aus Anatolien. Edel- und einfache Metalle wurden zu verschiedenen Zeiten von unterschiedlichen Lagerstätten bezogen. Es gibt nur Vermutungen über ihre genaue Herkunft, da Gegenstände aus Metall immer wieder eingeschmolzen und die Ausgangsmaterialien somit vermischt wurden. Der prinzipiell mit modernen Methoden mögliche Vergleich ihrer Bestandteile mit deren Vorkommen in heute bekannten Lagerstätten geht insofern ins Leere. Hauptbezugsquellen für das in großen Mengen benötigte Kupfer waren wohl entweder Südostanatolien oder die Oman-Halbinsel. Die Frage nach der Herkunft des zur Herstellung von Bronze benötigten Zinns bleibt unbeantwortet. Silber findet sich wiederum im Zagros beziehungsweise in Zentraliran, während wir beim häufig verarbeiteten Gold wieder vor einem Rätsel stehen.

Zwar wurden die reichen Vorkommen an Erdöl erst in der Neuzeit entdeckt, doch ist verwandtes Material in Form von Asphalt mindestens seit 5 500 Jahren genutzt worden. Es diente als Untergrund für die beliebten Einlegearbeiten, bei denen aus farbigen Steinen und Muscheln geschnitzte Figuren und geometrische Formen dargestellt werden konnten; es wurde aber vermutlich auch als zusätzliches Brennmaterial eingesetzt, um hohe Temperaturen zu erreichen, wie sie bei der Metallverarbeitung erforderlich waren. Von der Mitte des dritten Jahrtausends an finden wir Asphalt als Mörtel für gebrannte Ziegel verwendet, vor allem bei Fußböden und Abflußrinnen oder in Räumen, die häufig mit Wasser in Berührung kamen. An verschiedenen Stellen entlang des Euphrat, besonders in der Nähe der modernen und alten Stadt Hit, trat Asphalt aus dem Boden (daher die Bezeichnung »ittu« in akkadischer Sprache), von wo aus es in Klumpen in den Fluß gelangte und dort aufgefischt wurde.

Wer kennt schon die Namen all derer, die an der Aus- und Fortbildung der Kulturen auf irakischem Boden beteiligt waren? Selbst für die Perioden, aus denen wir reichlich schriftliche

Zeugnisse besitzen, sind uns zumeist nur die Hauptakteure bekannt. Mit einer gewissen Regelmäßigkeit kamen neue Gruppen, bisweilen völlig unterschiedlicher ethnischer Herkunft, erobernd, massiv einwandernd oder langsam unterwandernd nach Mesopotamien. Im Gegensatz zum auf das Niltal beschränkten Ägypten, das in den Steilabbrüchen der umliegenden Wüsten natürliche Grenzen hatte, ist Mesopotamien nach allen Seiten offen und hat keine natürlichen Grenzen. Das regelmäßige Eindringen neuer Gruppen ist auch für die älteren Perioden anzunehmen, aus denen wir keine schriftlichen Nachrichten haben.

Selbst die frühesten schriftlichen Überlieferungen lassen keine Schlüsse auf die ethnische Zusammensetzung der damaligen Bevölkerung zu, da in den Texten zwar detailliert komplexe wirtschaftliche Vorgänge aufgezeichnet wurden, die Schrift aber nicht dazu verwendet wurde, um das gesprochene Wort wiederzugeben. Vermutlich ist es bis auf Eigennamen möglich gewesen, die Texte in jeder der damaligen Sprachen zu *lesen*. Da es bis heute nicht gelungen ist, die Sprache hinter den ältesten Texten zu bestimmen, läßt sich nicht genau sagen, wer die frühe städtische Kultur im Südmesopotamien des vierten Jahrtausends hervorgebracht hat. Plausibel wäre, daß die Sumerer dabei eine Rolle spielten, die wir circa 700 Jahre später als treibende Kraft der Gesellschaft kennenlernen.

Erst ab der Mitte des dritten Jahrtausends gab man die gesprochene Sprache auch in schriftlicher Form wieder. Zu dieser Zeit wurden die Urkunden und Herrscherinschriften in sumerischer Sprache abgefaßt; allerdings lassen die vielen Fremdworte, vor allem aus der semitischen Sprache der Akkader, darauf schließen, daß mehrere ethnische Gruppen bereits seit längerem zusammenlebten. Diese Phase, in der die Texte in sumerischer Sprache geschrieben wurden, dauerte nur ungefähr 200 Jahre, denn als mit Sargon von Akkad ein Angehöriger der schon lange im Land lebenden semitischen Akkader um 2350 v. Chr. die Herrschaft erlangte, wurde für fast alle schriftlichen

Aufzeichnungen, insbesondere für die offiziellen und die Herrscherinschriften, die akkadische Sprache mit demselben Keilschriftsystem verwendet. Nach 150 Jahren schwang das Pendel zur sumerischen Sprache zurück, nach weiteren 150 Jahren herrschten endgültig die semitischen Sprachen vor. Selbstverständlich war in den jeweiligen Zwischenphasen die gerade *unterlegene* Sprache nicht ausgestorben. Fälle, in denen Väter mit sumerischen Namen Söhne mit akkadischen Namen und umgekehrt hatten, machen zudem verständlich, warum es nicht gelingen kann, von den Namen beziehungsweise Sprachen der schriftlichen Nachrichten ohne weiteres auf die tatsächliche Zusammensetzung der Bevölkerung zu schließen. Um 2000 hat wahrscheinlich Sumerisch aufgehört, eine gesprochene Sprache zu sein.

Von 2000 v. Chr. an begegnen wir immer wieder neuen Zuwanderern. Zu nennen sind in erster Linie semitische Gruppen, die in Wellen Mesopotamien erreichten und die von den Akkadern für die Wiedergabe ihrer Sprache ausgebaute Keilschrift ihren jeweiligen Dialekten anpaßten. Die Unterschiede in der Sprache erlauben uns, einen babylonischen Dialekt von einem assyrischen zu unterscheiden, entsprechend dem südlichen und nördlichen Teil Mesopotamiens. Durch die Ankunft der semitischen Amoriter zu Beginn des zweiten Jahrtausends und die der Aramäer zu Beginn des ersten Jahrtausends veränderte sich jeweils die semitische Hauptsprache. Die nächste semitische Welle, die der Araber, kam allerdings zu spät, um noch größeren Einfluß auf die sogenannten Keilschriftsprachen zu nehmen.

Eine weitere wichtige Volksgruppe, die Hurriter, die zeitweise einen großen Teil der Bevölkerung Nordmesopotamiens ausmachte, ist insofern faßbar, als sie auf der einen Seite die Keilschrift für die Wiedergabe ihrer eigenen Sprache adaptierte, andererseits aber in einem Maße auf die akkadische Sprache einwirkte, daß es zur Bildung eines lokal begrenzten hurrito-akkadischen Dialektes kam.

Schließlich sind jene Gruppen zu nennen, von deren Anwesenheit wir wissen, die aber auf die Schriftsprache keinen Einfluß hatten. Dazu zählen die Kassiten, die in der zweiten Hälfte des zweiten Jahrtausends einen erheblichen Anteil der Bevölkerung und sogar für mehrere hundert Jahre die politische Führung stellten, aber auch jene Gruppen, die im Zuge der berüchtigten Deportationen ganzer Völker durch die Assyrer und Babylonier nach Mesopotamien umgesiedelt wurden.

Alle diese Gruppen haben sich von der Frühzeit an miteinander vermischt, so daß es unmöglich ist, die eine oder andere Gruppe im heutigen Irak auf eine der ursprünglichen Wurzeln zurückzuführen. Es sieht im Gegenteil so aus, als ob gerade diese anhaltenden Einwanderungen und Vermischungen der Völker die Geschichte der mesopotamischen Gesellschaft so lebendig und abwechslungsreich gestalteten.

Die Anfänge seßhaften Lebens

(ca. 10000 – ca. 1000 v. Chr.)

Bis vor ungefähr 12 000 Jahren waren die Lebensweisen im Vorderen Orient, im Mittelmeerraum und im übrigen Europa annähernd gleich. Gruppen von Neandertalern (»homo neandertalensis«) hielten sich vor ungefähr 30 000 Jahren bevorzugt in Gebieten auf, in denen ein günstiges Klima für eine große Bandbreite von Jagdwild sowie eßbaren Pflanzen und Früchten sorgte, da dies ihren Aufenthalt an einer Stelle für möglichst lange Zeit sicherte. Die Anwesenheit des Neandertalers ist für den Vorderen Orient durch Spuren und Hinterlassenschaften in mehreren Höhlen bezeugt. Sie reichen vom Karmel-Gebirge im heutigen Israel über Beldibi in Südostanatolien bis zu Hotu im iranischen Elburs. Die Höhle Schanidar im Nordosten des Irak in den Randbergen des Zagros ist vor allem dadurch bekannt, daß dort über ein Grab Blumen gestreut wurden: gedeutet als erstes Zeichen dafür, daß man in irgendeiner Weise an ein Dasein nach dem Tode glaubte.

Ab circa 10000 v. Chr. gibt es erste Anzeichen dafür, daß die Entwicklung im Vorderen Orient anders verlaufen wird als in den benachbarten Regionen, erkennbar an ersten Spuren von domestizierten Pflanzen und Tieren sowie an ersten Behausungen, die über natürliche Unterstände oder Laubhütten hinausgehen.

Um 10 000 muß eine wesentliche Veränderung stattgefunden haben. Nach DNA-Analysen hat sich der frühe moderne Mensch (»homo sapiens sapiens«) vermutlich von Ostafrika aus unter anderem in den Vorderen Orient ausgebreitet, wo er auf den Neandertaler gestoßen sein muß. Ähnlich wie in Europa endete das jahrtausendelange Zusammenleben mit einem vollständigen Sieg des modernen Menschen.

Der Verdrängungsprozeß muß erhebliche Zeit vor 12000 v. Chr. abgeschlossen gewesen sein, denn Träger der neuen Kultur mit beginnender Seßhaftigkeit und Domestikation ist von

v. Chr.	Perioden	Charakterisierung	Herrscher
8000	Akeramisches Neolithikum	Domestizierung von Tieren und Pflanzen; erste Dauersiedlungen in ökolog. kleinteiligen Gebieten	
7000			
6500	Keramisches Neolithikum	Siedlungen in Regenfeldbaugebieten im Inneren und in Randgebieten der Gebirge; weitreichender Handel; spezialisierte Siedlungen	
6000	Hassuna		
5500	Samarra		
5000	Halaf	Bildung lokaler Zentren	
4500	Obed	Beginn städtischer Strukturen	
4000	Frühuruk	Beginn der massiven Besiedlung der südirakischen Schwemmebene von den Nachgebieten her	
3500	Späturuk	Entstehung von Großstädten / Stadtstaaten im Südirak mit Schrift, Kunst und Großarchitektur	
3000	Dschemdet Nasr	Beginn der Anlage von Kanalsystemen	Gilgamesch
2500	Frühdynastisch	Beginn der Entstehung von Regionalstaaten	Urnansche
	Akkad	erster Regionalstaat der Dynastie von Akkad	Sargon
2000	Ur III	Regionalstaat der III. Dynastie von Ur	Urnamma

Chronologische Tabelle der Frühzeit bis 2000 v. Chr.

Anbeginn der frühe moderne Mensch. Was diese Entwicklung zur Seßhaftigkeit ausgelöst hat, ist ungewiß; wahrscheinlich hatte die größere geistige Beweglichkeit, die ihm geholfen hatte, sich gegenüber dem Neandertaler durchzusetzen, dem Menschen ermöglicht, Probleme zu erkennen und Lösungen zu finden. Vielleicht wollte man einfach so lange wie möglich an einer Stelle bleiben, die man als vorteilhaft erkannt hatte. Dazu war eine sorgfältige Auswahl des Lagerplatzes nötig, der neben einem leichten Zugang zu Wasser eine möglichst gegliederte, artenreiche Umgebung aufweisen sollte; wegen der Unterschiede in Mikroklima und Höhe bietet eine solche Umgebung eine große Bandbreite an Pflanzen mit unterschiedlichster Reifezeit, ergänzt durch einen Reichtum an Fischen und Jagdtieren.

Erfolgreicher aber war der Weg über das Anlegen von Nahrungsvorräten, denn eine solche Strategie erlaubte ein Überleben auch in Zeiten, in denen witterungsbedingt oder als Folge der Erschöpfung des Nahrungsangebots die Ernährungsgrundlage nicht mehr gesichert war. Vorräte lassen sich nur mit Nahrungsmitteln anlegen, die über den täglichen Bedarf hinaus gewonnen werden. Das gelingt in verläßlicher Weise erst, wenn die Nahrung systematisch selbst erzeugt wird. Bereits vorhandenes Wissen über das Fortpflanzungsverhalten von Tieren und den Wachstumszyklus von Pflanzen wurde gezielt bei der Haltung von Tieren in Herden und der Kultivierung aller Arten von Pflanzen eingesetzt, um über die Sicherung des täglichen Bedarfs hinaus den nötigen Überschuß für Vorräte zu gewinnen.

Daß die Entwicklung zur Seßhaftigkeit im Vorderen Orient früher begonnen hat als in anderen Gebieten, in denen der moderne Mensch unter ähnlichen Umweltbedingungen lebte, hat mehrere Gründe. Zum einen finden sich in den bergigen Gebieten des Vorderen Orients eine Vielzahl von wasserreichen potentiellen Lagerplätzen mit gegliederter, artenreicher Umgebung. Mindestens so entscheidend war, daß die Gebiete des Taurus und des Zagros die Urheimat einer Reihe von Tieren und Pflanzen waren, die auf die Versuche des Menschen, sie unter Kontrolle zu bekommen, mit besseren Verwertungsmöglichkeiten reagierten. Bestes Beispiel ist das Schaf, das in seiner Wildform strähnige, harte Haare hatte wie die Ziege. Erst die Bedingungen der Domestikation lassen die Zahl der Mutanten, die lediglich das wollige Unterfell aufweisen, so ansteigen, daß aus ihnen das Wollschaf gezüchtet werden kann. Es trat von hier seinen Siegeszug um die ganze Welt an; eine der ersten Premieren. Außer dem

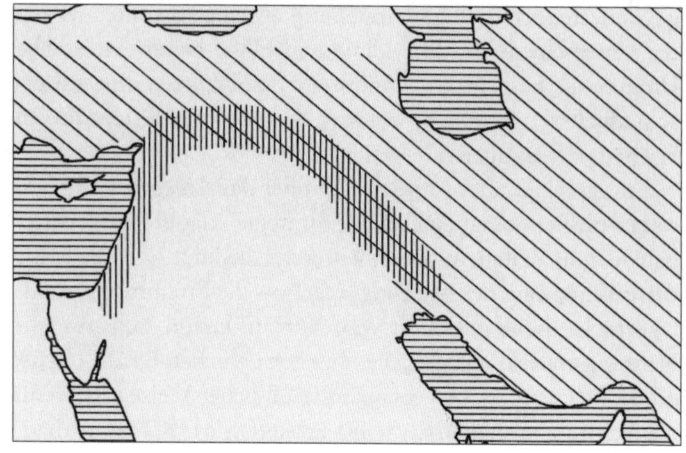

Verbreitung der Wildgerste (senkrecht) und des Wildschafes (schräg schraffiert) im Vorderen Orient

Schaf werden Ziege, Rind und Schwein gezüchtet; bei den Pflanzen vor allem verschiedene Getreidearten (Einkorn, Emmer, Weizen, Gerste) sowie Linsen und Erbsen.

Sowohl Herdenhaltung als auch Pflanzenanbau sind mit erheblichen Risiken wie Tierseuchen oder Mißernten behaftet. Für lange Zeit bildete die Nahrung aus eigener Produktion daher nur ein Zubrot. Durch Jagen, Fischen und Sammeln beschaffte man den größten Teil der täglichen Nahrung. Im Fall der oben genannten Katastrophen konnte man sich vollständig auf Jagen und Sammeln umstellen. Frühe Siedlungen mit dieser Art von Mischwirtschaft waren darauf angewiesen, für Jagen und Sammeln über weite Gebiete zu verfügen. Wegen dieser großen Einzugsgebiete lagen Siedlungen dieser Zeit weit voneinander entfernt. Das zusätzliche Bestreben war, die Unsicherheit der Nahrungsbeschaffung durch die relative Sicherheit der Nahrungserzeugung zu ersetzen. Wenn auch zunächst die Option des Jagens und Sammelns offengehalten werden mußte, wurde sie zunehmend entbehrlicher. Wo man nicht mehr auf die großen Jagd- und Sammelgebiete in der Umgebung der Siedlungen angewiesen war, konnten sich auch die Abstände zwischen den Siedlungen verringern.

Dieser Vorgang erstreckte sich über einen längeren Zeitraum und markierte den entscheidenden Schritt in der ganzen frühen Entwicklung. Die neuen Lebensformen waren jedoch zunächst nur Optionen, von denen bei Bedarf wieder abgerückt werden konnte, etwa im Falle von Problemen bei der Nahrungserzeugung (Viehseuchen, Mißernten infolge von Dürre, Hagel oder Überflutung) oder auch nur weil man das bequemere – wenn auch unsicherere – Leben des Jagens und Sammelns vorzog. Antworten auf die trotz größerer Erfahrung immer möglichen Katastrophen konnten nur in einer weiteren Verfeinerung der Techniken der Nahrungserzeugung liegen, zu denen frühe Versuche zu zählen sind, den Anbau durch die Zuleitung von Wasser auf die Feldflächen zu intensivieren.

Die weite Entfernung der Siedlungen voneinander hatte die Entstehung von Nachbarschaftskonflikten verhindert. Mit der Aufgabe der weiten Jagd- und Sammelgebiete und der dadurch ermöglichten Verringerung des Abstandes zwischen den Siedlungen begab sich der Mensch aber auch in eine selbstgeschaffene Falle; die Entwicklung war jedoch unumkehrbar geworden. Da die größere Sicherheit im Nahrungsangebot die Bevölkerung wachsen und die Siedlungen größer werden ließ, nahmen nicht nur die Nachbarschaftskonflikte zwischen, sondern auch die Streitigkeiten innerhalb der Siedlungen zu.

Selbstverständlich hatte es auch in den älteren Jäger- und Sammlergruppen Leitungsstrukturen gegeben, doch wurde zunehmend die Notwendigkeit immer unabweisbarer, Regeln zur Konfliktvermeidung und Konfliktlösung zu formulieren. Neue Leitungsstrukturen mußten zur Überwachung der Regeln und der Sanktionen bei Übertretung geschaffen werden, was wiederum direkt zu deren Legitimierung diente. Eine neue Qualität von Führung entstand.

Siedlungen aus dem achten und siebten Jahrtausend sind in so geringfügiger Zahl und jeweils nur in kleinen Ausschnitten

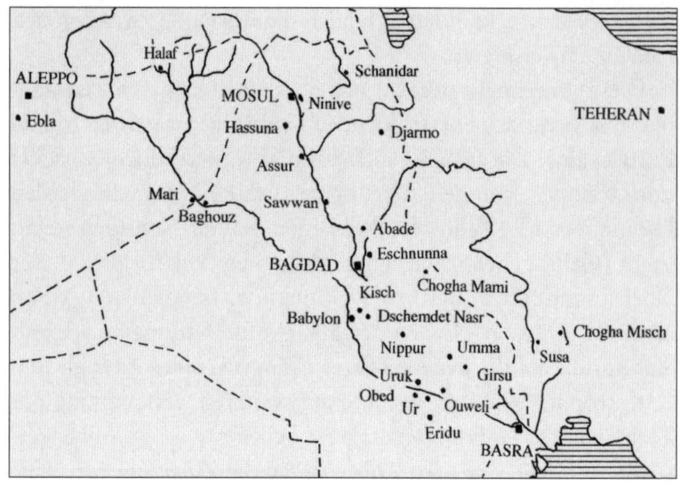

Der Vordere Orient mit Fundorten der Frühzeit

durch Ausgrabungen erschlossen worden, daß wir keine Möglichkeiten haben, aus Form, Größe und Anordnung der Häuser oder sonstiger Einrichtungen auf wirtschaftliche oder soziale Aspekte schließen oder etwa aus der Existenz öffentlicher Gebäude Aufschlüsse auf eine politisch-religiöse Führung gewinnen zu können. Die nahezu alle Aspekte des Lebens bestimmenden religiösen Vorgänge und Vorstellungen sind uns völlig unzugänglich.

Wir sehen an einem offenkundig vermehrten Bedarf an Behältern, daß zumindest die wirtschaftlichen Verhältnisse komplexer wurden. Zunächst waren Leder, Holz und Stein für die Herstellung von Behältern genutzt worden. Nun werden zusätzlich alle möglichen formbaren Stoffe ausprobiert, unter anderem Ton, ohne daß dies gleich zur Herstellung von Keramik in größerem Maßstab geführt hätte. Erst nach einer Weile hat sich die Erkenntnis durchgesetzt, daß Ton schneller und einfacher als andere Materialien den gestiegenen Bedarf an Behältern befriedigen konnte.

Keramikgefäße kommen im siebten Jahrtausend v. Chr. auf. Damit beginnt für uns Archäologen die Zeit einer neuen Her-

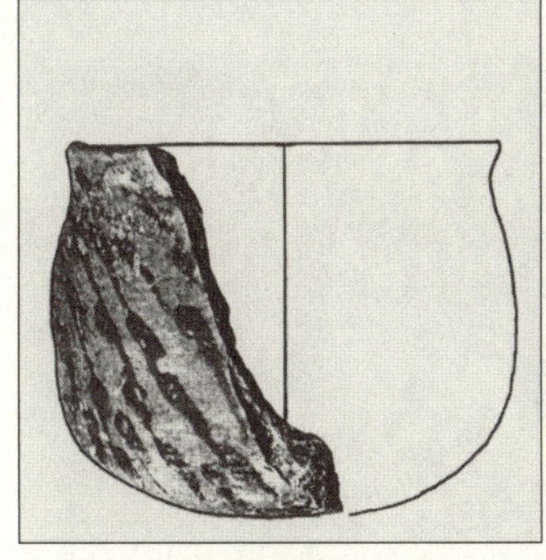

Verzierte Gefäße der frühesten Keramikperiode um 6000 v. Chr.
links: Gefäß mit Spritzbemalung aus Qual'at Dscharmo. Höhe 9 cm
rechts: Gefäß mit Einritzungen aus Tell Hassuna. Höhe 40 cm

angehensweise an die Zeugnisse der Vergangenheit, denn von Anbeginn sind Keramikgefäße nicht nur Behälter, sondern auch ein Medium, das verschiedene Möglichkeiten der Oberflächengestaltung bietet und zur Identitätsstiftung genutzt wird. Durch Ritzung und Bemalung wird eine unerschöpfliche Fülle an Mustern und Motiven auf Tongefäßen angebracht, mit denen sich Zugehörigkeiten und Abgrenzungen kenntlich machen lassen.

Da Formen wie auch Malmuster modischen und technologischen Entwicklungen unterworfen sind und sich damit in der Zeit verändern, lassen sich Keramikgefäße anhand ihrer Form oder ihrer Verzierung bestimmten Zeiten zuweisen. Selbst Scherben können zur Datierung genutzt werden; vor dem Auftreten von schriftlichen Quellen und Kunstwerken bestehen kaum andere Datierungsmöglichkeiten. Entsprechend werden für die lange Zeitspanne vom ersten Auftreten von Keramik bis zu dem Zeitpunkt, an dem schriftliche Nachrichten historische Einordnungen erlauben, die verschiedenen Perioden und Phasen nach bestimmten Keramikgruppen benannt – und diese wiederum nach dem ersten Ort, an dem sie gefunden wurden.

Für die Kenntnis von Keramikabfolgen sind vor allem Orte wichtig, die lange Zeit bewohnt blieben und in denen sich

Blick in ein Dorf im Südirak nach der Aufgabe der Siedlung. Die Entfernung aller brauchbaren Bauteile hat den Verfallsprozeß bereits eingeleitet

Keramik und andere Überreste der einzelnen Besiedlungsphasen in einer langen Abfolge übereinanderliegender Schichten abgelagert haben. Die Analyse solcher Schichten erlaubt allerdings nur Angaben, ob Funde älter oder jünger sind als andere. Wie alt etwas nach unserer Zeitrechnung ist, läßt sich nur feststellen, wenn einzelne Punkte innerhalb einer Keramikabfolge durch die Anwendung der sogenannten C_{14} (Kohlenstoff 14)- beziehungsweise der Baumring-Methode (Dendrochronologie) festgelegt werden können.

Wir kennen viele Orte, die lange besiedelt waren; die einzelnen Schichten sind meist gut zu trennen, weil eine Besonderheit der Bauweise im Vorderen Orient für dicke Schichtpakete gesorgt hat. Seit Beginn fester Bauten ist Lehm als Baumaterial benutzt worden, indem man Mauern aus Lehmschichten an Ort und Stelle aufbaute oder aus Lehmziegeln errichtete. In beiden Fällen wurde der Lehm nur durch die Sonne gehärtet, was zur Folge hatte, daß Regen und Wind die Lehmmauern mit der

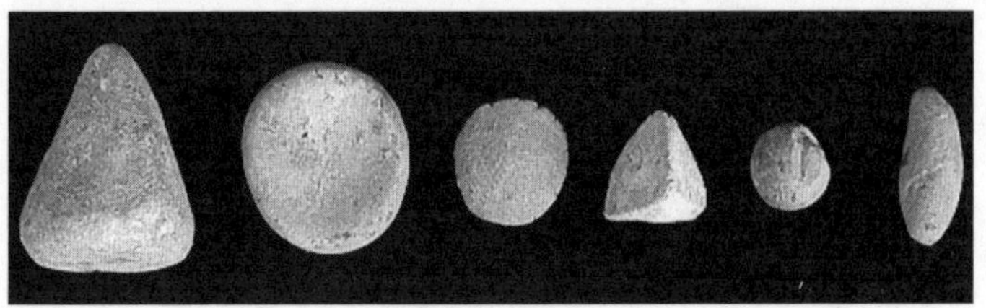

Seit dem siebten Jahrtausend v. Chr. verwendete Gegenstände zur Informationsspeicherung
oben: Einfache geometrische Zählmarken aus Ton. Höhe 1 bis 2 cm
Auf dieser Seite unten rechts: Stempelsiegel aus Khuzestan. Ø 2,5 cm

Zeit in ihre ursprünglichen Bestandteile auflösten. Zwar verhinderte Verputzen und sorgfältige Pflege eine zu schnelle Zerstörung, doch ging die Lebensdauer eines Hauses kaum über ein oder zwei Generationen hinaus. Wenn sich eine Reparatur nicht mehr lohnte, wurden wiederverwertbare Teile wie Dachbalken oder Türen herausgerissen. Den Rest gab man dem völligen Verfall preis. Der Schutt bildete eine dicke Schicht, die nach einer gewissen Zeit eingeebnet wurde, bevor man darauf ein neues Haus baute. Da sich dieser Vorgang im Leben einer Siedlung viele Male wiederholte, sind alte Städte im Vorderen Orient zumeist daran zu erkennen, daß ihr Kernbereich viele Meter hoch ist.

Für die frühen Keramikperioden des siebten Jahrtausends sind noch keine klaren Aussagen über Siedlungs- oder sonstige Strukturen möglich. Offenbar wurde es zu dieser Zeit nötig, Eigentum kenntlich zu machen und sich Gedächtnisstützen für bestimmte Zahlen oder Mengen zu schaffen. Davon zeugen Stempelsiegel, die dazu dienten, Eigentumsmarken auf Tonverschlüssen von Behältern aller Art anzubringen, ebenso tönerne Zählmarken, bei denen bestimmte geometrische Formen für bestimmte Zahlwerte standen. Sie zeigen an, daß man es für notwendig hielt, Informationen über Mengen für Überprüfungen zu speichern.

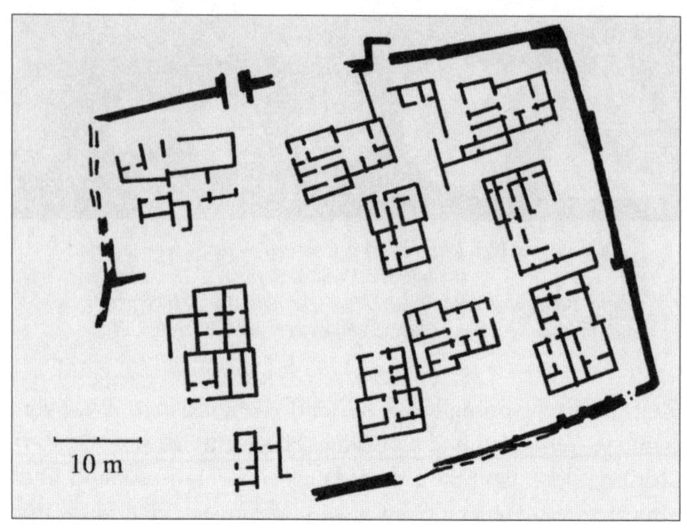

Plan von Tell es-Siwwan. Samarra-Kultur um 5500 v. Chr.

Einen Einblick in die Struktur einer Siedlung gibt uns erstmals eine fast vollständig aufgedeckte Siedlung des sechsten Jahrtausends. Im kleinen Ort Tell es-Siwwan innerhalb der frühislamisch abbasidischen Stadtanlage von Samarra auf dem linken Tigrisufer fanden sich, umschlossen von einer fast quadratischen Wall- und Grabenanlage, zehn gleich große, freistehende Gebäude. Keines hebt sich durch besondere Größe oder durch eine abweichende Anlage und Ausstattung von den anderen ab, um als das Haus eines Anführers gedeutet werden zu können. Wenn es eine Leitungsfunktion gab, hat sie sich auf jeden Fall nicht in archäologisch faßbarer Weise manifestiert und ist sicher nicht institutionalisiert gewesen. Die als Samarra-Ware bekannte Keramik ist über ein großes Gebiet verbreitet: von der Gegend um Mosul (Fundort Hassuna) bis zu der Stelle, wo der Euphrat auf irakisches Territorium stößt (Fundort Baghouz), und bis zu den ersten Zagrosketten im Osten (Fundort Chogha Mami). Gleiche Hausformen und Ähnlichkeiten bei kleinen Menschen- und Tierfiguren lassen uns von einer kulturellen Einheit sprechen (kurz als *Kulturen* bezeichnet).

Die Eigenheiten werden deutlicher bei der Gegenüberstellung der Samarra-Kultur mit der teilweise gleichzeitigen Halaf-Kultur, benannt nach dem Fundort Tell Halaf im heutigen Syrien. Auch in diesem Falle erstrecken sich die Gemeinsamkeiten auf Keramik, auf Menschen- und Tierfigürchen, Siegel und Amulette und auf eine besondere Hausform: Rundbauten mit rechteckigem Vorbau. Das Verbreitungsgebiet der Halaf-Kultur erstreckt sich über ganz Syrien, Südostanatolien und Mesopotamien bis an den Tigris, ist also gleichsam komplementär zu dem der Samarra-Kultur mit nur geringen Überlappungen.

Besonders deutlich ist der Unterschied bei Formen und Verzierungen der Keramik. Das Außendekor der Samarra-Keramik zeigt häufig als Grundmotiv umlaufende, mehrfach gebrochene Linien. Im Inneren von Schalen finden sich um ein Zentrum wirbelnde Motive, die zum Beispiel Menschen mit nach einer Seite wehenden Haaren darstellen. Die Gefäße sind einzeln mit der Hand geformt und haben eine mittlere Wandstärke. Ihre Bemalung ist prinzipiell einfarbig, weist aber Farbschattierungen auf; sie haben eine matte Oberfläche.

Dagegen kommen bei der Halaf-Keramik zu den umlaufenden Linien Muster hinzu, die quasi Einzelbilder darstellen und damit nicht die Rundung des Gefäßes betonen, sondern die Fläche in Einzelfelder aufteilen. Durch verschiedene Malfarben und vom Brennvorgang hervorgerufene Farbschattierungen wird gezielt eine Mehrfarbigkeit erzeugt. Auch diese Gefäße sind einzeln mit der Hand geformt. Neben den üblichen Gefäßformen finden sich Sonderformen mit viereckigem oder ovalem Grundriß oder solche, in ausgesprochen spieleri-

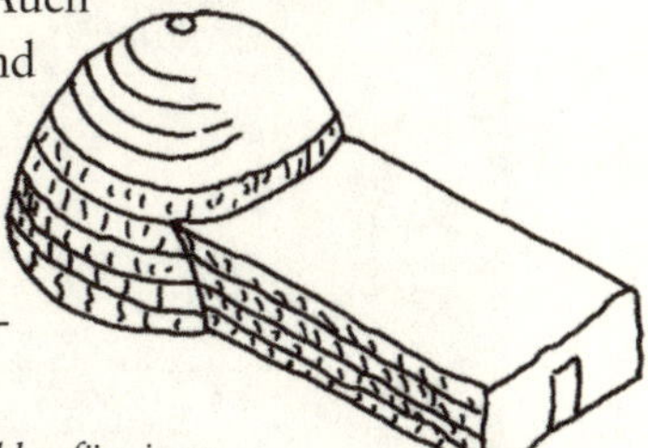

Rekonstruktionsvorschlag für einen Rundbau der Halaf-Kultur um 5300 v. Chr.

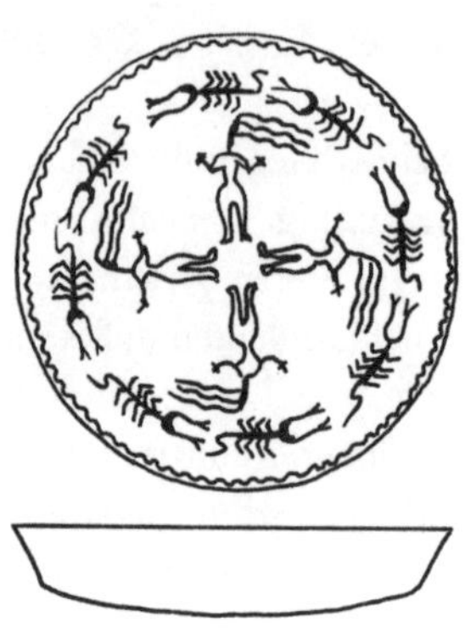

Gefäß aus der Samarra-Kultur (Durchmesser 15 cm)

Halaf-Kultur (Höhe 20 cm)

Obed-Kultur (Höhe 13 cm)

scher Manier, mit Einzügen oder hohem Trichterrand. Die Sonderformen besitzen häufig so dünne Wände, daß man sich wundert, wie solche Gefäße jemals angefertigt werden konnten, ohne in sich zusammenzusacken.

Am auffälligsten ist die hochglänzende Oberfläche. Sie wurde nicht durch Polieren oder andere äußere Einwirkung erzeugt, sondern durch ein kompliziertes Verfahren der Aufbereitung des Malmaterials und durch den Brennvorgang. Zum Malen wurde ein feiner Ton verwendet, der Eisenoxide enthält, die im Brand unterschiedlich reagierten. Der Ton wurde so lange mit Wasser behandelt, bis nur noch feinste Teile übrigblieben – vergleichbar mit dem Vorgang, der beim Trocknen von Pfützen auf Feldwegen eine glänzende Oberfläche entstehen läßt. Die mikroskopisch feinen Tonplättchen legen sich im Brand schuppenartig übereinander und ergeben den Hochglanz; diese Technik gleicht der jener späteren griechischen rot- und schwarzfigurigen Keramik. Die beträchtlichen Unterschiede zwischen den bei Samarra und Halaf verwandten Temperaturen und Brennverfahren zeugen von einem großen technologischen Abstand. Zusammen mit den unterschiedlichen Hausformen ergibt sich somit das Bild von zwei in fast jeder Hinsicht verschiedenen kulturellen Einheiten.

Offenbar ist die Region der zentralen Ebenen des Vorderen Orients von Syrien bis zum Südwestiran von zwei großen Kulturen besetzt, die sich scharf voneinander abgrenzen. Doch sind wir nicht in der Lage zu entscheiden, ob die kulturellen zugleich ethnische Unterschiede widerspiegelten.

Daneben gibt es aber auch Gemeinsamkeiten, wie beispielsweise das Fehlen hervorgehobener Gebäude, die man öffentliche oder kommunale Bauten oder Kultgebäude nennen könnte. Auf weitere Gemeinsamkeiten deutet, daß beide Gebiete im folgenden fünften Jahrtausend v. Chr. Teil einer einheitlichen Kultur wurden, die wir nach dem ersten Fundort im südlichen Irak als Obed-Kultur bezeichnen. Charakteristisch ist wiederum eine besondere Hausform, das Mittelsaalhaus, und die Verwendung eines neuen technischen Hilfsmittels bei der Herstellung von Keramik, der drehbaren Arbeitsplatte. Diese Neuerungen verbreiteten sich in kurzer Zeit über die früheren Samarra- und Halaf-Gebiete, weil sie offenbar Bedürfnisse bedienten, die in beiden Gebieten in gleicher Weise vorhanden waren.

Durch die Verwendung einer Platte, an deren Unterseite sich ein Dorn oder Zapfen zum Drehen dieser Platte und des auf ihr befindlichen Gefäßes befindet, nehmen die Keramikverzierungen charakteristische Formen an, die zu einem großen Teil aus umlaufenden Elementen bestehen. Bänder entstehen, wenn ein Pinsel gegen ein sich drehendes Gefäß gehalten wird. Zwischen den Bändern sind ebenfalls umlaufende Motive wie Wellenlinien, Girlanden oder Abfolgen von schrägen kurzen Strichen zu finden, die aus Bewegungen des Pinsels resultieren.

Dieses neue Instrument diente wahrscheinlich der Arbeitserleichterung und der Beschleunigung. Es zeugt davon, daß die Herstellung von Gefäßen eine Angelegenheit von professionellen Töpfern geworden war. Als Entstehungsgebiet der neuen Technologie kommt das ganze Gebiet des heutigen Irak in Frage.

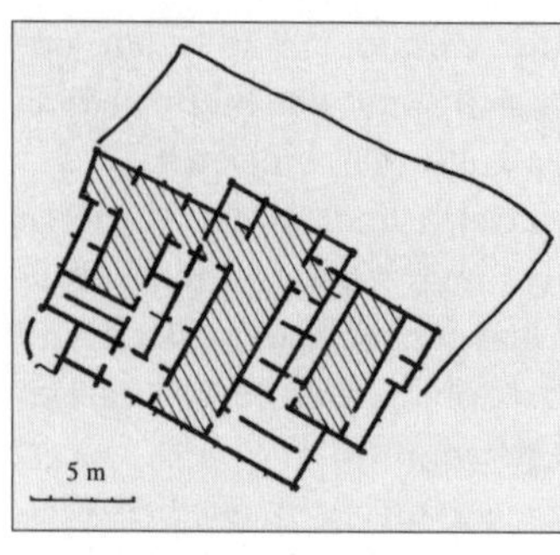

Das große Haus in Tell Abade mit drei Mittelsälen (4500 v. Chr.)

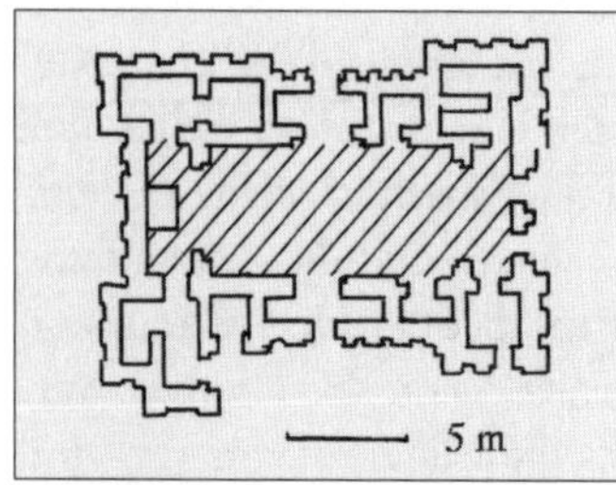

Tempel aus der zweiten Hälfte des fünften Jahrtausends in Eridu

Bei Wohnhäusern werden meist die Aufenthaltsräume und der Raum oder Hof getrennt, durch den die Verbindungslinien zwischen den übrigen Räumen laufen. Beim Mittelsaalhaus dagegen dient der zentrale langrechteckige Raum sowohl als Aufenthaltsraum (Feuerstelle) wie auch als Verbindung zu und zwischen den auf den beiden Längsseiten angebauten Räumen.

Dies deutet auf eine neue Art, das häusliche Leben zu organisieren, hin. Wie im Falle der Durchsetzung des neuen Töpferwerkzeugs hat offenbar auch das neue Hausschema Bedürfnisse im gesamten Verbreitungsgebiet befriedigt. Beide Phänomene stützen die Annahme, daß spätestens in dieser Zeit der ganze Vordere Orient in ein Kommunikationsnetz eingebunden war.

Für die weitere Entwicklung in Richtung auf die frühen Städte sind zwei Schlüsselbegriffe von Bedeutung: der *zentrale Ort* und die *zentrale Funktion.* Als zentraler Ort wird eine Siedlung bezeichnet, die sich nicht nur durch ihre Größe und eine Reihe spezieller Einrichtungen von den umgebenden Siedlungen abhebt, sondern auch durch die Art dieser Einrichtungen, die diesen Ort auch als verwaltungsmäßigen, kultischen oder politischen Mittelpunkt ausweist. Diese Einrichtungen werden zentrale Funktionen genannt, weil sie nicht nur den Bewohnern der eigenen Siedlung zur Verfügung stehen, sondern auch den Bewohnern anderer Siedlungen. Aufgrund der systematischen Beziehungen zwischen den Siedlungen spricht man von einem Siedlungssystem.

Erste Beispiele für eine Institutionalisierung zentraler Funktionen in Form von öffentlichen Gebäuden finden sich in der Obed-Zeit; sie weisen auf zunehmende gesellschaftliche Komplexität hin. Die Bauten werden von den Ausgräbern als »Tempel« (Eridu) oder »Palast« (Ouweli) gedeutet, jedenfalls als Sitz einer – religiösen oder politischen – Führung. Weitere Details sind nicht zu erhalten.

Mit der Obed-Zeit hat sich die Besiedlung endgültig aus den bergigen beziehungsweise hügeligen Gebieten herausbewegt und auch die vorher nur spärlich besiedelten größeren Ebenen erfaßt. Mit Orten wie Susa oder Chogha Mish in Khuzestan haben wir es erstmals mit zentralen Orten zu tun, die wir nach Lage, Größe und umgebenden Siedlungen als oberstes Segment eines dreischichtigen Siedlungssystems einordnen können: Unterhalb eines solchen Zentrums finden sich mehrere kleinere Zentren, die wiederum den Mittelpunkt für Siedlungen auf der untersten Stufe bilden. Ob wir diese Überzentren bereits *Stadt* nennen sollen, ist eine Frage der Definition. Fraglos zeugen sie von einer Institutionalisierung gewisser öffentlicher Aufgaben und von sozialer Differenzierung. Mit circa 20 Hektar Siedlungsfläche ist eine Größe und Komplexität erreicht, bei der wahrscheinlich ein Teil der Bevölkerung mit öffentlichen Aufgaben betraut und daher nicht in der Lage war, die eigene Nahrung selbst zu erzeugen. Sie waren nicht nur auf die Versorgung durch Mitbewohner, sondern zusätzlich auf Versorgung aus dem Umland angewiesen.

Es wäre interessant zu sehen, wie sich diese Form aus sich heraus weiterentwickelt hätte, aber sie wird durch eine Entwicklung überlagert, die sich bereits gegen Ende der Obed-Zeit ankündigt: die Ausbildung der Frühen Hochkultur.

Die erste städtische Kultur und die Schrift
(ca. 4000–3200 v. Chr.)

Zwischen dem neunten und vierten Jahrtausend war im Vorderen Orient die Entwicklung komplexerer Formen des menschlichen Zusammenlebens schneller vorangeschritten als in anderen Regionen der Erde. Trotz aller lokalen Unterschiede scheint zumindest für die zuletzt behandelten Zeitabschnitte die Entwicklung für größere Bereiche des Vorderen Orients gleich verlaufen zu sein. Diese Parallelität endet jedoch während des vierten Jahrtausends, da das Gebiet des südlichen Mesopotamien einen eigenen Weg einschlägt: Dort entstand in der relativ kurzen Zeit von 300 bis 400 Jahren vor 3300 die erste städtische Kultur.

Die 700 bis 800 Jahre zwischen der Obed-Zeit und dem Ende der Späturuk-Zeit – so bezeichnen wir die Zeit vor 3300 v. Chr. – gehören zu den am schlechtesten bezeugten Perioden der Geschichte des alten Vorderen Orients; in der Regel waren archäologisch verwertbare Reste aus dieser Zeit unter späteren Siedlungsschichten begraben. Nur im Zuge der seltenen Tiefgrabungen, bei denen Schächte bis auf den gewachsenen Boden auf kleiner Fläche hinuntergetrieben werden, um die Abfolge der Schichten und den Beginn der Besiedlung zu erforschen, wurden Reste der Nach-Obed-Zeit aufgedeckt. Doch waren die aufgedeckten Flächen zu klein, um mehr als die Existenz der Schichten nachzuweisen.

Anders der Forschungsstand für eine kurze Zeitspanne knapp vor 3300; die langjährigen Grabungen des Deutschen Archäologischen Instituts in der alten Stadt Uruk haben umfangreiche Informationen erschlossen. Auf einer großen Fläche im Zentrum hat eine günstige Situation ein Fenster für die Archäologen freigehalten, da Reste aus der Zeit um 3300 in erreichbarer Tiefe unter der Oberfläche lagen; daher ist diese Zeit auch als die *Uruk-Zeit* bekannt geworden. Zusätzliche Informationen stammen aus den archäologischen Untersuchun-

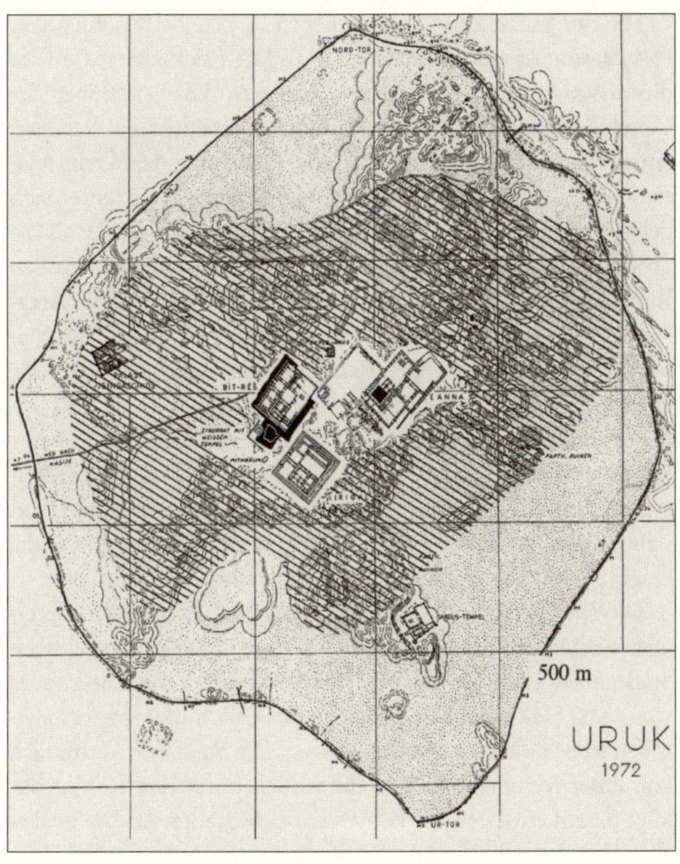

Plan der Stadt Uruk
Die Schraffur markiert die um 3200 v. Chr. bewohnte Fläche;
die Stadtmauer stammt aus der Zeit um 2900 v. Chr.

gen der Oberfläche der Stadt selbst wie auch eines Teils des Hinterlandes von Uruk, bei denen jeweils Lage, Größe und Alter der Siedlungen in Karten festgehalten wurden, so daß sich die Entwicklung der Besiedlung verfolgen läßt. Und schließlich sind die Untersuchungen über das alte Klima zu nennen, die das deutsche Forschungsschiff *Meteor* in den sechziger Jahren des 20. Jahrhunderts im Persischen Golf durchführte.

Für eine kurze Zeit vor 3300 liegen so viele Nachrichten vor, daß ein umfassendes Bild entsteht. Es läßt Rückschlüsse auf die direkt vorausgehende Zeit zu und zeigt, daß gegenüber der Obed-Zeit neue Strukturen auf den verschiedensten Gebieten entstanden waren. Sie hatten in jeder Beziehung die bereits relativ komplexen Strukturen der Obed-Periode weit hinter sich gelassen. Uruk war um 3300 mindestens zehnmal größer als die größten Siedlungen der Obed-Zeit; mit einer eindrucksvollen Kunst, mit ausgedehnten und differenzierten öffentlichen Arealen und nicht zuletzt mit der ersten Schrift ist in allen Kulturbereichen ein derartiger Sprung festzustellen, daß die Annahme einer kontinuierlichen Entwicklung nicht trägt.

Reste aus der Zeit um 3200 konnten in Uruk auf größerer Fläche erforscht werden, weil ein erheblicher Teil des Zentralgebietes zwischen dem Ende des dritten Jahrtausends und dem siebten Jahrhundert v. Chr., also über anderthalb Jahrtausende, brachlag oder zumindest kaum genutzt worden war.

Die Mitte der Stadt wird von zwei großen zentralen Bereichen eingenommen, die durch eine eigene Mauer vom übrigen Stadtgebiet abgeteilt waren. Um 3300 hatte Uruk mit mindestens 250 Hektar Fläche (zweieinhalb Quadratkilometer) zwischen 25 000 und 40 000 Einwohner. Die Stadt war vermutlich von einer Mauer umgeben, die jedoch unter den Resten der kurz darauf erfolgten Stadterweiterung begraben ist. Die beiden zentralen Bereiche sind die einzige Erinnerung daran, daß Uruk vor lange vergangener Zeit aus zwei Siedlungen entstanden war, die sich an den Ufern des Euphrat gegenüberlagen; wahrscheinlich säumten sie eine Furt, an der der Fluß ohne große Mühe überquert werden konnte. In den Jahren um 3300 waren die beiden Siedlungen längst zusammengewachsen.

Die beiden Komplexe im Zentrum gehen mit Sicherheit auf die jeweiligen alten Kultzentren zurück. Sie sind nach unterschiedlichen, ja gegensätzlichen Prinzipien organisiert. Im Mittelpunkt des westlichen Bereichs – *Anu-Bereich* genannt, weil später dort der Himmelsgott Anu verehrt wurde – lag eine un-

Vorschlag für die Rekonstruktion des Weißen Tempels in Uruk aus der Zeit um 3200 v. Chr. (von Ernst Heinrich)

gefähr elf Meter hohe Terrasse, auf der ein noch einmal sechs Meter hoher, weiß verputzter Tempel stand – daher die Bezeichnung *Weißer Tempel.* Über die Umgebung der Hochterrasse wissen wir wenig, da eine umfangreiche Bautätigkeit des ersten Jahrtausends v. Chr. sie unter vielen Metern dicker Ablagerungen begraben hat.

Der östliche Zentralbereich dagegen, später unter dem Namen *Eanna* als Kultort der Stadtgöttin von Uruk, Inanna, bekannt, konnte auf einer Fläche von ungefähr 300 mal 200 Metern erforscht werden und weist Reste zahlreicher Gebäude innerhalb einer eigenen Mauer auf. Statt eines eindeutigen Mittelpunktes finden wir eine Reihe verschieden großer Bauten vor – bis zu 54 mal 20 Meter – und Anlagen, deren verschiedene Grundrisse zeigen, daß sie unterschiedlichen Zwecken gedient haben.

Ein fundamentaler Unterschied zwischen dem *Weißen Tempel* und den Großbauten in Eanna besteht in den Dimensionen beziehungsweise in der unterschiedlichen Zahl derer, die dort an den Kult- und sonstigen Handlungen teilnehmen konnten. Waren dies im Falle des *Weißen Tempel* vielleicht zehn oder höchstens vierzehn Leute, so fanden im Mittelsaal des *Tempel* C in Eanna gut 300 Leute sitzend Platz. Wenn in beiden Bauten kultische Handlungen stattfanden, so sind sie mit Sicherheit

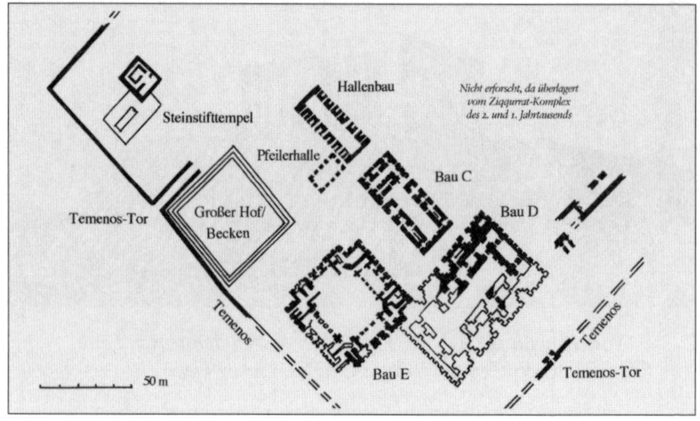

Plan des Eanna-Gebietes in der Zeit um 3200 v. Chr. (Archaische Schicht IV)

unterschiedlich abgelaufen. Vielleicht sind die Großbauten in Eanna aber auch im Zusammenhang mit der Stadtregierung zu sehen, worauf Texte hindeuten.

Was dort wirklich stattfand, ist unserem Blick auch deshalb entzogen, weil diese Bauten nicht zerstört, sondern planmäßig abgerissen wurden – vermutlich im Zuge einer umfassenden baulichen und damit auch organisatorischen Umgestaltung Eannas. Vor diesem Abriß, nach dem nur 30 bis 50 Zentimeter hohe Mauerstümpfe stehenblieben, wurden die Gebäude leergeräumt. Kein vergessenes Opfergefäß, keine versteckte Trinkschale gibt uns näheren Aufschluß über den Verwendungszweck der Gebäude. Lediglich die im Zentrum des Mittelsaales gelegenen Feuerstellen – auch sie sorgfältig gesäubert – deuten auf Rituale hin. Sie könnten allerdings auch ganz prosaisch der Erwärmung der Anwesenden während der unwirtlichen und empfindlich kalten Winter gedient haben.

An größere Versammlungen läßt auch der sogenannte Hallenbau denken, der mit seiner überproportionalen Länge im Vergleich zur Breite und den zahlreichen tiefen Strebepfeilern vermutlich von einem gewölbten Dach überdeckt war. Die Raumform

Empfangsraum aus Schilfbündeln und Schilfmatten einer modernen Scheichsresidenz im Süden des Irak

erinnert an die aus Schilfpfeilern und Schilfmatten errichteten Empfangsräume heutiger Scheichsresidenzen im Südirak.

Für die Unterbringung noch größerer Versammlungen mußte man sich angesichts der Unmöglichkeit, größere Spannweiten zu überdecken, eine andere Lösung ausdenken: So sind bei Bau E vier Langräume zu einem Quadrat zusammengefügt; dieser Bau war also für Vorgänge gedacht, an denen gut viermal soviel Leute teilnehmen konnten als in Bau C.

In der Nähe dieser Gebäude finden wir ein 49 mal 45 Meter großes, ungefähr eineinhalb Meter tiefes Wasserbecken, das sicher in rituelle Abläufe eingebunden war. Und gleichfalls in der Nähe liegt die kleine sogenannte Pfeilerhalle, deren Pfeiler mit variationsreichen Mosaiken aus farbigen Tonstiften verziert waren.

Alle diese Einrichtungen hatten mit zentralen Strukturen zu tun, doch suchen wir vergeblich eindeutige kultische Bezüge; wahrscheinlich muß der Begriff kultisch sehr weit gefaßt werden, da alles in der damaligen Zeit sich in einem Begriffsrahmen religiöser Vorstellungen abspielte. Nur wenige Dinge sind im engeren Sinne als kultisch zu erklären.

Rollsiegel mit moderner Abrollung aus Uruk, um 3000 v. Chr.

Zur Vielfalt der Funktionen von Eanna gehört auch eine wirtschaftliche Komponente. Dafür sprechen nicht nur Spuren, die als Reste einer Metallwerkstatt gedeutet werden, oder die meterdicken Abfallhalden einer Keramikwerkstatt im Zentralgebiet. In Schuttschichten fanden sich zudem Tausende von Resten gesiegelter Tonverschlüsse und Tausende von Tontafeln mit der frühen Schrift, die zu 80 Prozent Aufzeichnungen einer Wirtschaftsverwaltung enthalten.

Schon seit dem sechsten Jahrtausend wurden Öffnungen von Gefäßen mit Ton verschlossen oder der Knoten an einem Ballen in einen Tonklumpen eingehüllt, um den Inhalt vor unberechtigtem Zugriff zu schützen. Dieser Schutz konnte dadurch verstärkt werden, daß der für den Vorgang Verantwortliche sein Siegel in den noch feuchten Ton drückte und so seine Marke hinterließ. Siegel zeigten Eigentum oder Unverletztheit an, wobei man aus dem Abdruck auf den Siegelbesitzer schließen können mußte. Die Siegelmuster mußten also individuell verschieden sein: Je komplexer solche Muster waren – zum Beispiel durch Einbeziehung figürlicher Darstellungen von Mensch und Tier –, desto genauer ließ sich der Besitzer identifizieren.

In der Zeit um 3 300 haben Siegel die Form kleiner, drei bis fünf Zentimeter langer Steinwalzen, in deren Mantelfläche Kompositionen aller Art eingraviert sind. Das Abrollen des Siegels hinterließ ein Relief auf der Tonfläche. Die Mantelfläche ist um ein Vielfaches größer als die Fläche von Stempelsiegeln, bietet damit die Möglichkeit der Verwendung komplizierter Muster und der Herstellung einer fast unbegrenzten Zahl unverwechselbarer Siegelbilder. Rollsiegel gehören eindeutig in den wirtschaftlichen Bereich, ebenso die Tonfragmente von einstigen Verschlüssen, auf denen die Abdrücke solcher Siegel zu sehen sind.

Neben den Siegelabdrücken zeugen die Tontafeln von einer zentralen Wirtschaftsverwaltung. In flache Tontafeln wurden mit Griffeln aus Holz oder Rohr Vertiefungen eingedrückt, die für Zahlen stehen, und Schriftzeichen eingeritzt. Die Unterteilung der Tafeloberfläche durch Ritzlinien ermöglichte es, Informationen voneinander zu trennen, wenn es zum Beispiel um eine Herde mit verschiedenen Tieren ging. In diesem Fall konnte auf der Rückseite der Tafel die Gesamtzahl der Tiere dieser Herde festgehalten werden. (Abb. S. 40)

In einer Verwaltungskurzsprache, die auf Verbformen und Präpositionen verzichtet, wurden Verwaltungsvorgänge aufgezeichnet, die sich im wesentlichen auf die Kontrolle über die Ein- und Abgänge von Waren zentraler Speicher bezogen. Diese Texte waren also in erster Linie Gedächtnisstützen der Verwalter über diese Vorgänge, die beteiligten Personen und die Orte, wobei wobei nur das aufgeschrieben wurde, was von den allgemeinen Kenntnissen abwich. Es macht unsere Schwierigkeiten beim Verstehen der Texte aus, dass wir über das Hintergrundwissen der damaligen Zeit nicht verfügen. Lediglich Zahlen wurden vollständig und ohne Abkürzungen geschrieben. Dabei bediente man sich eines gemischt sexagesimal-dezimalen Systems, das gesonderte Zeichen für Einheiten zwischen 36 000 und 1/10 kennt. Neben Zahlzeichensystemen, die allgemein verwendet werden können, lassen andere Systeme durch ihre Form und Anordnung erkennen, was gezählt wurde – zum Beispiel Gerste. Auf die sexagesimalen Grundlagen geht im übrigen unsere Einteilung der Stunde in 60 Minuten und der Minute in 60 Sekunden zurück.

Alle möglichen Waren wurden herangeschafft – Nahrungsmittel, insbesondere Gerste, nehmen den größten Umfang

Vorder- und Rückseite einer Tontafel um 3200 v. Chr. (6,2 mal 4,4 cm)
Auf der Vorderseite (links) wird in den Kästchen die Menge verschiedener Schaf- und Ziegenarten notiert.
Die Rückseite weist die Summe aller vermerkten Tiere aus.

ein –, doch leider erfahren wir weder, woher die Dinge stammten, noch wer sie eingeliefert hat. Das gilt für Lebendvieh und Tierprodukte wie Milch und Käse, wie auch für Metalle.

In einem Fall der nächsten Schriftstufe um 3000 v. Chr. erkennen wir einen Text (Abb. S. 41) als Ausgabevermerk, bei dem die Empfänger nicht mit ihren Namen, sondern mit ihren Titeln genannt sind, die wir aus anderem Zusammenhang kennen.

Fast 20 Prozent der Tontafeln enthalten keine wirtschaftlichen Daten, sondern *Lexikalische Listen*: Wörter und Begriffe aus jeweils der gleichen semantischen Umgebung werden nacheinander aufgeführt. So gibt es Listen von Tiernamen, getrennt nach Tierart, beispielsweise Rinder, Schweine, Vögel oder Fische, aber auch Namenslisten von Bäumen oder Städten. In einem Fall werden Titel und Funktionsbezeichnungen aufgeführt, und in diesem Fall gelingt es uns, das Prinzip der Anordnung zu erkennen: Die Einträge sind hierarchisch geordnet.

Solche Listentexte finden sich bereits unter den ältesten Schrifttafeln (Abb. S. 42). Möglicherweise sind sie sogar eine Hilfe bei der Formulierung des Schriftsystems gewesen, was

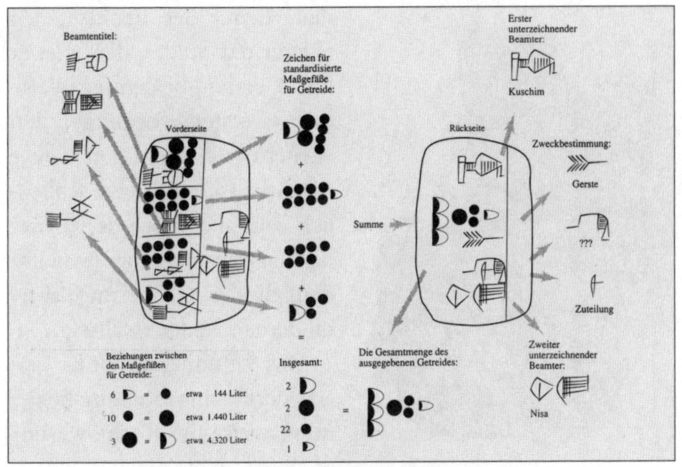

Tontafel um 3000 v. Chr. (7,7 mal 4,9 cm)
mit Vermerken der Gerstezuteilung an vier hohe Beamte sowie
der Summierung der im Ganzen ausgegebenen Menge auf der Rückseite

ihren fast heiligen Status erklären würde. Denn die Listen sind nicht nur in der Zeit der frühen Schrift immer wieder ohne Abweichungen abgeschrieben worden, vermutlich im Schreibunterricht, sondern auch noch Jahrhunderte später bis in Zeiten hinein, in denen das Zeichensystem bereits so starke Änderungen erfahren hatte, daß ein Teil dieser *archaischen* Zeichen gar nicht mehr verstanden wurde.

Die erwähnte Liste der Titel und Funktionsbezeichnungen gibt uns zu Beginn einen Einblick in die Organisationsstruktur auf der Leitungsebene. Sie beginnt mit einem Titel, den wir sonst nicht kennen, der aber in einem Wörterbuch der Zeit um 1200 v. Chr. – also 2000 Jahre später – mit dem Wort für »König« übersetzt wird; dieses Wörterbuch stellt alte, unverständlich gewordene Ausdrücke und Zeichen zusammen und versieht sie mit modernen Übersetzungen. Ob hier wirklich genau die Bedeutung von »König« gemeint ist, sei dahingestellt; zweifellos aber bezieht sich der Titel auf den obersten Würdenträger. Die nächsten Einträge bezeichnen in freier Übersetzung

Vorderseite der ältesten erhaltenen Abschrift (um 3200 v. Chr.) einer Liste mit Titeln und Funktionsbezeichnungen (6,2 mal 8,2 cm)

den »Leiter des Rechts«, den »Leiter der Stadt«, den »Leiter der Gerste« beziehungsweise der »Gersteversorgung«, den »Leiter der Pflüger«, den »Leiter der Arbeitskräfte«, und schließlich wird auch noch der »Leiter der Ratsversammlung« genannt; ähnlich der Gliederung einer modernen Stadtverwaltung.

Das Auftauchen eines Leiters der Rechtsabteilung beziehungsweise des Rechtswesens erstaunt nicht, denn so große Gemeinschaften brauchen eine gewisse Instituionalisierung, um Konflikte zu regeln und bei Nichteinhaltung der Gesetze Sanktionen zu verhängen. Auch die Nennung eines »Leiters der Ratsversammlung« überrascht nicht, da im Gilgamesch-Epos wiederholt von den »Stadtältesten« die Rede ist, die dem Herrscher als selbständig handelndes Gremium gegenüberstehen. Zwar ist das Epos, wie wir es kennen, eine spätere Komposition, aber es geht im Kern auf Begebenheiten zurück, die nur wenige Jahrhunderte nach der hier behandelten Zeit datiert sind.

Auch wenn man sich natürlich keine Regierungsgebäude vorstellen darf, so ist die Annahme doch unausweichlich, daß Wirtschafts- und politische Verwaltung irgendwo untergebracht sein mußten. Es ist zu vermuten, daß dazu das Eanna-Gebiet diente: Der Vielfalt der dort gelegenen Bauten und Einrichtungen wird eine ebensolche Vielfalt der Vorgänge entsprochen haben, die dort stattfanden.

Die damalige Gesellschaft war insgesamt stark hierarchisch gegliedert. In der genannten Liste tauchen mehrmals Gruppen von Einträgen auf, die innerhalb desselben Berufes beziehungs-

Foto und Gesamtabrollung der »Kultvase« aus Uruk, um 3200 v. Chr. Erhaltene Höhe 105 cm

weise derselben Funktion verschiedene Ränge angeben. Gleiches geht aus einer im Stadtbereich von Uruk aufgedeckten Werkstatt hervor, in der vielleicht Metall verarbeitet wurde. Die Anordnung der Arbeitseinrichtungen deutet darauf hin, daß eine Reihe von Arbeitern unter einem Koordinator den gleichen Arbeitsschritt durchführte. Eine solche Anordnung gilt als Ausdruck einer fortgeschrittenen Art der Arbeitsteilung, der sogenannten Arbeitsbündelung.

Am augenfälligsten ist das allgemeine Prinzip der Hierarchie, die auch Pflanzen und Tiere einbezieht, in der *Kultvase von Uruk* dargestellt (Abb. oben). Das 105 Zentimeter hohe Gefäß aus Kalkstein ist außen mit Reliefs überzogen und in vier Bildstreifen gegliedert, die nach oben in der Höhe zunehmen. Über einem Sockel, der Wasser als Wellenlinien abbildet, zeigt der unterste Streifen abwechselnd Gerstenähren und Palmschößlinge. Im nächsten Streifen wechseln sich männliche und weibliche Schafe ab, während die Streifen drei und vier menschlichen Figuren vorbehalten sind: Der dritte Streifen bildet nackte Männer ab, die in Körben verschiedene Feldfrüchte vor sich her tragen. Erst der oberste Fries zeigt die Hauptszene in Form einer mehrteiligen Komposition. Der Zusammenhang ist leider dadurch gestört, daß die Hauptfigur herausgebrochen ist. Reste sowie Parallelen zu anderen Darstellungen legen es nahe, hier die Figur des Herrschers zu ergänzen. Ihm geht ein Gabenbringer voran, während ein Diener ihm seine reich verzierte Schärpe nachträgt. Der Herrscher war die ursprünglich am größten dargestellte und nach dem altorientalischen Darstellungskanon insofern auch wichtigste Figur der ganzen Komposition.

Auf der Vase bewegen sich der Herrscher und seine Entourage auf zwei sogenannte Schilfringbündel zu, vor denen eine weibliche Figur steht. Die Bündel bestehen aus hohen Schilfstengeln, deren obere, dünne Teile zu Ringen zusammengebunden sind, von denen die belaubten Wipfel wie Fahnen herabhängen. Solche Schilfbündel, die im oberen Teil verschiedene Formen annehmen konnten, kennen wir als Zeichen beziehungsweise Standarten für eine Reihe von Städten. Sie konnten gleichzeitig als Schriftzeichen für die betreffende Stadt oder für deren Hauptgottheit gelesen werden. Die auf der Kultvase abgebildeten Standarten kennzeichnen die Stadt Uruk beziehungsweise deren Hauptgöttin Inanna. Konkret bezeichnen sie den Tempel der Inanna, der aber nicht als Gebäude wiedergegeben wird, sondern durch die Summe der Kultgegenstände, die sich in ihm befanden: Tierfiguren auf Podesten mit kleinen menschlichen Figuren auf dem Rücken, Gefäße mit Opfergaben und zwei hohe Standgefäße, die dem reliefierten Gefäß gleichen; die Kultvase war also ursprünglich in einem Tempel aufgestellt.

Der Herrscher wird auf ihr bei einer seiner Pflichten dargestellt, der Verehrung der Stadtgöttin, die durch ihre Oberpriesterin vertreten wird. Auch sonst ist der Herrscher die zentrale Gestalt fast aller Darstellungen; nur ein weiblicher Kopf fällt in dieser Hinsicht aus der Reihe (Abb. S. 45 unten). Auf der sogenannten Löwenjagdstele (Abb. S. 45 oben) sieht man den Herrscher zweimal: einmal, wie er im Nahkampf mit einer Lanze einen Löwen angreift, das andere Mal, wie er Löwen mit Pfeil und Bogen erlegt. Der Kampf mit der Lanze ist ein Ausdruck für besondere Tapferkeit, und die Löwenjagd blieb bis in spätere Zeit hinein eines der Privilegien des Herrschers. Auf Rollsiegeln schließlich finden wir den Herrscher in einer oft abgewandelten Szene, wie er seine Leute überwacht, die auf gefesselte Gefangene mit Stöcken einschlagen; da die Gefangenen nicht als fremd gekennzeichnet sind, wird es vermutlich um Akteure interner Auseinandersetzungen gehen. Auf einem anderen Siegel sehen wir den Herrscher bei der Verrichtung einer anderen seiner Pflichten, der Fütterung von Tieren. Keine andere Gestalt wird in der Kunst so zentral herausgestellt, insbesondere niemand aus den Reihen des Kultpersonals. Dem entspricht, daß in der zuvor behandelten Titelliste gleichfalls keine eindeutige Bezeichnung für ein kultisches Amt erscheint. Daß dieselbe Kennung und dasselbe Schriftzeichen sowohl für eine Stadt wie auch für die Gottheit ver-

Löwenjagdstele aus Uruk um 3200 v. Chr. (Basalt, H. 100 cm)

Weiblicher Kopf aus Uruk, um 3200 v. Chr. (Kalkstein, H. 21 cm)

wendet werden, beweist jedoch, daß wir uns in einem religionsbestimmten Raum bewegen. Die Religion war so sehr Teil des gesamten Lebens, daß sich alles in diesem Rahmen abspielte, allerdings ohne so manifest zu werden, daß wir sichtbare Spuren finden könnten.

Wenn wir annehmen, daß die strikte Hierarchie, insbesondere aber die in der Liste sichtbare Leitungsstruktur, noch nicht lange vor 3300 existierte, wird verständlich, daß der Herrscher – und durch ihn die neue Organisationsform – einer besonderen und sichtbaren Herausstellung bedurfte. Zu diesem Zweck bediente man sich aller Elemente wie Jagd, Gewaltausübung, kultische Pflichten, wie sie ein *Großer Mann* oder Häuptling seit jeher beanspruchte, und visualisierte sie erstmalig.

Zu den wichtigsten technologischen Neuerungen dieser Zeit gehört vor allem die Erfindung der gelagerten Achse: Eine Achse wird in zwei (vermutlich gefütterte) feste Lagern geführt, so daß ein auf die Achse gestecktes Werkzeug in rasche Rotation versetzt werden kann; eine weitere Premiere, die den Prototyp für alle nachfolgenden rotierenden Werkzeuge abgab. Wir kennen mindestens zwei Werkzeuge, die nach diesem Prinzip funktionieren.

Das eine technische Hilfsmittel ist die schnell rotierende Töpferscheibe, die von dieser Zeit an die Keramikproduktion revolutioniert. Deren Achse ist senkrecht angeordnet und in einem oberen Lager eingefaßt, während das untere Ende in einer Pfanne läuft. Im Unterschied zu der drehbaren Arbeitsplatte der Obed-Zeit kann die Töpferscheibe frei rotieren und ermöglicht dadurch das Herausziehen des Gefäßes aus dem auf der Scheibe aufgebrachten Ton. Dies ist die Voraussetzung für die etwas später aufkommende Technik, aus einer größeren Menge Ton mehrere Gefäße hintereinander ziehen zu können: der Beginn der Massenfertigung.

In der Späturuk-Zeit mußte der Bedarf an Massenware noch auf andere Weise gedeckt werden. Ein Napf, der einer umgedrehten Glocke ähnelt und daher als *Glockentopf* bekannt ist, findet sich millionenfach an allen Fundorten dieser Zeit; als erstes Massenerzeugnis der Geschichte eine weitere Premiere. Mit geringen Abweichungen haben alle Näpfe ein Fassungsvermögen von circa 850 Kubikzentimetern. Im Gegensatz zur übrigen Keramik wurden sie jedoch in einer Form gepreßt, der überstehende Rand wurde mit einem Messer abgeschnitten. Das Material ist ein grober, schlecht mit Sand gemischter Ton und deswegen sehr porös. Der Glockentopf diente vermutlich als Rationsgefäß, in dem die Beschäftigten der großen Wirtschaftsbetriebe ihre Gersterationen ausgeteilt bekamen. Zwar wird diese Art der Entlohnung erst mehrere hundert Jahre später beschrieben, doch zeigt ein häufig anzutreffendes Schriftzeichen, daß sie auch schon in der hier behandelten Periode vorkam: ein menschlicher Kopf und ein an den Mund geführter Napf, was *Zuteilung* bedeutet (Abb. oben). Die Identität dieses gezeichneten Napfes mit dem Glockentopf ist durch die zusätzliche Linie bezeugt, die den abgeschnittenen Rand wiedergibt. Die Näpfe waren ein wichtiger Bestandteil der sogenannten redistributiven, d.h. wiederverteilenden Wirtschaftsform.

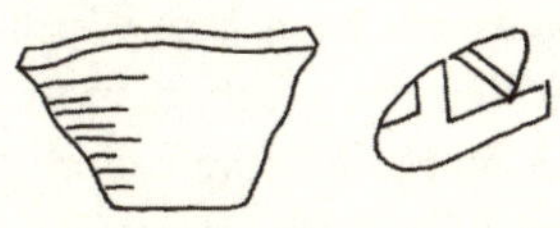

»Glockentopf« (oberer Ø ca. 18 cm) und das Schriftzeichen für »Zuteilung« in den Archaischen Texten um 3200 v. Chr.

Wie die Töpferscheibe ist auch das zweite Werkzeug nur aus den Spuren zu erschließen, die es auf damit gefertigten Stücken hinterlassen hat. Es handelt sich um die sogenannte Schleifscheibe, bei der auf die horizontal gelagerte Achse eine nach außen zugespitzte Scheibe aufgesteckt ist, eine primitive Drehbank also. Sie wurde benutzt, um Linien in Stein zu fräsen, insbesondere um Vorzeichnungen oder geometrische Muster auf Rollsiegeln anzubringen. Die Spuren sind unverkennbar, da die meist geraden Linien an beiden Enden auslaufen und sich die Linie bei Drehungen, um gekrümmte Linien zu erzeugen, im Scheitel verdickt.

Unklar ist, wo das Prinzip der gelagerten Achse, das dann bald in anderen Bereichen übernommen wurde, zum ersten Mal zur Anwendung kam. Vermutlich gehört dazu die Entstehung des Wagens, wobei man für die frühen Beispiele davon ausgehen muß, daß Räder und Achse fest miteinander verbunden waren. Die Achse drehte sich unter dem Wagenkasten, erst später drehten sich auch die Räder auf der starren Achse.

In den beiden erstgenannten Fällen, der Töpferscheibe und der Drehbank, ist deutlich, daß es um Vereinfachung und Beschleunigung von Arbeitsprozessen geht. Insofern fügen sich diese Erfindungen nahtlos in die Reihe der Neuerungen dieser Zeit.

Die Stadt Uruk war eng mit ihrer Umgebung verbunden, wobei die vielen kleineren Siedlungen aus der gleichen Zeit so verteilt sind, daß man ein vierschichtiges Siedlungssystem mit Uruk an der Spitze ausmachen kann. Mehrere Unterzentren bilden den Mittelpunkt kleinerer Systeme, in einer Weise verschachtelt, aus der eine Siedlungshierarchie ablesbar ist.

Die Art der Beziehung zwischen den Siedlungen – wirtschaftlich oder politisch – wird an der räumlichen Zuordnung zueinander und zum Zentrum erkennbar. Die Verteilung der Siedlungen im Hinterland von Uruk deutet darauf hin, daß sie wirtschaftlich untereinander verzahnt waren und insgesamt, sowohl wirtschaftlich wie politisch, zu Uruk gehörten. Das trifft sich mit der Annahme, daß sich die Bewohner von Uruk unmöglich selbst versorgen konnten. Selbst wenn wir die Minimalzahl von 25 000 Einwohnern unterstellen, wäre es unmöglich gewesen, daß sich alle selbst ihre Nahrung beschaffen konnten. Dazu hätte es eines landwirtschaftlich genutzten Bereichs um Uruk herum bedurft, der nicht zur Verfügung stand, weil sich dort bereits kleinere Siedlungen befanden. Außerdem hatten wir bereits eine größere Anzahl von Personen erwähnt, die – wohl hauptamtlich – Leitungs- oder Verwaltungsfunktionen wahrnahmen, also nicht in der Lage waren, sich selbst zu versorgen.

Schriftzeichen für »Wagen« in den Archaischen Texten um 3200 v. Chr.

Leider erfahren wir aus den Texten nichts darüber, welchen Weg die Lieferungen an Uruk nahmen, und über die für die Erfassung nötigen Organisationsstrukturen; wir können nur annehmen, daß insgesamt ein erheblicher Verwaltungsaufwand zu betreiben war, wie er vielleicht in den beiden Titeln des »Leiters der Pflüger« und des »Leiters der Gersteversorgung« zum Ausdruck kommt, denen wir in der Titelliste begegnet sind.

Den Texten ist auch nicht zu entnehmen, woher und auf welchem Wege jene Rohstoffe ins Land kamen, die importiert werden mußten. Dazu zählen vor allem Metalle, Halbedel- und sonstige Steine sowie Bauholz, das größere Distanzen überspannen sollte als die drei bis vier Meter, für die einheimische Palmstämme ausreichten. Genausowenig wissen wir darüber, wie diese Güter bezahlt wurden. Da die Texte auf eine bereits sehr differenzierte Textilindustrie hinweisen, kommen Textilien unterschiedlicher Qualität als einer der Hauptexportartikel in Frage.

Vereinzelte Funde wie Schrifttafeln, Rollsiegel oder Keramik aus anderen Orten Babyloniens zeigen, daß wir das für Uruk gewonnene Bild mit großer Wahrscheinlichkeit auf ganz Babylonien übertragen können. Wir erkennen ein in Stadtstaaten organisiertes Land mit einer hierarchisch gegliederten Gesellschaft, einer straff organisierten wirtschaftlichen und politischen Verwaltung und einer ungeheuren Wirtschaftskraft, die es allen Nachbarländern überlegen machte.

Ausdruck dieser Dominanz sind zahlreiche Siedlungen in anderen Regionen des Vorderen Orients, die sich in Architektur, Keramik und Rollsiegeln von den gleichzeitigen lokalen Siedlungen unterscheiden, dem späturukzeitlichen Inventar von Uruk gleichen und zum Teil als Kolonien zu deuten sind. Solche Orte finden sich im Iran, in Syrien und Südostanatolien und stehen sicher im Zusammenhang mit der Rohstoffbeschaffung. Darin mag sich eine Situation andeuten, in der Babylonien seine wirtschaftliche Macht benutzte, um nicht immer einen fairen Preis zu bezahlen.

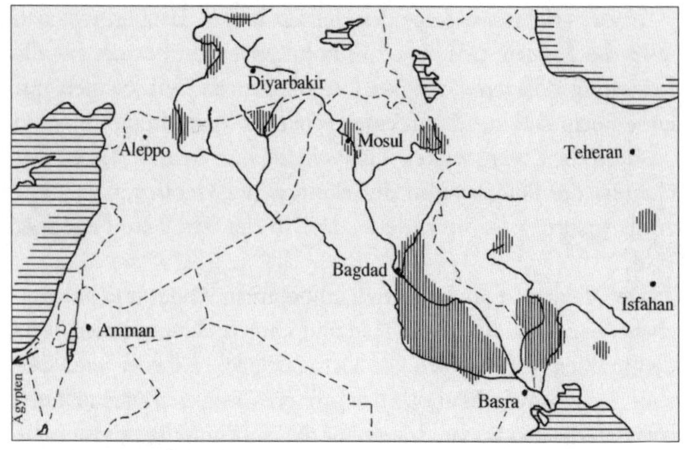

Ausbreitung der Uruk-Kultur Babyloniens in die Nachbarregionen

Von anderer Art waren wohl die Beziehungen zur zweiten Hochkultur des Vorderen Orients: Ägypten. Auch sie waren von einer gewissen Überlegenheit bestimmt, denn der zumindest zeitweiligen Übernahme des Rollsiegels wie auch babylonischen Einflüssen auf Architekturformen in Ägypten steht in Babylonien nichts Entsprechendes gegenüber.

Für die ältere Zeit müssen wir aus der Art der Strukturen der Zeit um 3300 auf ihre Entstehung schließen, da die Grabungen in Uruk nicht in tiefere Schichten vorangetrieben wurden. Solche Schlüsse gelingen vor allem für Gegenstände, die im weitesten Sinne mit den wirtschaftlichen Verhältnissen zu tun haben. Eine ganze Reihe von Funden können wir mit dem Aufkommen der Schrift verbinden, die ja selbst vornehmlich in den Bereich der Wirtschaft gehört.

Die ersten Schrifturkunden tauchen um 3300 auf, am Ende der Zeit, in der sich die zuvor aufgezeigten Strukturen herausgebildet hatten. Bereits von ihrem ersten Auftreten an ist die Schrift als System voll entwickelt, die Formen der Zeichen sind bis auf wenige Ausnahmen stabil, und sowohl im Gebrauch der Schrift als auch in der Organisation der Texte auf den Tafeln finden sich keine Unsicherheiten. Als Erklärung dafür hat man vermutet, daß es Vorläufer gegeben habe, die entweder noch nicht gefunden oder aber auf einem Material geschrieben wurden, das im ungünstigen Klima Mesopotamiens nicht überlebt hat.

Wenn man jedoch, statt nach älteren Formen der Schrift zu suchen, nach einfacheren Methoden der Informationsspeicherung Ausschau hält, erschließt sich die Vorgeschichte der Schrift, die von den einfachsten Möglichkeiten, Informationen festzuhalten, zu komplexeren Systemen und schließlich zur Schrift führt (Abb. S. 52). Die Siegel wurden bereits als einfaches Speichermedium genannt. Aus der gleichen Zeit, dem sechsten Jahrtausend, kennen wir die Möglichkeit, daß kleinen tönernen Symbolen verschiedener geometrischer Form bestimmte Zahl- oder Mengenwerte zugewiesen wurden. Durch Zusammenfügen solcher Zählmarken kann jede beliebige Zahl geformt und durch gemeinsame Aufbewahrung gespeichert werden. Beide Fälle erlauben aber lediglich die Übermittlung einer einzigen Information.

Mehrere Jahrtausende lang befriedigten diese beiden Methoden offenbar die bestehenden Bedürfnisse. Nach der Mitte des vierten Jahrtausends änderte sich jedoch die Situation in Babylonien. Das Stempelsiegel wurde weitgehend durch das Rollsiegel abgelöst. Nun konnte eine offenbar stark angewachsene Klientel mit individuellen Siegeln versorgt werden. Zudem konnte das Rollsiegel so über den Tonverschluß – wenn nötig in mehreren Streifen – abgerollt werden, daß die gesamte Oberfläche mit dem Relief überzogen und insofern geschützt war. Zum persönlichen Schutz durch die Autorität des Siegelinhabers kam also ein unpersönlicher, mechanischer hinzu; auch das mag mit der größeren Zahl derer zusammenhängen, die an den Wirtschaftsprozessen beteiligt waren. Aber nach wie vor konnte auf diese Weise nur eine Information gespeichert werden.

Auch der Anwendungsbereich der Zählmarken wurde erweitert, indem sie neben geometrischen Formen auch die Gestalt von Gegenständen annehmen konnten, wobei sich wiederum nur eine Art von Information übermitteln ließ. Erst die nächste

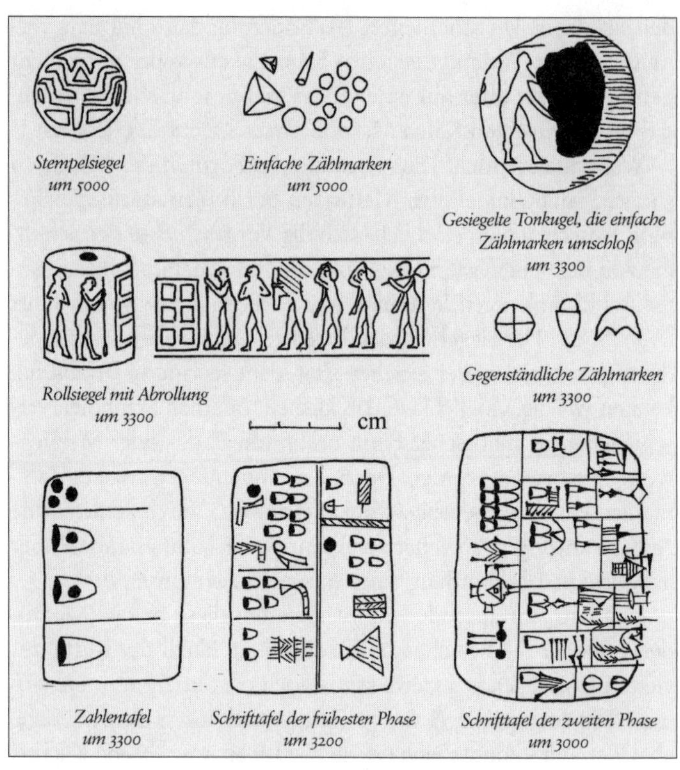

Vorläufer der Schrift

Erweiterung jener Vorläufer des Schriftsystems hob diese Beschränkung auf.

Nicht lange vor der Schrift tauchten mit Siegelabdrücken bedeckte Tonkugeln auf, die eine aus mehreren Zählmarken zusammengesetzte Summe umschließen. Damit war der entscheidende Schritt getan, denn auf diese Weise wurden die Informationen über die Zahl und die verantwortliche Person nun auf dem gleichen Medium gespeichert. Das war auch bei einer anderen Methode der Fall: In einen flach gekneteten Tonklumpen drückte man mit Hilfe eines Griffels verschiedenartige, für Zahlen stehende Vertiefungen ein. Danach wurde die Oberfläche der Tafel mit Siegelabrollungen versehen; auch hier, um Zahl und Person zu speichern.

Die beiden letztgenannten Methoden sind als Reaktionen darauf zu verstehen, daß die Wirtschaft nach komplexeren Kontrollmöglichkeiten verlangte. Als dann die Idee einer Schrift entstand, war das Problembewußtsein in einem solchen Maße entwickelt, daß die Ausarbeitung des Systems entsprechend wenig Zeit benötigte.

Daß alle diese Erweiterungen erst nach der Obed-Zeit stattgefunden haben, bedeutet bereits eine erhebliche Beschleunigung der Entwicklungsgeschwindigkeit, nachdem sich vorher auf dem Gebiet der Kontrolle wirtschaftlicher Vorgänge mehrere tausend Jahre nichts ereignet hatte. Anhand der Ergebnisse der Klimaforschung und der archäologischen Untersuchung der Umgebung von Uruk wird sogar deutlich, daß sich diese Beschleunigung auf den noch kürzeren Zeitraum von wenigen Jahrhunderten vor 3300 beschränkte.

Die Schwankungen in der Sedimentierung der Schichten unter dem Persischen Golf wurden bereits angesprochen. Von besonderem Interesse ist ein verhältnismäßig rascher Wechsel im vierten Jahrtausend von einem sehr feuchten zu einem kühleren und trockeneren Klima mit niedrigerem Wasseraufkommen in den Flüssen. Das trifft sich mit archäologischen Beobachtungen bei den Tiefgrabungen, bei denen man auf Schwemmschichten und Schilfreste in den untersten Lagen gestoßen ist, die von einem feuchten, wasserreichen Klima in den Zeiten vor dem vierten Jahrtausend zeugen. Aufgrund solcher Beobachtungen hatte man geglaubt, in solchen Ablagerungen die Spuren der Sintflut des Gilgamesch-Epos und des Alten Testamentes gefunden zu haben; in der Zwischenzeit haben sie sich als lokal begrenzte Ereignisse herausgestellt. In den darüberliegenden Schichten findet man Anzeichen für eine normale Besiedlung.

Diese Ergebnisse der Klimaforschung lassen sich auch mit archäologischen Beobachtungen im Hinterland von Uruk verbinden. Mit Hilfe der über jeder alten Siedlung anzutreffenden

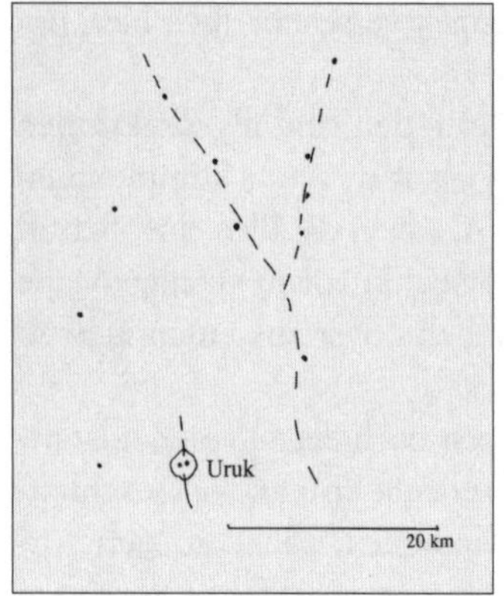

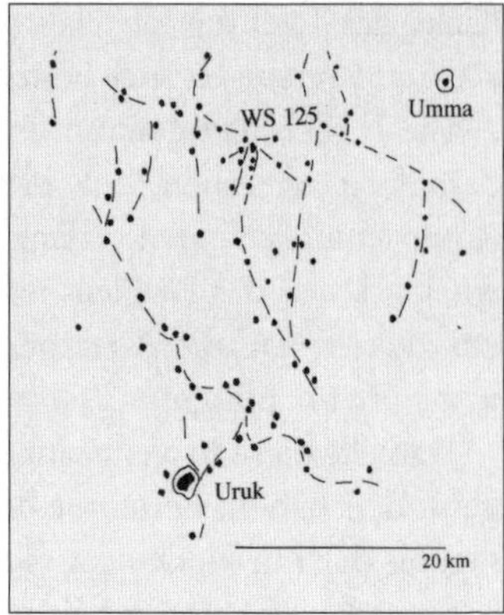

Siedlungen im Hinterland von Uruk um 3600 und um 3200 v. Chr.

Funde – meist Keramikscherben, die einer bestimmten Zeit zugeordnet werden können – wurden Karten gezeichnet, auf denen die jeweils zu einer Zeit bewohnten Orte zusammengefaßt sind. Für die Phase zwischen dem Ende der Obed-Zeit und 3300 ergaben sich zwei Zustände: ein älterer (3900/3800 bis 3500), mit elf gleichzeitigen Siedlungen und ein jüngerer mit 110 Siedlungen. Wenn wir annehmen, daß die Auswirkungen der Klimaschwankung um die Mitte des vierten Jahrtausends fühlbar wurden, läßt sich die dünne Besiedlung damit erklären, daß Sümpfe und verheerende Hochfluten eine Ansiedlung in den meisten Landesteilen unmöglich gemacht hatten. Die oben rechts abgebildete Karte spiegelt die Situation wider, in der die Klimaveränderung einen Rückzug des Wassers bewirkt hatte und größere Teile des Landes besiedelbar geworden waren.

Diese Karte für die Zeit zwischen 3500 und 3300 bezeugt eine vorher nirgends gekannte Besiedlungs- und damit Bevölkerungsdichte. Was für ältere Zeiten über entstehende Probleme des Zusammenlebens und dadurch notwendige Maßnahmen für den Umgang mit Konflikten gesagt wurde, ist sicher nur ein Schatten dessen, was sich hier in kurzer Zeit an Problemen aller Art und auf allen Ebenen ballte. In diesem Sinne lassen sich alle neuen Strukturen letztlich als Maßnahmen zur Vermeidung und Regelung von Konflikten erklären. Dabei werden die Erfahrungen aus älterer Zeit eingeflossen sein. Schließlich kam ein Teil der Zuwanderer aus jenen Regionen, in denen schon vorher gesellschaftliche Regelungen immer dringlicher geworden waren. In dieser enormen Verdichtung ist auch der Grund für die Ausweitung und Komplizierung der wirtschaftlichen Verhältnisse zu sehen, mitsamt den sich daraus ergebenden Notwendigkeiten immer strikterer Kontrollen.

Spätestens hier muss die Frage der ethnischen Zugehörigkeit der Bevölkerung wieder aufgegriffen werden. Ein Teil der Neusiedler kam wahrscheinlich aus dem Norden Babyloniens, wo zur gleichen Zeit die Zahl der Siedlungen abnahm. Daneben siedelten sich auch größere Gruppen anderer Herkunft im Schwemmland an, vermutlich auch die Sumerer. In dieser Phase muß die multiethnische Gesellschaft Babyloniens entstanden sein, auf deren Spuren man auch später immer wieder stößt. Die Tatsache, daß die Archaischen Texte keine bestimmbare Sprache wiedergeben – was für uns bedauerlich ist –, weist darauf hin, daß sich alle ethnischen Gruppen der Schrift bedienten.

In der in diesem Kapitel behandelten Zeit ist eine entscheidende Weichenstellung vollzogen worden. Es bedurfte nur einer leichten Klimaverschiebung, um aus einem kaum bewohnbaren ein einladend fruchtbares Land zu machen, zumal trotz des Wasserrückgangs zunächst reichlich Wasser für die Bewässerung der Felder verfügbar blieb. Erfahrungen, wie man mit solchen Herausforderungen umzugehen hatte, waren in Ansätzen aus den Nachbarregionen einzuholen. So entstand in kurzer Zeit eine städtische Kultur, wie man sie sich ausgereifter kaum vorstellen kann. Mit ihrem wirtschaftlichen Übergewicht wirkte die babylonische Frühe Hochkultur in vielfältiger Weise auf die anderen Regionen des Vorderen Orients ein.

Mesopotamien, insbesondere der südliche Teil, wird von nun an für viele Jahrhunderte die Vorreiterrolle in der weiteren Entwicklung des Vorderen Orients spielen.

Die Stadtstaaten und der Weg zum Zentralstaat
(3300–2350 v. Chr.)

Mit ihrer politischen und wirtschaftlichen Macht über ein Hinterland von beträchtlichem Ausmaß und einer gegliederten Stadtregierung erfüllen die im vierten Jahrtausend in Babylonien entstandenen Städte die Kriterien von Stadtstaaten. Spätestens für die Zeit der ersten Hälfte des dritten Jahrtausends verfügen wir über genug Material, um zu zeigen, daß große Städte wie Kisch, Nippur, Isin, Lagasch, Eridu oder Ur in die gleiche Kategorie wie Uruk gehören. Nach den archäologischen Funden war ganz Babylonien mit nur sehr geringen lokalen Abweichungen eine weitgehend homogene kulturelle Einheit. Nichts verdeutlicht das besser als die Schrift, die sich in Stil und Technik in allen Landesteilen gleicht, so daß man von einer engen Zusammenarbeit auf dem Gebiet der Schreiberausbildung ausgehen muß.

Die erste Phase nach 3300, die wir nach dem Grabungsort Dschemdet Nasr benennen, führt die Entwicklungen der Späturuk-Zeit fort. Beim Dekor der Rollsiegel sind Änderungen als Auswirkungen eines allgemeinen Trends zur Arbeitsbeschleunigung und -erleichterung zu beobachten, die Spuren der bereits vorher bekannten Schleifscheibe wurden seltener oder überhaupt nicht überarbeitet (Abb. unten). Das gab den Siegeln ein flüchtigeres Aussehen, dafür verkürzte sich die Herstellungszeit. Die Schrift entwickelte sich kontinuierlich weiter. Das bereits vorher in Ansätzen bekannte Eindrücken des Griffels statt des Ritzens der Linien wurde allgemein verwendet, da es ein schnelleres Schreiben erlaubte. Damit erhielt die Schrift das abstrakte Aussehen der späteren Keilschrift. In der

Siegel um 3000 v. Chr., bei dem die Spuren des Schleifrades als Stilmittel fungieren

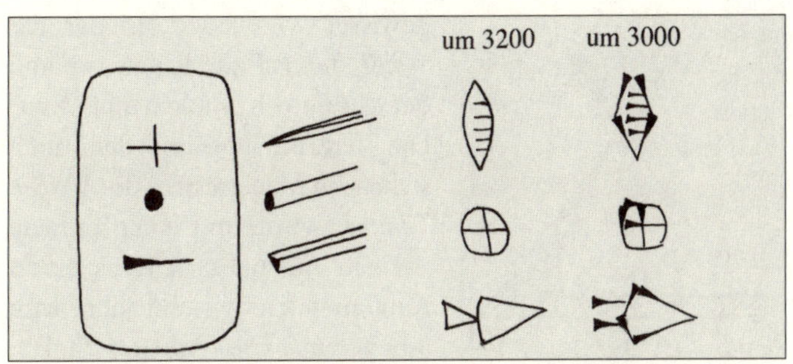

Spitzgriffel um 3200, Rundgriffel für Zahlen, Dreikantgriffel von 3000 an

Keramiktechnologie wurde nun die Technik des Abschneidens vom Drehkegel angewandt, mit der die Herstellung von Massenware auf der Töpferscheibe begann. Dabei wurde eine größere Menge Ton auf die Scheibe geladen und zu einem Kegel geformt. Aus dessen Spitze wurde das Gefäß gezogen (Abb. S. 58). Nach dem Abschneiden vom Rest des Kegels konnte umgehend die Herstellung des nächsten Gefäßes beginnen. Auf allen Gebieten ist also die Fortsetzung der bereits vorher beobachteten beschleunigten Entwicklung festzustellen.

Trotz dieser Kontinuität hat nach 3300 eine Veränderung stattgefunden, wie sie radikaler kaum vorstellbar ist. Sie drückte sich in der völligen Umgestaltung des Eanna-Gebietes aus. Zwar blieben Ausdehnung und Umfassungsmauer zur Stadt hin erhalten, doch statt der Vielzahl großer und kleiner Bauten ohne eindeutigen baulichen Mittelpunkt entstand nun im Zentrum von Eanna eine Terrasse, auf dem sich ein Kultgebäude befunden haben muß. Sie war umgeben von kleineren Anlagen, die nicht den gleichen Zwecken gedient haben können wie die Bauten der Späturuk-Zeit. Nur an einer Stelle ist der Rest eines monumentalen Tores erhalten, das den Zugang zu einem wahrscheinlich ebenso imposanten Bau bildete, von dem sich jedoch nichts erhalten hat.

Die Umgestaltung fällt zusammen mit einer merklichen Veränderung im westlichen Zentralbereich. Dort wird nach einer

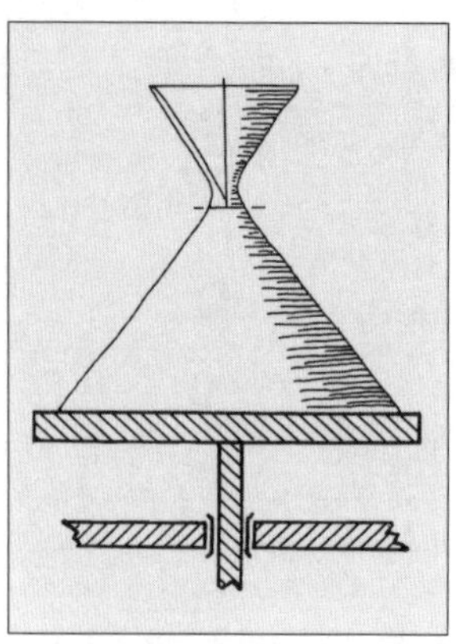

Töpferscheibe mit Drehkegel aus Ton, aus dessen Spitze ein Napf gezogen wurde

gewissen Verfallszeit, in der der *Weiße Tempel* zur Ruine verkam, der gesamte Komplex umgebaut: Die Terrasse mitsamt den noch stehenden Mauerresten des *Weißen Tempels* wurde mit einer Terrasse riesigen Ausmaßes (circa 330 000 Kubikmeter; etwa fünf Jahre lang arbeiteten 1 500 Arbeiter täglich zehn Stunden daran) überbaut. Ergebnis der gesamten Umgestaltung ist, daß wir in Eanna den vorher dort unbekannten Typus *Tempel auf Terrasse* vorfinden, der charakteristisch für den westlichen Zentralbereich war, während das Vorbild den Blicken entzogen wurde.

Die Veränderung hat sowohl den politisch-administrativen – Wegfall der großen Versammlungsgebäude – als auch den kultischen Bereich betroffen, da ein zentraler Tempel auf einer Terrasse eine dort vorher nicht bekannte Konzentration der religiösen Macht bedeutet. Daß der zu Beginn der großen Titelliste genannte Titel für den Herrscher der Späturuk-Zeit nicht mehr verwendet wird und wir zum ersten Mal den von jetzt an gebräuchlichen Titel »lugal« (König) als Wort finden, ist ebenfalls ein Indiz für organisatorische Veränderungen. Ob die erwähnte monumentale Toranlage der Rest eines Palastes war? Wenn ja, dann könnte das der Zeitpunkt für eine Differenzierung von religiöser und politischer Macht gewesen sein.

Noch ganz am Ende der Späturuk-Zeit hatte sich eine andere Änderung vollzogen. Während zuvor Babylonien mit den Nachbarregionen im Westen, Norden und Osten auf eine Weise verbunden war, daß dort regelrechte babylonische Kolonien bestanden, verschwanden diese Anzeichen für enge Beziehungen plötzlich und fast vollständig. Anstelle des Uruk-Netzwer-

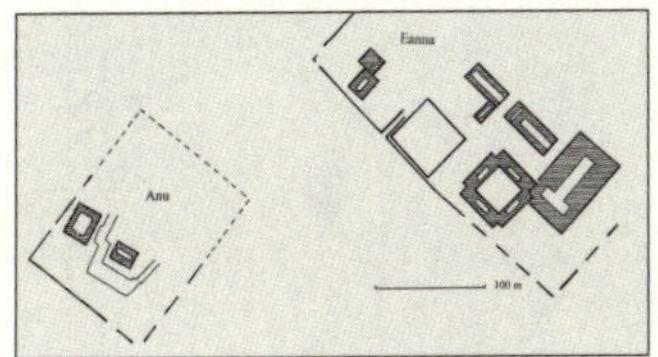

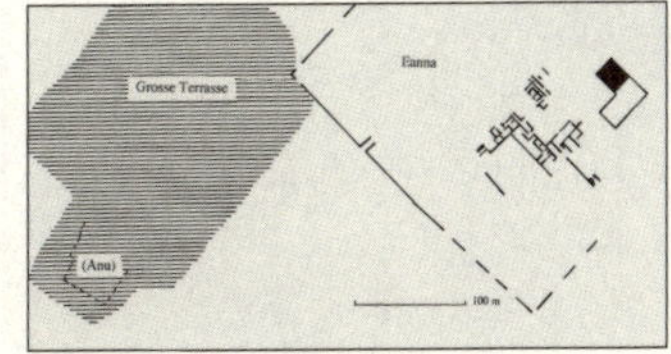

Zentralgebiet von Uruk um 3200 v. Chr. (Schicht IV) und nach der Reorganisation um 3000 v. Chr. (Schicht III)

kes bildeten sich während der Dschemdet-Nasr-Zeit in den Nachgebieten eigene Netze. Am bekanntesten ist das Proto-Elamische Netz, das Südwestiran oder Khuzestan statt mit Babylonien in enge Verbindung mit dem weiter östlich gelegenen Hinterland bis hin nach Seistan im Osten des heutigen Iran brachte. Vermutlich waren die organisatorischen Umgestaltungen in Uruk eine Reaktion auf die Auflösung des Uruk-Netzes und Neugestaltung der politischen Landschaft.

Nach 3000, zu Beginn der nun folgenden sogenannten Frühdynastischen Zeit, veränderte sich die Form der Ziegel in merkwürdiger Weise. *Frühdynastisch* nennen wir diese Periode deshalb, weil sich in ihrem weiteren Verlauf die ersten Dynastien von Herrschern nachweisen lassen. Gegenüber der flach-rechteckigen Form wurde nun die Oberseite der Ziegel nicht mehr glatt abgezogen, sondern blieb aufgewölbt wie bei einem Kastenkuchen. Der Grund ist unklar, könnte aber darin liegen, daß solche sogenannten plan-konvexen Ziegel mit einer veränderten Mauertechnik eine erhebliche Beschleunigung des Bauvorgangs zuließen, die mit den früher verwendeten, sehr kleinformatigen Ziegeln nicht möglich gewesen wäre.

Aus diesem Material besteht eines der imposantesten Bauwerke von Uruk: die Stadtmauer mit neuneinhalb Kilometern Länge, 900 Halbkreistürmen und durch stärkere Türme befestigten Toren. Nach dem gleichnamigen Epos hat sie Gilgamesch, der König von Uruk, errichten lassen. Wir besitzen zwar von Gilgamesch keine eigenen Inschriften, er wird jedoch in der sogenannten *Sumerischen Königsliste* genannt und ist, wie auch die

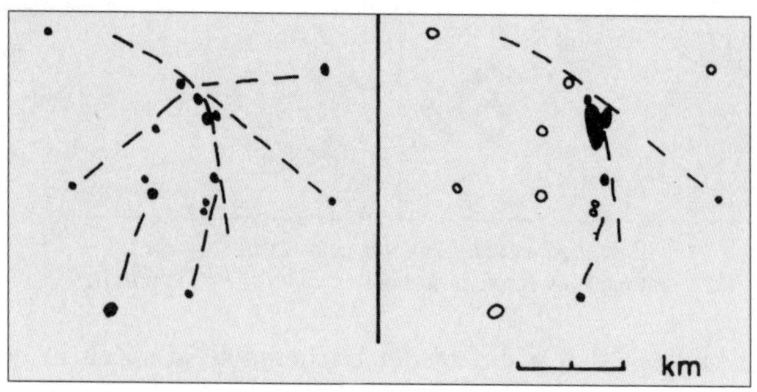

Siedlungsgruppe um die Wohnsiedlung 125 im Hinterland von Uruk um 3200 und um 2900 v. Chr. Aufgegebene Siedlungen sind im rechten Bild durch Kreise markiert.

Mauer, in die Zeit zwischen 3000 und 2900 einzuordnen.

Die Stadtmauer umfaßt mit über fünf Quadratkilometern eine mehr als doppelt so große Fläche wie jene um 3300. Diese war, ebenso wie eine weite Fläche außerhalb der Mauer, fast vollständig besiedelt. Innerhalb von ungefähr 300 Jahren stieg die besiedelte Fläche von Uruk auf das Dreifache an; eine Entwicklung, die sicher nicht nur durch eine normale Bevölkerungsvermehrung verursacht wurde, sondern auch im Kontext von Entwicklungen im Umland zu erklären ist.

Dort war die Zahl der Siedlungen gegenüber den 110 Orten der Zeit um 3300 erheblich zurückgegangen; dafür hatten die verbliebenen an Größe zugenommen. Diese Entwicklung läßt sich anhand des Beispiels einer kleinen Siedlungsgruppe im Nordosten Uruks beobachten, die um 3300 elf Orte mit einem Zentralort umfaßte, von denen um 2900 nur drei übriggeblieben waren, deren Zentralort jedoch um ein Mehrfaches an Größe zugenommen hatte. Auf die gleiche Weise wuchsen einige mittelgroße Siedlungen auf die Größe von Städten an.

Statt des Gewirrs von Wasserläufen der Späturuk-Zeit, das anzeigt, daß überall im Land genügend Wasser zur Verfügung stand, gab es nur noch wenige gerade Wasserläufe, die zum Teil als Kanäle zu interpretieren sind. Hier sind die Anfänge dessen zu finden, was Babylonien zum klassischen Beispiel für weitreichende Kanal- und Bewässerungssysteme gemacht hat.

Spätestens ab 3000 ist offenbar der Rückgang des Wassers, der zunächst einmal die großflächige Besiedlung des Landes ermöglicht hatte, zum Problem geworden: Immer größere Flächen wurden nicht mehr auf natürliche Weise von Wasser erreicht. Man leitete jetzt mit Hilfe langer Kanäle Wasser in einen Teil der nun schlechter versorgten Landesteile, jedoch mußten auch zahlreiche Siedlungen aufgegeben werden. Offenbar zog sich deren Bevölkerung in die Hauptorte zurück und verursachte deren starkes Anwachsen – am sichtbarsten an der anormalen Ausweitung der Stadt Uruk.

Die Fortdauer dieses Trends führte dazu, dass um die Mitte des dritten Jahrtausends die Mehrzahl der Bewohner Babyloniens in Städten lebte. Man geht davon aus, daß die jeweilige politische und administrative Führung erhebliche Anstrengungen unternehmen mußte, um Probleme wie die Erhöhung der Konfliktanfälligkeit oder die Versorgung der Stadtbevölkerung in den Griff zu bekommen.

Der erzwungene Übergang zur Kanalbewässerung ließ das vorher vermutlich zusammenhängende Anbaugebiet Babyloniens in eine Reihe von Bewässerungsoasen zerfallen, die jeweils von einem der aus dem Euphrat abgezweigten Hauptkanäle versorgt wurden. Das Schicksal einer solchen Oase hing davon ab, bis zu welchem Grade angesichts der zunehmenden Konkurrenz um das Wasser die Einleitung der nötigen Wassermenge an der Abzweigung eines solchen Kanals gewährleistet werden konnte.

Die Abhängigkeit von der Kanalbewässerung hatte noch eine andere Folge. Da die Wassermenge in den Flüssen von Jahr zu Jahr erheblich schwankte, galt dies natürlich auch für die Kanalsysteme. Es bildeten sich also an den Enden solcher Systeme mehr oder weniger große Landstriche, bei denen nicht damit zu rechnen war, daß sie jedes Jahr genügend Wasser erhalten würden. Aufgrund der ohnehin stattfindenden

Verkleinerung der landwirtschaftlichen Nutzfläche mußten die Städte jede nur erdenkliche Möglichkeit des Anbaus ergreifen; es mußten Wege gefunden werden, wie diese unterversorgten Ländereien trotz allem bewirtschaftet werden konnten. Die Folge war die Entstehung einer am ehesten mit dem Begriff halbnomadisch zu umschreibenden Lebensweise in den Randgebieten, da wenn nötig die Sicherung der Lebensgrundlage auf Viehhaltung umgestellt wurde. Diese Entwicklung hatte insofern große Auswirkungen, als die Existenz solcher halbseßhaften beziehungsweise halbnomadischen Gruppen innerhalb von Babylonien vermutlich ein Einfallstor für Gruppen von außen mit einer ähnlichen Lebensweise war.

Um die Versorgung der Bevölkerung sicherzustellen, mußten nun die neu in den Kreis der großen Städte aufgenommenen Orte einen entsprechend großen Einzugsbereich besitzen. Dabei ist es in mehreren Fällen – nur einer ist nachweisbar – zu einem Aneinanderstoßen oder sogar zu einem potentiellen Überlappen dieser Einflußbereiche gekommen, was neuartige Konflikte hervorrief. Sicher standen die verschiedenen Städte und Stadtstaaten auch davor schon in einer gewissen Konkurrenz zueinander, und auch in älterer Zeit sind Konflikte zwischen ihnen bisweilen militärisch ausgetragen worden. Dafür sprechen verschiedene literarische Zeugnisse, die sich unter anderem um den Herrscher Gilgamesch ranken und sich auf Ereignisse der Frühzeit beziehen. Auch die Existenz von Stadtmauern unterstützt diese Vermutung. Durch den Verlust von Sicherheitsabständen zwischen den Städten entstanden jedoch Konflikte, die im System enthalten und daher unlösbar waren.

Ihre Auseinandersetzungen sind nun sehr viel besser als vorher zu verfolgen, weil sich um die Mitte des dritten Jahrtausends die Nachrichtenlage entscheidend veränderte. Nach fast 700 Jahren, in denen die Schrift fast ausschließlich zur Aufzeichnung wirtschaftlicher Daten genutzt worden war, tauchten 2550/2500 v. Chr. Inschriften auf, die zum Teil ausführlich die Taten der Herrscher und ihre familiäre Einbindung beschreiben und uns die Möglichkeit bieten, nicht nur einzelne Personen, sondern ganze Dynastien zu verfolgen und einen Eindruck von den Geschehnissen der Zeit zu bekommen. Das Auftreten dieser ersten ausführlichen Texte fällt mit keinem besonderen politischen Ereignis zusammen, und die berichteten Geschehnisse unterscheiden sich nicht in der Bedeutung von den Ereignissen der Zeit davor, sondern nur darin, daß sie jetzt schriftlich festgehalten werden.

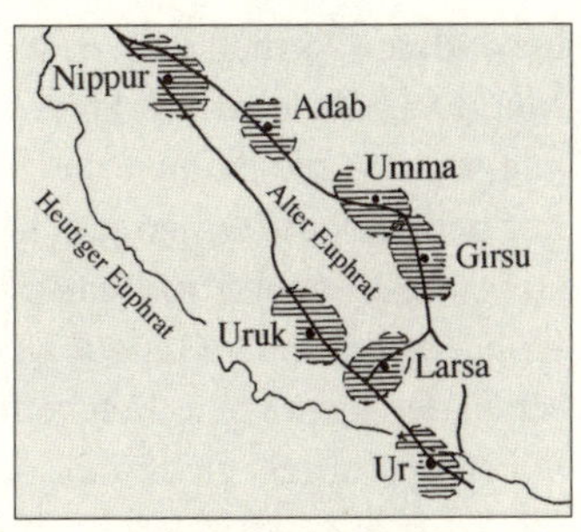

Südbabylonische Städte um 2900 v. Chr. mit mutmaßlichen Einzugsbereichen

Die zuvor erwähnten Grenzstreitigkeiten zwischen benachbarten Städten sind in Herrscherinschriften aus der Zeit um 2500 aus der Stadt Lagasch/Girsu bezeugt, in denen ein Dauerkonflikt mit der Nachbarstadt Umma um eine Grenzflur und einen Grenzkanal beschrieben wird (Abb. oben). Über mehrere Generationen wird von Lösungsversuchen berichtet – Krieg, Vertrag oder Einschaltung eines Vermittlers –, dann bricht der Konflikt spätestens in der nächsten Generation wieder auf: Er scheint unlösbar. Die Lösung bot sich schließlich außerhalb des bisherigen Systems: Durch die Schaffung größerer Territorien ließen sich interstädtische als innerstaatliche Konflikte behandeln – freilich unter Aufgabe des Organisationssystems »Stadtstaat«.

Wiewohl zur Religion der bis jetzt behandelten Zeit kaum Aussagen möglich sind, gibt es doch Hinweise auf die Form der Organisation. Mit der umfassenden baulichen Umgestaltung des Zentralbereiches von Uruk hatte dieser und wohl die ganze Stadt mit der zentralen Terrasse und dem auf ihr gelegenen Tempel einen eindeutigen kultischen Mittelpunkt erhalten. Die Manifestierung der grundlegenden, bereits in der vorausgehenden Zeit geltenden Ideologie, nach der jeder Stadt eine besondere Gottheit zugeordnet ist, bleibt das kennzeichnende Merkmal babylonischer Städte. Bereits in den ältesten Schrifttafeln wurden die Namen der Stadt und der jeweiligen Gottheit mit demselben Zeichen geschrieben. Inwiefern diese Gleichsetzung die Organisation einer Stadt beeinflußt hat, ist unklar, wobei insbesondere darauf zu verweisen ist, daß in der archaischen Titelliste keine Belege für kultisches Personal unter den Führungskräften zu finden sind. Daß sich auch auf diesem Gebiet große Veränderungen bis in die Zeit vollzogen haben, aus der wir die ersten ausführlichen Texte besitzen, geht aus Zeugnissen um 2500 hervor, wonach Kultpersonal beziehungsweise Priesterschaft der Stadtgottheit und der Herrscher zwei separate Einheiten bildeten – kurz *Tempel* und *Palast* genannt –, die bisweilen in gespannten Verhältnissen zueinander standen.

Aus einer früheren gemeinsamen Wurzel heraus entwickelten sich diese beiden Einheiten nach 3300 auseinander. Seit der Dschemdet-Nasr-Zeit treten an verschiedenen Stellen größere Gebäude hervor, die eindeutig keine kultischen Funktionen haben und weder als Versammlungsbauten gelten noch normalen Wohnzwecken gedient haben können. Wir bezeichnen sie als *Paläste*, also als Sitz des jeweiligen Herrschers. Diese Differenzierung zusammen mit den zuvor angesprochenen gewandelten Anforderungen an die politische Leitung führten zu einer neuen Definition der Position des Herrschers. Wie bereits erwähnt, hatten sich ja auch die Titel für den Herrscher geändert. Im Hinblick auf die weitere Entwicklung scheint es möglich, daß wir hier die Anfänge dessen sehen, was in der Folgezeit in die gespannten Verhältnisse zwischen *Tempel* und *Palast* mündete.

Neben dem offiziellen Kult der Stadtgottheit, in den wohl vor allem der Herrscher eingebunden war, finden wir in jeder Stadt eine wechselnde Anzahl von Tempeln, in denen andere der großen Götter verehrt wurden. Leider finden wir keine Hinweise auf die Unterschiede zwischen diesen kultischen Einrichtungen: Hatten sie einen unterschiedlichen Kundenkreis oder wandten sich die Beter je nach Art der Anliegen an unterschiedliche Götter? Auch diese Tempel werden allerdings noch in den offiziellen Sektor gehört haben, im Gegensatz zu Formen persönlicher Frömmigkeit. In kleinen Kultstätten, die in normale Wohnviertel integriert waren, fanden sich in zugemauerten Kammern zahlreiche, meist männliche Statuen aus Kalkstein. Sie erinnern an den aus späteren Texten bekannten Brauch, Statuen in den Tempel zu stellen, die den Stifter vertreten und im Angesicht der Gottheit für ein langes Leben des Stifters beten. Es scheint, daß solche Statuen von Zeit zu Zeit abgeräumt und kultisch beigesetzt wurden. Die Figuren sollten also eine ganz persönliche Beziehung zwischen Stifter und Gottheit herstellen, von der man sich Schutz erhoffte. In die gleiche Richtung weist die Tatsache, daß die Herrscher von Lagasch zwar immer betonen, daß sie ihre Weisungen von ihrem Stadtgott Ningirsu erhalten, aber gleichzeitig unterstreichen, daß Schul: Utul ihr persönlicher Schutz-Gott sei.

Männliche und weibliche Statue um 2700 v. Chr. aus Eschnuanna

Die Kunstentwicklung dieser Zeit – die Kleinkunst der Rollsiegelbilder ausgenommen – ist schwer zu beurteilen. Der Kunst, die in der Späturuk-Zeit, vielleicht auch noch in der Dschemdet-Nasr-Zeit, vor allem der Glorifizierung des Herrschers diente, also in den offiziellen Bereich gehört,

Sitzstatue des Schreibers Dudu um 2500 v. Chr.

Rückseite der »Geierstele« des Eannatum von Lagasch aus Tello, um 2450 v. Chr.

stehen in der Frühdynastischen Zeit die zuvor erwähnten Beterstatuen aus eindeutig nicht-offiziellem Kontext gegenüber. Da die Kunstwerke unterschiedliche Funktionen hatten, ist es schwer, sie in einem kunstgeschichtlichen Entwicklungszusammenhang einzuordnen. Die Beterstatuen weisen in der Mehrzahl einen abstrakt-geometrischen Stil auf, in völligem Gegensatz zu den älteren Beispielen. Wir kennen keine gleichzeitigen Beispiele aus dem offiziellen Sektor und können daher nicht entscheiden, ob die Unterschiede zwischen der Kunst der Spät-uruk-Zeit und den Beterstatuen einen allgemeinen Stilwandel bezeugen oder lediglich den Gegensatz zwischen offiziell und nicht-offiziell zum Ausdruck bringen.

Die etwas spätere offizielle Kunst ist vor allem durch Reliefs vertreten, die bestimmte Ereignisse darstellen, wie die *Geierstele* als Denkmal für den Sieg Eanatums von Lagasch über die Nachbarstadt Umma. Das Familienrelief des Urnansche (Abb. unten) verdeutlicht die vorherrschenden Gestaltungsprinzipien: Körperdarstellungen beabsichtigen nicht, natürliche Verhältnisse nachzubilden; Einzelheiten eines Gesichtes, eines Körpers oder einer Komposition werden nach vorgestellter Wertigkeit bemessen und aneinandergefügt; Augen beispielsweise sind disproportional groß, wichtige Personen sind größer als Untergebene;

Sogenanntes Familienrelief des Urnansche von Lagasch, um 2480

Wichtiges ist größer als Unwichtiges. Durch Beischriften können bestimmte Personen benannt werden, Ähnlichkeiten sind in keiner Weise angestrebt, wie die Statue des Dudu zeigt (Abb. S. 65 unten). Zwar wird auf den beiden gezeigten Reliefs der Herrscher durch seine Größe hervorgehoben (Abb. S. 66), doch geht es nicht nur wie bei den Beispielen der Späturuk-Zeit um die Glorifizierung des Herrschers.

Götter wurden selten, aber stets größer als der Herrscher dargestellt. Obwohl Tempel dieser Zeit durch eine Nische in der Rückwand des Allerheiligsten auf die Existenz von Götterstatuen hinweisen, ist uns kein Beispiel bekannt.

Ein oder zwei Generationen vor dem Auftreten voll lesbarer Texte ist die Götterwelt in eine bestimmte Ordnung gebracht worden, indem die Götternamen in einer Liste zusammengefaßt wurden. Die Anordnung der Hauptgötter An, Enlil, Inanna, Enki, Nanna, Utu entspricht so sehr den späteren Konstruktionen der hierarchischen und familiären Beziehungen der Götter untereinander, daß der Verdacht aufkommt, daß bereits ihre frühere Anordnung einer theologischen Konstruktion entsprach. Dabei ist nicht erwiesen, ob die Gottheiten in ihrer Eigenschaft als Götter der großen Städte aufgeführt oder bereits eingefügt sind in ein genealogisches System mit Bereichszuordnungen wie Kriegs- und Liebesgöttin, Wasser-, Mond- und Sonnengott. Die große Liste umfaßt mehr als 500 Namen, von denen viele sonst nicht bekannt sind. Wir können die in den einzelnen Kultstätten verehrten Gottheiten nur selten identifizieren und nur anhand der bereits angesprochenen Kulttradition versuchen, aufgrund späterer Nachrichten einzelne dieser Götter mit bestimmten Städten in Verbindung zu bringen. Es läßt sich folglich kaum herausfinden, wer wo und wann verehrt wurde. In dem Moment aber, in dem uns ausführlichere Texte einen besseren Zugang ermöglichen könnten, sind die älteren Zustände bereits von Systematisierungen überdeckt.

Einen ganz anderen Zugang zu religiösen Vorstellungen eröffnen uns die Bestattungen, wie man sie vor allem aus der Stadt Ur

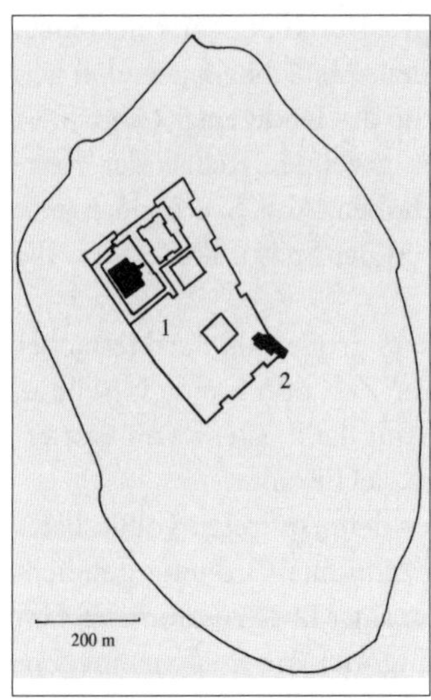

Stadtplan von Ur mit zentralem Tempelgebiet (1) und Lage des Königsfriedhofes (2)

kennt. Der Ort gehört zur Gruppe der ersten Städte, seine Anfänge reichen aber weit ins fünfte Jahrtausend zurück. Ur gilt später als der Kultort des Mondgottes Nanna. Der Zentralbereich, Sitz der lokalen Führung und der zentralen Kultstätte der Stadt, lag in der Frühdynastischen Zeit höher als die umgebende Stadt, so daß sich ein Abhang zum Stadtgebiet ergab. Der südöstliche Hang wurde über die lange Spanne von ungefähr 600 Jahren von der Frühdynastisch-II-Zeit (um 2600) bis in die Zeit der III. Dynastie von Ur (um 2000) als Friedhof genutzt. In derselben Periode wurde der im Zentralgebiet anfallende Schutt über den Abhang gekippt, so daß die Gräber jeweils in die Schuttschichten eingegraben und von diesen überlagert wurden. Den Toten wurden Schmuck, Keramikgefäße und Gegenstände wie Werkzeuge und Waffen beigelegt. Die Art der Gefäße deutet darauf hin, daß den Verstorbenen für die Reise in die Unterwelt auch feste und flüssige Wegzehrung mitgegeben wurde. Es gab also feste Vorstellungen über das Leben nach dem Tod sowie darüber, was die Lebenden, das heißt vornehmlich die Familie, tun mußten, um dem verstorbenen Angehörigen sein Dasein zu erleichtern. Erleichterung konnten sie ihnen etwa durch nachträglich wiederholtes Opfern von Getränken und wohl auch von fester Nahrung verschaffen, wozu die Lage der Gräber an der Oberfläche zumindest für eine gewisse Zeit gekennzeichnet sein mußte.

Tatsächliche Reste in Form von Bauten oder Kapellen wurden allerdings nur im Zusammenhang mit einigen der aufwendigen

Rekonstruktionszeichnung der »menschlichen Beigaben« eines der Königsgräber des Friedhofes von Ur vor ihrem Tode

Grüfte gefunden. Literarischen Niederschlag fanden die Vorstellungen über das Leben nach dem Tode in der Dichtung »Inannas Gang in die Unterwelt«, die in die Reihe der mythischen Erklärungen für das jährliche Absterben der Vegetation gehört. Um aus der Unterwelt wieder frei zu kommen, schickt sie den Vegetationsgott Dumuzi als Ersatz; die Vegetation stirbt.

In der Anfangszeit des Friedhofs von Ur sind vierzehn große Grabanlagen entstanden, die in den meisten Fällen mit gemauerten Grüften ausgestattet waren. Sie werden als *Königsgräber* bezeichnet, obwohl nur in wenigen Fällen schriftliche Hinweise bezeugen, daß dort tatsächlich Herrscher oder deren Angehörige bestattet wurden. Der sagenhafte Reichtum ihrer Ausstattung ist aber wohl kaum anders zu erklären. Zudem wurden in einer Art Vorhof vieler Grüfte eine größere Anzahl menschlicher Beigaben gefunden. Es war jeweils ein ganzer Hofstaat, der aus persönlichen Dienerinnen und Dienern, aus Musikanten und Soldaten bestand sowie aus Wagengespannen mit Zugtieren und Wagenführern. Die Musikanten hatten zum Teil ihre Finger noch an den Saiten der aus kostbarem Material gefertigten Leiern, was

Kopfschmuck der Königin Puabi und einige Ketten; die mit weißen Linien verzierten Perlen stammen aus dem Indusgebiet

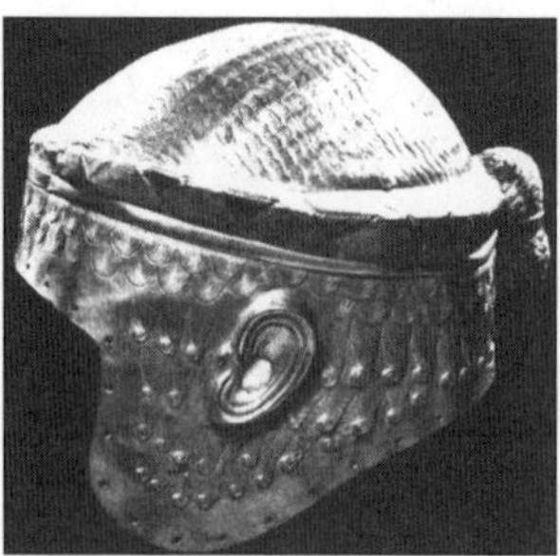

In einem reichen Privatgrab im Friedhof von Ur gefundener Goldhelm in Form einer Perücke, Zeit der Königsgräber

zusammen mit der geordneten und ruhigen Lage der Körper auf die Verabreichung von Gift deutet. Die Dienerschaft sollte dem Toten in der Unterwelt ein angemessenes Leben sichern. Aus zeitgenössischen Quellen erhalten wir keinen Aufschluß über diese Sitte, die bald zudem aufgegeben wurde – wir haben zumindest keine späteren Hinweise.

In den reichen Beigaben haben wir eindeutig einen Fall von demonstrativem Verbrauch vor uns, von überdimensionierter Zurschaustellung von Reichtum mit dem Ziel, das Prestige des Verstorbenen zu erhöhen. Vielleicht sind auch die menschlichen Beigaben als Teil dieser Übersteigerung zu werten. Die überaus reiche Ausstattung läßt auf einen allgemeinen Reichtum schließen, der zwar vor allem in den Königsgräbern zum Vorschein kommt, aber auch in den sogenannten Privatbestattungen sichtbar wird, die – wenn auch in weitaus geringerem Maße – häufig Gefäße, Schmuck und Geräte aus edlen Metallen und Steinen enthielten, neben einer Vielzahl von Geräten und Waffen, die aus Kupfer oder Bronze gefertigt waren.

Nicht nur in den Königsgräbern, sondern auch in zahlreichen Privatgräbern wurden Rollsiegel gefunden, insgesamt in fast einem Viertel der 1 800 Gräber. Diese Siegel wurden ein notwendiges Requisit all derer, die in irgendeiner Weise am Wirtschaftsleben teilnahmen. Da die Identifikation des Siegelinhabers über das Bild erfolgte, mußte die Bandbreite der Darstellungen auf Siegeln so groß sein, daß jeder ein unverwechselbares Siegelbild erhalten konnte. Von der Mitte des dritten Jahrtausends an wurde die Differenzierung des Siegelbildes für die Identifizierung nicht mehr als ausreichend angesehen. Als neue Möglichkeit der Identifikation konnten seit der Mitte des dritten Jahrtausends Siegel mit dem Namen des Siegelinhabers versehen werden.

Rollsiegelbilder mit den häufigsten Themen der Frühdynastischen Zeit: Tierkampf und Symposium

Rollsiegel sind insofern eine wichtige Quelle, weil sie wegen ihrer Verankerung im täglichen Wirtschaftsleben in großen Mengen und überall existierten und daher bei fast allen Grabungen in großer Anzahl zutage gefördert wurden. Im Gegensatz zu Beispielen großformatiger Kunst wie Statuen oder Reliefs, die nicht nur selten, sondern aus manchen Perioden überhaupt nicht erhalten sind, bieten Rollsiegel als Kunstwerke im Miniaturformat dem Studium der Entwicklung des künstlerischen Ausdrucks über lange Zeiträume und in großer Breite reiches Anschauungsmaterial.

Man sollte meinen, daß die Vielfalt der Darstellungen gewährleistet wird durch die Verarbeitung möglichst vieler Themen aus der geistigen und religiösen Vorstellungswelt. Das ist aber nicht der Fall: Nur wenige Themen, aber die in großer Variationsbreite, dienen als Grundstock. Das in der Frühdynastischen Zeit weitaus am häufigsten verwendete Motiv ist der Kampf zwischen Raub- und Nutztieren, zu deren Schutz bisweilen der Mensch eingreift. Grundfiguren sind Löwe und Rind. Die Rolle des zusätzlichen Beschützers nimmt oft ein Mischwesen ein: der *Stiermensch* mit menschlichem Ober- und stierischem Unterkörper. Der bis ins erste Jahrtausend v. Chr. dargestellte Stiermensch mag eine der aus späterer Zeit in großer Anzahl bekannten Dämonenfiguren sein. Das läßt sich ebensowenig klären wie die generelle Bedeutung des Tierkampfthemas, das bisweilen äußerst virtuos als Flechtband gestaltet sein kann, bei dem sich die einzelnen, aufrecht gestellten Figuren überschneiden oder der Zusammenhalt durch Blickkontakt bewirkt wird.

Ob bestimmte Themen oder Steine, aus denen die Siegel gefertigt wurden, auf die gesellschaftliche Stellung des Siegelinhabers schließen lassen, ist naturgemäß für Zeiten, die keine oder nur relativ wenige Inschriften auf Siegeln kennen, schwierig festzustellen. Dennoch gelingt diese Verknüpfung für ein bestimmtes Thema. Bei der sogenannten Symposiumsszene sitzen zwei oder mehr Figuren einander gegenüber und trinken aus Bechern oder saugen ein Getränk – vermutlich Bier, das den Texten nach in großem Umfang gebraut wurde – durch Röhrchen aus einem großen Gefäß. Sie werden von Dienerfiguren betreut. Die Szene kann durch musizierende oder tanzende Figuren erweitert werden, und in einem zweiten, meist darunter angeordneten Register können verschiedene andere Themen wie beispielsweise auch der Tierkampf hinzugefügt werden. Siegel mit Symposiumsszenen sind überwiegend aus Lapislazuli gefertigt, einem kostbaren blauen Halbedelstein, und wurden zum größten Teil in den bereits genannten Königsgrüften gefunden. Die Vermutung liegt nahe, daß solche Siegel auf eine Verbindung mit den obersten Gesellschaftsschichten deuten.

Eine Charakterisierung dieser Zeit wäre unvollständig, ohne die Verbindungen mit den Nachbargebieten zu berücksichtigen. Gemeint sind die weitreichenden Handelsbeziehungen, die sich vor allem an den vielfältigen Materialien festmachen lassen, die sich in den Funden im Friedhof von Ur verarbeitet finden. Zwar ist uns die Herkunftsregion von Gold nicht bekannt, Silber wie auch ein Teil der farbigen Schmucksteine stammen jedoch aus den höheren Lagen des östlich angrenzenden Zagros-Gebirges. Einen weiteren Weg hatte der Lapislazuli hinter sich, der aus Badachschan stammt, dem nordöstlichsten Zipfel des heutigen Afghanistan. Auf besonderes Interesse stößt der Fund von Perlen aus rotbraunem Karneol mit weißen Ätzlinien, die wegen der angewandten Ätztechnik auf das Indusgebiet als Ursprung hinweisen. Sie bilden den frühesten Nachweis eines direkten Kontaktes zwischen der mesopotamischen Hochkultur und dem Gebiet der nachmaligen städtischen Indus-Kultur.

Beziehungen zu den Gebieten des heutigen Syrien und dem Südosten der Türkei gab es zu allen Zeiten, mehr oder weniger gut belegbar anhand archäologischen Materials. In der Mitte des dritten Jahrtausends hatten offenbar Stadtstaaten im syrischen Bereich einen so hohen Grad gesellschaftlicher Komplexität erreicht, daß ihnen die Übernahme der babylonischen Keilschrift bessere Möglichkeiten bot, diese Komplexität zu beherrschen. Keilschrifttafeln wurden zu Tausenden in der Stadt Ebla und an anderen syrischen Orten gefunden. Das erwies sich als eine folgenreiche Beziehung, da hieraus ungeahnte Auswirkungen auf die babylonische Kultur entstanden.

Bis zu dieser Zeit war die Keilschrift vornehmlich zur Aufzeichnung wirtschaftlicher Informationen genutzt worden. Dafür war die Wiedergabe der gesprochenen Sprache nicht erforderlich, Stichworte reichten aus. Nur in wenigen Ausnahmen wurden Schriftzeichen so verwendet, daß sie statt der ihnen eigentlich beigelegten Bedeutung lediglich die Lautform anzeigten. Die weitgehend einsilbige sumerische Sprache ließ sich zudem durch eine Aneinanderreihung von Wortzeichen wiedergeben. Eine Änderung wurde zu dem Zeitpunkt erforderlich, als sowohl die in Babylonien lebenden semitischen Gruppen als auch die Bewohner der syrischen Städte anfingen, die Schrift für die Wiedergabe ihrer Sprachen zu verwenden. Denn im Gegensatz zum agglutinierenden Sumerisch, bei dem in den Verbformen Person und Tempus durch Anfügung von Partikeln an den Wortstamm kenntlich gemacht werden, wird bei den semitischen Sprachen der Wortstamm verändert. Dafür müssen die Schriftzeichen von ihrer Bedeutung losgelöst und mit ihrem Lautwert verwendet werden. Diese Möglichkeit war im Keilschriftsystem von Beginn angelegt. Es ist sicher kein Zufall, daß sich zu dieser Zeit im Sumerischen der Schriftgebrauch in gleicher Weise veränderte. Die Verwendung der Zeichen als Lautwert ermöglichte es, die verschiedenen Partikeln des Sumerischen zu schreiben. Auf diese Weise ließ sich die gesprochene Sprache wiedergeben. Erst mit dieser Modifikation wurde die Schrift zum Medium, das die schriftliche Fixierung von literarischen, historischen und religiösen Texten erlaubte. Durch die Mitwirkung einer benachbarten Region also erschloß sich die babylonische Kultur die Möglichkeit zur Aufzeichnung der mit Sicherheit reichen mündlichen Überlieferung der älteren Zeit und zur Ausbildung einer hochliterarischen Kultur.

Die Mitte des dritten Jahrtausends bietet darüber hinaus aber auch den Schauplatz für die Erprobung neuer politischer Strukturen. Am Beispiel der Dauerauseinandersetzung zwischen den Städten Lagasch und Umma war bereits das Problem angesprochen worden, daß die Städte ungewollt miteinander in Konflikte gerieten, die sie selbst nicht lösen konnten. Unter den verschiedenen Möglichkeiten, diese Konflikte zu regeln, wird eine von der Mitte des dritten Jahrtausends an immer öfter praktiziert: die Schaffung größerer Territorien durch Eroberung benachbarter Stadtstaaten. Sicher zunächst von persönlichem Ehrgeiz und Machtstreben angetrieben, erwies sich die Schaffung großer Herrschaftsbereiche schließlich als eine Antwort auf bestehende Probleme. Alle diese Expansionsversuche endeten spätestens mit der Regierungszeit des jeweiligen Eroberers. Immerhin wurde durch diese Versuche die erste staatliche Einigung Babyloniens unter Sargon, dem Begründer der Dynastie von Akkad, vorbereitet, die dann vier Generationen überdauerte.

Die ersten Zentralstaaten

(2350 – 1595 v. Chr.)

Was um die Mitte des dritten Jahrtausends v. Chr. einzelne Herrscher babylonischer Städte bewogen hat, statt der vorher üblichen Raubzüge in benachbarte Territorien, Gebiete systematischer zu annektieren, wissen wir nicht. Vielleicht war es nur Ausfluß persönlichen Machtstrebens, vielleicht aber auch Kalkül im Dienst weitreichenderer Pläne. Immerhin war nach dem ersten Versuch die Idee offenbar so attraktiv, daß sich Nachahmer fanden. Nach den ersten gescheiterten Versuchen wurden Gegenmaßnahmen ergriffen. Die dabei für die nächsten Jahrhunderte erkennbare Entwicklungstendenz ist die Verlagerung von Kompetenzen der Stadtstaaten auf die Hauptstadt eines Zentralstaates.

Trotz der langsam fortschreitenden Konsolidierung der Institution des Zentralstaates in der Zeit vom Staat der Dynastie von Akkad zu dem der III. Dynastie von Ur fand diese Staatsform keineswegs ungeteilten Zuspruch; sie wurde sogar mehrmals zugunsten einer Rückkehr der Macht an die Städte wieder aufgegeben. Statt aber nur persönliches Machtstreben eines Zentralherrschers auf der einen Seite und der Partikularherren auf der anderen Seite verantwortlich zu machen, die sich keiner übergeordneten Macht unterwerfen wollten, sind die Vorgänge differenzierter zu betrachten. Anfang des 16. Jahrhunderts versetzte der Hethiter Murschili der bereits schwächelnden I. Dynastie von Babylon durch einen Raubzug den Todesstoß; danach funktionierte das alte Schema nicht mehr. Das Prinzip der Stadtstaaten hatte sich überlebt. Im weiteren Vorderen Orient bildeten sich Territorialstaaten heraus, gegen die sich ein in Stadtstaaten zersplittertes Babylonien nicht hätte behaupten können.

Am Ende der Frühdynastischen Zeit hatte Lugalzagesi, der Lokalherrscher von Umma, einen Teil Südbabyloniens erobert;

offenbar zum Teil mit ruchlosen Mitteln, denn wir erfahren vom letzten Herrscher von Lagasch, Urukagina, daß Lugalzagesi dabei die Sünde begangen habe, die lokalen Tempel zu zerstören. Es ist bezeichnend für die starke Verankerung der Vorstellung der Einheit von Stadt und Stadtgottheit, daß Urukagina diese Sünde nicht Lugalzagesi, sondern der Göttin seiner Stadt Umma anlastete. Die Vorspiele zur Veränderung der politischen Organisationsform sind uns bekannt: Wenn Eannatum von Lagasch in der späten Frühdynastischen Zeit so viel von Babylonien erobert, daß er sogar Mari am mittleren Euphrat erreicht, relativiert das den Zwist mit der Nachbarstadt und stärkt die Macht gegenüber den außerbabylonischen Nachbarn.

Angesichts der zunehmenden Verknappung von Wasser für Bewässerungszwecke erschien es wahrscheinlich sinnvoll, eine zentrale Stelle für die Zuteilung dieser Ressource zu schaffen. Hier setzt das Gegenargument an, denn bei der fortschreitenden Aufgliederung Babyloniens in Bewässerungsoasen war es im Sinne lokaler Interessen von Vorteil, wenn sich die Kompetenzen für die Verteilung des Wassers ausschließlich bei einer lokalen Autorität befanden. Abgesehen davon, daß es viele Gründe für die Autonomie einer Stadtregierung gab und nicht zuletzt die Selbständigkeit als bewahrenswertes Gut angesehen wurde, dürfte das Interesse an der ungeminderten Kontrolle über das lokale Bewässerungssystem das sichtbarste Argument für einen Widerstand der Stadtstaaten gegen einen Zentralstaat gewesen sein. In den Städten existierte eine Institution, die sich besonders angegriffen fühlen mußte: die Stadtgottheit, repräsentiert durch den zentralen Tempel und seine Priesterschaft. Gemäß der sich in der späten Frühdynastischen Zeit verschärfenden Ideologie, nach der der jeweilige Stadtherrscher nur Statthalter der Gottheit war, wurde der Konkurrenzkampf nicht zwischen Stadt- und Zentralherrscher, sondern zwischen den Stadtgottheiten und dem Zentralherrscher ausgetragen. Mit der Zerstörung der Tempel hatte Lugalzagesi insofern konsequent gehandelt.

Mit dem Sieg über Lugalzagesi sowie über Uruk und Ur fiel Sargon, der offenbar bereits über den ganzen Norden herrschte, nun auch der Süden zu. Über Sargon gibt es eine Parallelsage zu Moses: Er wurde in einem Korb im Fluß ausgesetzt, dort entdeckt und am Hofe erzogen. Sargon amtierte als Mundschenk des Königs der Stadt Kisch in Nordbabylonien, bevor er von der wohl in der Nähe gelegenen, aber noch nicht identifizierten Stadt Akkad aus seine politische Karriere begann. Wie sein ehemaliger Dienstherr, und wohl auch wie ein Großteil der Bewohner Nordbabyloniens, gehörte er zum semitischen Bevölkerungsteil. Gleich anderen Usurpatoren gab er sich einen Thronnamen: *scharru kenu*, »Wahrer König«, der im Alten Testament zu »Sargon« wird.

Sargon, der einem Bericht zufolge in schon reifem Alter den Thron bestieg, hatte in seinen früheren Jahren sicher das Scheitern des einen oder anderen Einigungsversuchs beobachtet und vermutlich seine Schlüsse daraus gezogen. Entsprechend zu werten sind seine Zentralisierungsbemühungen: Die Handelsschiffe aus dem Golf und vom Indusgebiet (*Meluhha*, *Magan* und *Dilmun*) mußten bis in seine Stadt Akkad fahren; die natürlichen Hafenstädte Ur und Lagasch wurden also eines Teils ihrer Einkommen beraubt. Auf eine Straffung des politischen Zusammenhalts deutet die Aussage, daß »Söhne von Akkad die *Ensi*-schaften im Lande innehatten« (*Ensi* ist der Titel für Lokalherren und später für Statthalter), also eigene Leute an die Spitze der Städte gesetzt wurden. Sargon griff sogar in die lokalen Kulte ein, indem er beispielsweise seine Tochter Enheduana als Oberpriesterin des Stadtgottes Nanna von Ur einsetzte. Daß »täglich 5 400 Mann in seinem [Sargons] Angesicht Brot aßen«, läßt auf eine stehende Einsatztruppe schließen. Wesentliche Impulse, die die Form des Zentralstaates für mehrere Generationen überleben ließen, gehen eindeutig auf Sargon zurück.

Gleichzeitig mit dem Wechsel von sumerischen zu semitischen beziehungsweise akkadischen Herrschernamen änderte sich auch die Sprache der offiziellen Inschriften. Zwar kennen wir vereinzelt akkadische Namen auch aus der vorausgehenden Zeit wie zum Beispiel Mesalim, der vor der Zeit Urnansches von Lagasch um 2550 den Streit zwischen Lagasch und Umma geschlichtet hatte, oder den der Königin Puabi, die um die gleiche Zeit in einer der Grüfte in Ur bestattet worden war. Auch erwiesen sich einige Namen von Schreibern sumerisch verfaßter Tafeln der gleichen Periode als semitisch, so daß genügend Anhaltspunkte für die Annahme vorliegen, daß auch vor Übernahme der Herrschaft durch Sargon Angehörige der semitischen Bevölkerungsgruppe bedeutende Positionen innehatten. Der jetzige Sprachwechsel war politisch motiviert. Um so erstaunlicher ist, daß wir trotz zahlreicher Anstrengungen keinerlei Hinweise auf größere oder kleinere Spannungen oder Auseinandersetzungen zwischen Sumerern und Akkadern finden. Solche Anstrengungen werden zum Teil durch die Tatsache behindert, daß man von der Sprachzugehörigkeit eines Namens nicht ohne weiteres auf die ethnische Zugehörigkeit schließen kann. Der Name der eben erwähnten Tochter Sargons Enheduana ist sumerisch, während wir später bei Herrschern der programmatisch sumerischen III. Dynastie von Ur auf semitische Namen wie Schusin oder Ibbisin stoßen.

In derselben Phase ist eine grundlegende Veränderung im künstlerischen Ausdruck zu beobachten. Ob bei Reliefs, bei Herrscherstatuen oder auf den Rollsiegeln: Die Unterschiede sind unübersehbar; überall fällt die naturalistische Wiedergabe der Körper auf. Veristische Darstellungen von Muskeln und anderen Details stehen in krassem Gegensatz zu den blockartigen und unproportionierten Figuren der Frühdynastischen Zeit. Der Eindruck von frei agierenden, selbständigen Wesen – ob Mensch oder Tier – wird dadurch noch verstärkt, daß die Figuren durch Betonung ihrer Umrißlinie gleichsam vor einen Hintergrund gestellt werden. Gegenüber der früheren Scheu, Teile des Bildgrundes der Rollsiegel leer zu lassen, wird der Hintergrund erstmals bewußt in die Komposition einbezogen. Zwar bleibt das Hauptthema der vorherigen Zeit, der Tierkampf, wei-

Fragment einer Siegesstele des Sargon von Akkad (Zug von Gefangenen), Höhe 21 cm
Bronzekopf eines akkadischen Herrschers aus Ninive, Höhe 37 cm

terhin vorherrschend, aber das Bildrepertoire erweitert sich um eine Fülle weiterer Themen, die man unter dem Begriff *mythologische Szenen* zusammenfassen kann, unter denen der *Götterkampf* die interessanteste ist. Mythologisch werden sie deswegen genannt, weil in ihnen eine Vielzahl von Göttern und Dämonen ihr Wesen treibt. Eine Identifizierung mit uns bekannten Mythen gelingt jedoch nur selten. Vermutlich beziehen sich die Darstellungen auf bestimmte Situationen in den Mythen, die aus irgendeinem Grund populär waren, uns aber nicht als das Hauptthema erscheinen.

Im letzten Kapitel wurde ein Beispiel besprochen, in dem ein bestimmtes Thema und eine bestimmte Gesteinsart den Status des Siegelbesitzers anzeigte. Unter den Siegeln der Akkad-Zeit fällt eine Gruppe durch eine besondere Anordnung der Tierkampfdarstellung auf: Gleichsam wappenartig stehen zwei miteinander kämpfende Figuren auf jeder Seite einer von einem Rahmen eingefaßten Inschrift. Den überdurchschnittlich häufigen Inschriften zufolge – soweit sie neben dem Namen auch Familienangehörigkeit und Beruf angeben – gehörten die Siegelinhaber der königlichen Familie oder der Riege der höheren

Siegelbilder der Akkadischen Zeit Tierkampf; je zwei kämpfende Figuren auf beiden Seiten der zentralen Inschrift; mythologische Darstellung des zwischen zwei Torflügeln sitzenden Sonnengottes Schamasch

Beamten an. Dies läßt vermuten, daß auch andere Themen an bestimmte soziale oder Berufsgruppen gebunden waren.

Der gleiche Stilwandel wie bei den Siegeln ist auch bei Statuen und Reliefs zu beobachten. Man vergleiche nur die Statue des Dudu der späten Frühdynastischen Zeit (Abb. S. 65 unten) mit der eines Mannes aus Assur aus der Akkadzeit (Abb. S. 81 links), oder die sogenannte Geierstele des Eannatum (Abb. S. 66 oben) mit dem Fragment einer Stele, vermutlich aus der Zeit Sargons (Abb. S. 79 links). In allen Fällen ist eine vorher unbekannte Naturnähe und Wohlproportioniertheit festzustellen.

Völlig aus dem Rahmen nicht nur der akkadischen, sondern der altorientalischen Kunst überhaupt fällt die Siegesstele des Naramsin (Abb. S. 82). Unterhalb der Zone mit den als Sterne wiedergegebenen hilfreichen Göttern steht der durch Hörnerkrone und Inschrift selbst als Gott gekennzeichnete Herrscher Naramsin dem sehr viel kleiner gezeichneten Anführer der feindlichen Lullubi gegenüber. Dieser fleht den Herrscher um Gnade an, seine Füße sind aber schon zur Flucht gewendet; zwischen den Hauptfiguren befindet sich ein von einer Lanze getroffener, hintenüber gesunkener Feind.

Beider Heere sind in Einzelpersonen aufgegliedert. Das siegreiche akkadische Heer ist zahlreicher und detaillierter mit verschiedenen Feldzeichen und unterschiedlicher Bewaffnung wiedergegeben. Vom feindlichen Heer sind nur drei Figuren am

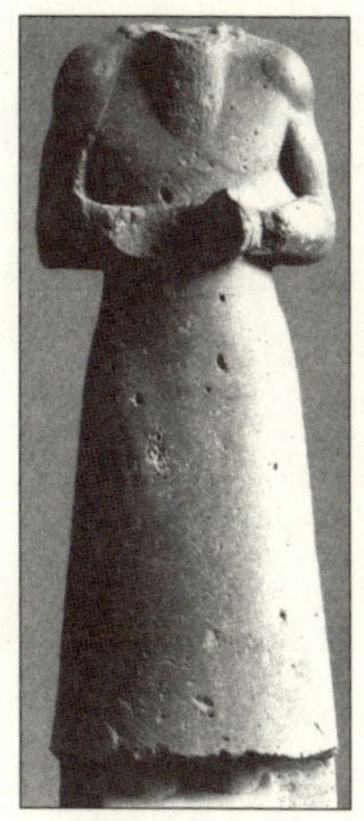

Torso einer akkadischen Statue aus Assur
Vorderseite einer akkadischen Kampfstele aus Tello

äußersten rechten Rand übereinander zu sehen, mit zerbrochenen Waffen und wie ihr Anführer einerseits dem siegreichen Herrscher zugewandt, andererseits schon auf der Flucht. Außergewöhnlich ist die Art der Ausführung der Unterwerfungsgestik. Die Hände werden so vor das Gesicht gehalten, daß sie in Blickrichtung zum Angeflehten zeigen – wie bei dem Anführer zu sehen ist. Üblicherweise würde diese Geste bei den Feindfiguren in gleicher Weise wie bei dem Anführer einfach wiederholt, doch wird hier auf deren jeweils tiefere Position auf der Stele Rücksicht genommen. Damit die Feindfiguren trotz des ungünstigen Winkels die Geste beibehalten können, müssen sie den Kopf um so weiter in den Nacken legen und die Hand um so mehr ausstrecken, je tiefer sie auf der Stele stehen. Dieser wechselseitige Bezug von Teilen einer Komposition aufeinander ist sonst unbekannt und hebt die Stele des Naramsin unter allen Kunstwerken des Alten Orients heraus.

Naramsin ist wie erwähnt mit Hörnerkrone, also vergöttlicht, dargestellt. Es ist dies das erste Auftreten eines Phänomens, das fortan nicht nur im Alten Orient wiederholt anzutreffen ist, son-

Siegesstele des Naramsin

dern eine weit größere Verbreitung gefunden hat: die Selbstvergöttlichung regierender Herrscher.

Gemeinhin wird die Selbstvergöttlichung – auch wenn die Gotteseigenschaft, wie im Falle Naramsin, in der zeitgenössischen Literatur als Geschenk der Götter und Lohn für militärische Erfolge dargestellt wird – als ein Akt der Hybris, der Selbstüberhebung aufgefaßt. Bei Naramsin liegt der Fall jedoch anders: Nicht nur er selbst bezeichnet sich als »Gott von [der Stadt] Akkad«, er wird auch in Ergebenheitsadressen seiner Untertanen so genannt; zugrunde liegt eine Ideologie, die einer Stadtgottheit nicht nur eine überragende politische Rolle für das Geschick einer Stadt einräumte, sondern auch eine starke wirtschaftliche Stellung, die darauf beruhte, daß weite Ländereien im Umkreis der Stadt dem Haupttempel der Stadt gehörten. Mit der Selbsterhebung zum Gott seiner Stadt erhebt Naramsin Anspruch auf diese Ländereien, zum eigenen Nutzen, vor allem aber, um seinen Gegnern die wirtschaftliche Basis zu entziehen. Dieser Schachzug wurde zu Recht als Generalangriff auf die Stellung der Priesterschaften verstanden, und so nimmt es nicht wunder, daß in einer literarischen Kolportage schließlich der Göttervater Enlil eingreift, um Naramsin zu bestrafen: Die Guti, zu denen die auf der Naramsin-Stele besiegten Lullubi gehören, werden von Enlil ins Land gerufen und zerstören die Stadt Akkad; die mythische Erzählung »Fluch über Akkad« endet damit, daß Ischtar, die Stadtgöttin von Akkad, als die eigentlich Betroffene über die Zerstörung der Stadt frohlockt. Aber es ist bezeichnend, daß die Zerstörung des Zentralheiligtums in Nippur durch Naramsin vorgeschoben wird, um das Eingreifen von Enlil zu erklären.

Archäologischen Untersuchungen zufolge kann davon aber keine Rede sein; im Gegenteil wissen wir, daß Naramsin an diesem Komplex Restaurierungsarbeiten durchgeführt hat.

Diese Erzählung, die vermutlich 150 Jahre später in einer Zeit entstanden sein dürfte, als Schulgi, der zweite Herrscher der III. Dynastie von Ur, vor zu großem Hochmut gewarnt werden sollte, ist das wohl hervorragendste Beispiel für die stark tendenzielle Ausrichtung von literarischen Werken jener Epoche. Das gilt in gleicher Weise für die häufiger erwähnte *Sumerische Königsliste*, die wir ungeachtet ihrer tendenziösen Darstellung als eine Hauptquelle für Namen, Reihenfolge und Regierungszeiten der Herrscher der zweiten Hälfte des dritten Jahrtausends nutzen. Die bewußte Verfälschung der Wirklichkeit besteht darin, daß die Liste eine zeitliche Ablösung der Dynastien der späten Frühdynastischen Zeit einhält und damit den Eindruck erweckt, als sei Babylonien immer von einer Stelle aus regiert worden, während wir aus den Originalinschriften wissen, daß mehrere der genannten Herrscher gleichzeitig in verschiedenen Städten regierten. Ein weiterer Fehler – und gleichzeitig ironischer Zufall – besteht darin, daß die lokalen Herrscher des Stadtstaates von Lagasch nicht erwähnt werden. Ausgerechnet aus dessen Hauptort Girsu stammen fast alle unserer schriftlichen Zeugnisse für die späte Frühdynastische Zeit. Neben dieser politischen Tendenzdichtung blüht eine reiche Literatur. Wir kennen sogar eine Autorin: Enheduana, die Tochter Sargons und Oberpriesterin des Nanna in Ur, ist nicht nur die Verfasserin von zwei langen Hymnen auf Inanna, sondern auch einer Sammlung von Tempelhymnen.

Aufgrund des wachsenden Widerstands gegen den Zentralstaat mußte jeder Herrscher der akkadischen Dynastie die ersten Jahre seiner Regierungszeit dazu verwenden, wechselnde Koalitionen von babylonischen Städten wieder unter die Zentralgewalt zu zwingen. Unter Naramsin muß es sogar einen Moment gegeben haben, an dem eine allgemeine Erhebung im

Lande drohte, die das Auseinanderbrechen des Zentralstaates hätte bedeuten können. Die Gründe für dieses Anwachsen der Schwierigkeiten bleiben unklar, nicht jedoch die Folgen. Der letzte Herrscher aus der Sargon-Familie mit dem Möchtegern-Namen Scharkalischarri, »König aller Könige«, scheint gegen Ende seiner Regierungszeit territorial auf wenig mehr als seine eigene Stadt und deren Umland eingeschränkt gewesen zu sein. Während dieser schlecht bezeugten Phase agierten lokale Dynastien in anderen Städten wie Uruk oder Lagasch bereits selbständig.

Die in der Dichtung »Fluch über Akkad« nachzulesende Behauptung, daß der akkadische Staat durch Gruppen aus den östlich angrenzenden Bergen zerstört wurde, die wir unter den Namen Guti oder Lullubi bereits kennengelernt haben, ist zwar übertrieben. Jedoch sorgten diese Gruppen nicht nur durch Raubüberfälle für Unruhe, sie konnten sich sogar zeitweise am Ostrand der babylonischen Ebene festsetzen, wo sie eine eigene Herrschaft mit Königen begründeten.

Die neugewonnene Selbständigkeit der Städte hielt zwar nicht lange vor; doch besitzen wir aus dieser Zeit eine Reihe von Zeugnissen dafür, daß die Städte ohne Schwierigkeiten zu ihren alten Verhältnissen und Verbindungen zurückgefunden hatten. Offenbar waren die Grundstrukturen der Städte unter dem Mantel des Zentralstaates lebendig geblieben, so daß sie ohne Zeitverlust die Macht übernehmen konnten, sobald der Zentralstaat schwächelte. Die entsprechenden Zeugnisse stammen sämtlich aus der Stadt Girsu, dem einzigen überdauernden Ort des vormaligen Stadtstaates von Lagasch. Sie sind mit dem Namen des Herrschers Gudea verbunden. Zahlreiche Statuen, Inschriften und zwei große Tempelbauhymnen zeichnen ein Bild, das sich von dem der vorausgehenden Zeit dezidiert unterscheidet. Nicht nur knüpft die Abfassung aller schriftlichen Zeugnisse in Sumerisch an die Zeit vor Sargon an, sondern auf fast allen Gebieten gewinnt man den Eindruck einer gezielten, manchmal fast übertriebenen Wiederherstellung früherer

Verhältnisse. So zum Beispiel, wenn in den Inschriften nur von frommen Taten – vom Bau von Tempeln und von der Fürsorge für die Götter – berichtet wird, getreu der Grundhaltung, daß der Herrscher nichts als der Statthalter des Stadtgottes Ningirsu ist. Eine ähnliche Haltung, wenn auch in weniger deutlicher Form, kam in den Inschriften der letzten vorsargonischen Herrscher von Lagasch zum Ausdruck. Die zahlreichen Statuen stellen eine merkwürdige Mischung von direkter Weiterführung und Anpassung an vorsargonische Prinzipien dar (Abb. S. 86). Die Wiedergabe menschlicher Körperteile wie Brust, Hände, Finger und Oberarme unter Sichtbarmachung von Muskeln und anderen Einzelheiten unterscheidet sich kaum von Entsprechungen in der akkadischen Zeit, dies allerdings bei völliger Mißachtung der Gesamtproportionen, wie wir sie schon aus der vorsargonischen Zeit kennen.

Die Berichte Gudeas erschöpfen sich in der Schilderung frommer Taten, so daß von den großen politischen Veränderungen der damaligen Zeit nichts zu spüren ist. In diese Phase muß nämlich die endgültige Vertreibung der Guti aus Babylonien durch eine Koalition mehrerer Städte unter Führung von Utuhegal gefallen sein, einem Herrscher aus Uruk. Da die Entscheidungsschlacht vermutlich nicht allzu weit westlich von Umma stattfand, und damit in der Nähe von Lagasch, dürfte Lagasch sogar Teil der Koalition gewesen sein. Gleichfalls in diese Zeit fällt die erneute Einigung Babyloniens unter Urnamma, der als Bruder und *General* von Utuhegal dessen Sieg nutzen und eine eigene Herrschaft von Ur aus aufbauen konnte. Den Schriften Gudeas läßt sich immerhin entnehmen, daß offenbar weder die Guti noch andere Unruhefaktoren den Fernhandel behinderten: Gudea bezog von weither Material für den Bau und für die Ausschmückung des Tempels für Ningirsu, unter anderem Holz aus dem Indusgebiet und Zedern aus dem Libanon.

Die Einigung des Landes unter Urnamma muß sich recht schnell und ohne größere Schwierigkeiten vollzogen haben. Neben allerlei Maßnahmen zur Straffung des Verwaltungs-

Sitzstatue des Gudea von Lagasch, aus Tello

apparats – beispielsweise die Festlegung von Verwaltungsbezirken mit genauen Grenzen – verfolgte Urnamma ein festes Programm, das darauf ausgerichtet war, alte Fehler zu vermeiden. Die Zentralheiligtümer der großen Städte seines Reiches wurden nach einem gemeinsamen Plan umgebaut. Im Zentrum wurde jeweils eine *Ziqqurrat* errichtet: hohe Terrassen aus zwei aufeinandergelegten, riesigen Quaderschichten aus Ziegelmauerwerk, die die Basis für einen Tempel bildeten. Während die Form den uralten Typus des Tempels auf Terrasse aufnimmt, stellt die Art des Zuganges über eine mittig auf eine Seite zulaufende und zwei gegenläufig an die gleiche Seite angelehnte Treppen eine neue und eindrucksvolle Lösung dar. Solche monumentalen Bauwerke, umgeben von Verwaltungstrakten und Höfen, sind uns aus Ur und Uruk, aber auch aus anderen Orten durch archäologische Reste oder Bauinschriften bekannt. Aufgrund ihrer Lage inmitten der Stadt sind sie ein unmißverständliches Wahrzeichen für die Macht des Zentralherrschers. Gleichzeitig sind sie aber ebenso offensichtliche Zeugnisse für die Größe und Bedeutung der jeweiligen Stadtgottheit, deren vermutlich kleinere Anlagen diesen Monumenten reichen mußten. Die Baumaßnahmen waren Teil eines politischen Programms, das auf älteren Erfahrungen fußte. Urnamma besaß sicher eine genaue Kenntnis der Herrscher der Dynastie von Akkad und ihrer Taten, und er hatte die Endphase der Auflösung des akkadischen Reiches noch selbst miterlebt. Insofern war ihm sicher bewußt, daß die Hauptwiderstände gegen die

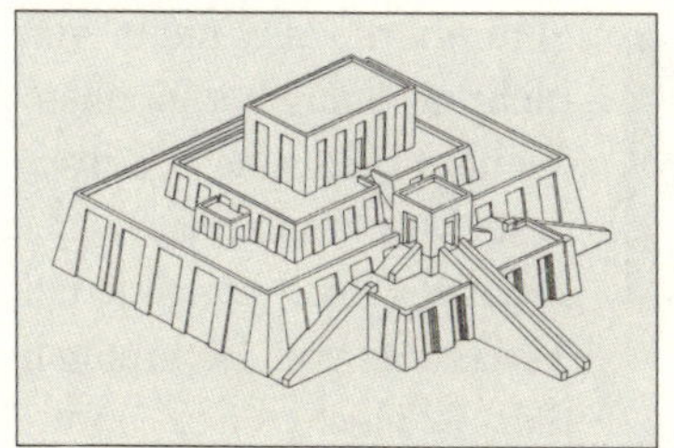

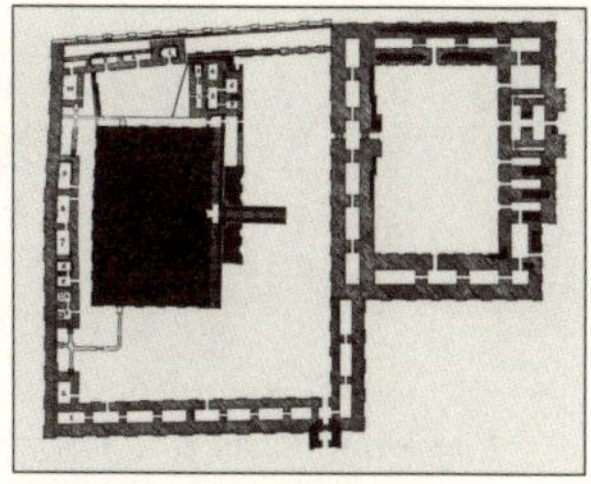

Rekonstruktionsvorschlag der Ziqqurrat des Urnammu von Ur (von H. Schmid) und ein Plan der Gesamtanlage

Zentralherrschaft von den örtlichen Priesterschaften ausgingen. Die Baumaßnahmen Urnammas waren eher als der Frontalangriff Naramsins geeignet, dem Widersacher durch diese großartige und sichtbare Aufwertung den Wind aus den Segeln zu nehmen. Andererseits war aber eindeutig klar, wo sich die eigentliche Macht konzentrierte. Daß aus den Reihen der Priesterschaften wenig Widerspruch zu hören war, bestätigte Urnammas Kurs.

Das folgenreichste Ereignis in der 48-jährigen Regierungszeit des Sohnes und Nachfolgers Urnammas, Schulgi, war eine Verwaltungsreform. In seinem 22. Regierungsjahr setzte eine bis dahin nicht gekannte Flut von nichtliterarischen Texten ein. Teil der Reform war offensichtlich eine Erweiterung dessen, was aufgezeichnet werden musste wie auch eine Vereinheitlichung der Urkundenformulare. Nimmt man noch hinzu, daß Schulgi sich rühmte, zwei Schulen gegründet zu haben, hat man die wichtigsten Mosaiksteine beisammen. Es scheint, daß als Folge der Notwendigkeit, stärkere Kontrollen über die wirtschaftlichen Vorgänge auszuüben, die Schreiberausbildung mit dem Ziel verändert wurde, die Zahl der Absolventen drastisch zu erhöhen. Diesem Zweck könnte auch die Vereinfachung der Schrift und die Vereinheitlichung der Formulare gedient haben, in die – einmal auswendig gelernt – nur noch die jeweils unterschiedlichen Daten eingefügt werden mußten. Es erschiene plausibel, wenn zwischen der Ausbildung von

Siegel mit Einführungsszene und Inschrift

Schreibern, die nicht viel mehr als Schreiber in einem Viehhof oder einem Getreidespeicher waren, und derjenigen von hochspezialisierten Verfassern von Dichtungen und Königshymnen unterschieden worden wäre. Das Auftauchen der neuen Gattung der Königshymnen, also einer Hofdichtung, könnte darauf hindeuten, daß es sich bei den von Schulgi gegründeten Schulen um Palastschulen handelte.

Die Reform der Schreiberausbildung hatte zur Folge, daß die Ur-III-Zeit die alphabetisierteste Phase der altorientalischen Geschichte war. Das macht ein Blick auf die Siegelkultur deutlich. In der Zeit der III. Dynastie von Ur wird statt der vorausgehenden Vielfalt an Themen im wesentlichen nur noch ein Thema dargestellt, die sogenannte Einführungsszene. Dabei tritt ein Beter vor einen Gott oder einen König beziehungsweise er wird von einer dienenden Gottheit bei ihm eingeführt. Gleichzeitig steigt der Prozentsatz der beschrifteten Siegel massiv an. Offensichtlich war es also möglich, darauf zu vertrauen, daß der Siegelinhaber in den meisten Fällen über die Beischrift identifiziert werden konnte. Die Ausweitung der Verschriftlichung kann man als eine frühe Manifestierung des Parkinsonschen Gesetzes ansehen, nach dem Verwaltungssysteme ihre Aufgaben selbständig erweitern.

Mit der totalen Kontrolle über wirtschaftliche Vorgänge sollte vor allem den Auswirkungen der konstanten Verschlechterung der Bewässerungssituation begegnet werden. Das Andauern des zunächst segensreichen Rückzuges des Wassers hatte zum Ausbau eines Kanalnetzes geführt. Von der Mitte des dritten Jahrtausends an mußten immer mehr Wege ersonnen werden, wie man Wasser länger verfügbar halten konnte. So wurden Wehre, Schleusen und Rückhaltebecken eingerichtet. Dabei wurde zunehmend das gesamte Wasser zur Bewässerung eingesetzt. Durch die hohen Temperaturen der Region und die dadurch verursachte hohe Verdunstung reicherte sich der Salzgehalt des Wassers an, der auch in normalem Süßwasser vorhanden ist. Mit diesem Wasser gelangten die Salze vermehrt auf die Felder und erhöhten nochmals deren Salzgehalt, den das aus dem Grundwasser per Kapillarwirkung an die Oberfläche gestiegene Wasser hinterlassen hatte. Wegen fehlender Drainage wurden die Salze nicht wieder abgeführt, so daß ganze Landstriche auf Dauer unfruchtbar wurden. Wann die Probleme der Versalzung virulent wurden, wissen wir nicht; eindeutig erschließen sie sich aber aus Feldertexten der Zeit der III. Dynastie von Ur, wenn Felder in der Umgebung von Ur häufig als »am Brackwasser gelegen«, »mit Salzhügeln«, »salziger Ort«, »Salzboden« bezeichnet werden, um so ihre verminderte Ertragsfähigkeit zu erklären.

Neben der Abnahme des für die Bewässerung verfügbaren Wassers schränkte also auch das Fortschreiten der Versalzung die landwirtschaftliche Nutzfläche ein. Da gleichzeitig die Bevölkerung weiter wuchs, muß die Nahrungsmittelversorgung am Ende des dritten Jahrtausends in eine Krise geraten sein, aus der es nur zwei Auswege gab: eine Intensivierung des Anbaus, der aber enge Grenzen gesetzt waren, da Düngung unbekannt war, und eine möglichst umfassende Kontrolle, auch um auf diese Weise natürlichen Schwund zu verhindern. Ein Großteil der wirtschaftlichen Aktivitäten bleibt hierbei allerdings unberücksichtigt, weil jenseits der offiziellen Einrichtungen keine diesbezüglichen Berichte vorliegen.

Mit einer zumindest oberflächlichen Aussöhnung zwischen Palast und Tempel, der Schaffung von Verwaltungsbezirken, denen versetzbare Beamte vorstanden, und einem gestrafften Verwaltungs- und Kontrollapparat war unter der III. Dynastie von Ur ein Zentralstaat entstanden, der trotz aller Selbständigkeit der Bezirke zentralisierter war als je zuvor und damit eigentlich alle Voraussetzungen für ein längeres Überleben bot. Das Ende der Dynastie wurde dementsprechend von außen eingeläutet.

Bereits der letzte akkadische Herrscher Scharkalischarri hatte gegen Eindringlinge zu kämpfen, die unter dem Sammelnamen Amoriter in der Zeit der III. Dynastie von Ur zu der Gefahr wurden, die schließlich das Reich von Ur in sich zusammenbrechen ließ. Auch eine unter Schulgi und Schusin errichtete Mauer konnte diese Gruppen nicht fernhalten. Sie vermochten sich schließlich mancherorts in einer Weise festzusetzen, daß sich unter Ibbisin, dem letzten Ur-III-Herrscher Ischbi-Erra ein Angehöriger dieser Gruppen zum neuen Machthaber der Stadt Isin aufschwingen und von dort aus allmählich größere Teile des Reiches zum Abfall von der Zentralregierung bewegen konnte. Entscheidende Hilfe kam vom obersten der Götter, Enlil, wie sich aus einem Briefwechsel zwischen Ischbi-Erra von Isin, dem Stadtfürsten von Kazallu und Ibbisin ergibt. Ibbisin bestätigte darin zwar, daß Enlil Ischbi-Erra favorisierte, drückte aber gleichzeitig die Hoffnung aus, daß Enlil sich ihm wieder zuwenden würde. Ischbi-Erra konnte außer Kazallu auch andere Städte für sich gewinnen. Wie prekär die Lage des Zentralherrschers war, zeigt, daß Ibbisin Ischbi-Erra um die Lieferung einer großen Menge Gerste ersuchte, die er schon bezahlt habe. Wie wir aus anderen Quellen wissen, stand Ur eine große Hungersnot bevor.

Bevor dieser Konflikt hätte gelöst werden konnte, unternahmen die Elamer aus der östlich an Babylonien angrenzenden Ebene einen Raubzug in das durch die inneren Auseinandersetzungen geschwächte Babylonien, zerstörten Ur und verschleppten Ibbisin nach Elam.

Enlil wandte sich offenbar rechtzeitig den voraussichtlich stärkeren Kräften zu, doch war vermutlich auch das Verhältnis zwischen Zentralherrscher und Priesterschaft gespannt. Auch die Ur-III-Herrscher hatten sich von Schulgi an göttliche Ehren zugelegt. Ihr Titel lautete nun »Gott seines Landes«, und der Statthalter von Eschnunna errichtete dem Schusin, »seinem Gott«, einen direkt an den Palast angebauten Tempel. Wie eine solche landesweite Verehrung vergöttlichter Herrscher von den Priestern aufgenommen wurde, entzieht sich unserer Kenntnis;

immerhin ist die Vermutung geäußert worden, daß die oben vorgestellte Tendenzdichtung »Fluch über Akkad« in der Ur-III-Zeit als Warnung an die Herrscher der III. Dynastie von Ur gedacht war, den Bogen nicht zu überspannen.

Noch während der letzten Regierungsjahre Ibbisins erhob Ischbi-Erra Anspruch auf die Nachfolge, was sich in der vollständigen Übernahme der Titulatur und der Selbstvergöttlichung ausdrückte. Nach der Vertreibung der Elamer aus Ur ging auch die tatsächliche Macht an ihn über. Wie weit diese wirklich reichte, ist unklar, denn zur gleichen Zeit etablierte sich eine lokale Macht in Larsa, die sich in wenigen Generationen zur gefährlichen Konkurrenz entwickelte. Für mehrere Jahrzehnte schwelt der Konflikt zwischen den Städten Isin und Larsa und eskaliert nur deshalb nicht, weil sie am westlichen beziehungsweise östlichen Arm des Euphrat lagen, ihre Bewässerungsareale also nicht unmittelbar zusammenhingen.

In die dennoch ausbrechenden Streitigkeiten griff auch Babylon als dritte Kraft ein, die – weil höher flussaufwärts gelegen – am längeren Hebel saß. Nach der Ausschaltung von Isin durch Sinmuballit, den Vater Hammurapis, entpuppte sich Larsa als hartnäckiger Gegner, der seine Macht nicht zuletzt aus seiner zeitweiligen Allianz mit Elam bezog. Hammurapi, mittlerweile Herrscher von Babylon, griff daher zu einem Mittel, das vermutlich auch vorher schon angewandt worden war. Aus einer schweren Hungersnot in Larsa und vor allem aus Hammurapis Bemerkung im 33. Jahr seiner Herrschaft, daß er »dauerndes Wasser des Überflusses für Nippur, Eridu, Ur, Larsa, Uruk und Isin bewirkte und das versprengte Sumer und Akkad in den früheren Zustand zurückkehren ließ«, läßt sich schließen, daß zuvor die Wasserversorgung des gesamten Südens unterbrochen worden war, vermutlich durch die Ableitung oder das Nichtreparieren der Dämme des Euphrat im Machtbereich Hammurapis.

Mit der Herrschaft Hammurapis kam es zum dritten Mal nach einer Phase der Zersplitterung zur politischen Vereinigung

Oberer Teil der Gesetzesstele des Hammurapi von Babylon

ganz Babyloniens. Nach der Einleitung zum Codex Hammurapi hatte Marduk, der Stadtgott von Babylon, dem Herrscher die *Enlilschaft* über die Menschen verliehen; allerdings hatten sich in der Zwischenzeit einige Bedingungen geändert. Während Akkad und Ur III in die Epoche der unangefochtenen Vorherrschaft Babyloniens über die Nachbarregionen fielen, in die die Herrscher je nach Machtfülle kurze oder längere (Raub-)Züge unternahmen, hatten sich bereits in der Zeit der III. Dynastie von Ur vor allem im heutigen Syrien Stadtstaaten mit jeweils größerem Hinterland neu organisiert, unter anderem auch unter Zuhilfenahme des vereinfachten Schriftgebrauchs der Ur-III-Verwaltung. Auch in Assur und Elam hatten sich neue Zentren gebildet, so daß sich Hammurapi auf allen Seiten von politischen Einheiten umgeben sah, die bedrohlich genug waren, um Schutzmaßnahmen zu ergreifen. Hammurapi versuchte daher, die Grenzen des eigenen Machtbereichs auszudehnen, und eroberte Assur, Mari und Eschnunna. Unbeabsichtigt leitete dies den Anfang des Endes ein, denn Hammurapi zerstörte die Puffer, die potentielle Angreifer von seinen Grenzen ferngehalten hatten. Diese Zugewinne gingen zudem bereits unter Hammurapis Nachfolgern wieder verloren. Im Süden Babyloniens konnte sich sogar eine kaum bekannte Lokalmacht etablieren, die *Dynastie des Meerlandes.*

Siegelbild der Hammurapi-Zeit

Spätestens um 1700 v. Chr. begannen Assur, Susa, Yamchad, Qatna und die Hethiter, das Machtgefüge im Vorderen Orient zu verändern. In den Jahren nach Hammurapi konnte von einer besonderen politischen Rolle Babyloniens keine Rede mehr sein. Als unter ungeklärten Umständen der Hethiterherrscher Murschili im Jahre 1595 v. Chr. auf einem Raubzug bis nach Babylon vorrückte, versetzte er der einstigen Vormacht einen Stoß, von der sie sich für längere Zeit nicht mehr erholte.

Die sogenannte altbabylonische Zeit oder Zeit der I. Dynastie von Babylon war in so hohem Maße durch die neuen Amoritergruppen geprägt, daß nach und nach fast alle Lokal- und Territorialherrscher durch ihre Namen als Angehörige dieser Gruppen zu identifizieren sind. Die eigentlichen Veränderungen gingen aber nicht auf das Konto der neuen Gruppen, sondern waren das Ergebnis kontinuierlicher Entwicklung oder Reaktion auf frühere Situationen.

So ist vermutlich die Umstellung der Entlohnung der Bediensteten von Tempel und Palast ebenso wie die Umstellung der Verteilung von Rationen auf Selbstversorgung mit Hilfe von zugeteiltem Land eine Antwort auf das allzu starre Verteilungssystem der III. Dynastie von Ur. Die erhebliche Zunahme schriftlicher Hinterlassenschaften ist durch die gute Fundlage bedingt. Reste der altbabylonischen Zeit waren leichter zugänglich, weil eine Reihe von Siedlungen nach dieser Zeit aufgegeben wurde oder stark geschrumpft war. Mehr ein Zufall dürfte sein, daß sich sowohl in privaten wie offiziellen Archiven viele Briefe finden, die zum ersten Mal Einblick in das Alltagsgeschehen geben. Berühmt ist das riesige Briefarchiv aus dem Herrscherpalast in Mari, in dem sich unter anderem ein großes Korpus Frauenkorrespondenz befand.

Aus dieser Zeit sind auch die ersten mathematischen Texte bekannt, in denen sich Formeln finden, die unter anderem den Satz des Pythagoras vorwegnehmen. Berechnungen aller Art, etwa von Vorausberechnungen von Arbeitskontingenten oder die Bestimmung von Feldergrößen, zeigen jedoch, daß man mit der Lösung mathematischer Probleme und mit Rechenarten auch vorher schon durchaus vertraut war.

Schließlich steht auch die nachmals berühmte Gesetzessammlung von Hammurapi in einer langen Tradition; sie ist zwar als einzige vollständig erhalten, Vorläufer lassen sich aber bis zu Urnamma (2112–2095 v. Chr.) zurückverfolgen.

In Babylon tauchte nun eine Reihe von Gottheiten auf, die zuvor nur aus den westlich angrenzenden Regionen bekannt waren; zweifellos waren sie mit der amoritischen Zuwanderung nach Babylon gelangt. Darunter finden sich vor allem Wettergottheiten, die in Babylonien bis dahin aus unerklärlichen Gründe keine Rolle gespielt hatten.

Die Szene der Belehnung des Hammurapi durch den Sonnengott Schamasch auf dem oberen Teil der nach dem babylonischen Herrscher benannten Gesetzesstele ist eines der wenigen Beispiele der Zeit, das beweist, daß man wieder zur Beachtung der natürlichen Proportionen zurückgekehrt war. Vielfältig und sehr zahlreich sind die Beispiele aus der Rollsiegelkunst. Zwar nimmt die Darstellung der sogenannten Einführungsszene weiterhin den ersten Platz ein, aber es finden sich auch eine Reihe neuartiger Themen, die zum Teil ihre Herkunft in der Vorstellungswelt der zugewanderten Gruppen haben. Gegenüber der Ur-III-zeitlichen Glyptik fällt vor allem der Rückgang der beschrifteten Siegel auf, während parallel die Verschiedenheit der Siegelbilder wieder augenfällig zunahm. Die Verschiedenheit beruht aber nicht nur auf einer Vermehrung oder auf Variationen der Themen, sondern auf der Kombination verschiedener Themen oder Teile. In den Bildkompositionen finden sich nun auch kleine Gegenstände oder Figuren, sogenannte Füllmotive – all dies im Gegensatz zur vorangehenden Zeit, als man geschlossene Themen abbildete, deren einzelne Elemente sich als feste Bestandteile der Gesamtkomposition unterordneten. Wahrscheinlich waren alle Elemente solcher zum Teil überaus heterogenen Darstellungen Zitate, die den Wissenden auf ein ganzes Themenfeld verwiesen. In jedem Fall aber bildete sich dadurch eine unendliche Vielfalt von leicht und deutlich zu unterscheidenden Siegelbildern heraus.

Teil der vorderasiatischen Staatenwelt
(1595 – 1200 v. Chr.)

Der Überfall des Hethiterherrschers Murschili auf Babylon Anfang des 16. Jahrhunderts v. Chr. markiert mehr als nur das Ende der I. Dynastie von Babylon, er steht auch für einen Paradigmenwechsel in der Geschichte des alten Vorderen Orients. Babylonien hatte mehr als anderthalb Jahrtausende in jeder Beziehung eine Vorreiterrolle gespielt – freilich immer wieder im direkten Austausch mit den Nachbarregionen. Gegen Ende der I. Dynastie von Babylon hatten sich andere Kräfte bemerkbar gemacht, entweder nur für kürzere Zeit, so etwa Elam oder Assur, oder aber als Vorboten und Träger längerfristiger Entwicklungen, wie die syrischen Städte oder die Hethiter. Nach der Mitte des zweiten Jahrtausends wurden schließlich die Machtverhältnisse im gesamten Vorderen Orient neu geordnet. Babylonien wurde dabei eine neue, bemerkenswerte Rolle zugewiesen. In einem weiten Umkreis blieb Babylonien der kulturelle Bezugspunkt – ob in Schrift, Literatur, Religion oder Kunst –, war aber machtpolitisch eher unbedeutend oder höchstens gleichrangig mit verschiedenen anderen politischen Entitäten.

Mit dem 16. Jahrhundert beginnt eine Phase von knapp 200 Jahren, aus der uns zum Teil so wenig Nachrichten überliefert sind, daß wir nicht einmal die Abfolge der Herrscher zweifelsfrei rekonstruieren können. Daß diese Zeit als *Dunkles Zeitalter* bezeichnet wird, soll aber nicht zu dem Fehlschluß verleiten, daß in ihr die zivilisatorischen Errungenschaften früherer Jahrhunderte aufgegeben wurden, um Neuem Platz zu machen. Wenn die Quellen ab etwa 1400 wieder reichlicher werden, ist im Gegenteil soviel an Kontinuität spürbar, daß das rätselhafte Fehlen verwertbarer Dokumente anders zu erklären sein muß.

Da nach der Zeit der I. Dynastie von Babylon eine Reihe von Siedlungen aufgegeben wurde, liegen Reste aus der Zeit dieser Dynastie bisweilen direkt unter der Erdoberfläche und sind leicht zugänglich. Die weniger zahlreichen Siedlungen der folgenden kassitischen Zeit blieben dagegen noch lange bewohnt und wurden immer wieder überlagert, so daß Schichten dieser Periode meist tief unter der Oberfläche liegen. Eine Ausnahme ist die vom Kassitenherrscher Kurigalzu gegründete Residenzstadt Dur-Kurigalzu (heute Aqar Quf westlich von Bagdad), die dank relativ geringer späterer Überbauung auf großer Fläche erforscht werden konnte. In Babylon, woher mit Sicherheit die interessantesten Nachrichten kommen könnten, liegen die Schichten der kassitischen Zeit schwer zugänglich tief im Grundwasser. Vermutlich wurden die Wirtschaftsgeschäfte weniger zentralisiert abgewickelt, und die Wirtschaftseinheiten waren kleiner, so daß man der immer latent vorhandenen Neigung nachgeben konnte, nur dann die Schrift einzusetzen, wenn es unausweichlich war. Die kulturell-politische Kontinuität erstaunt vor allem deswegen, weil mit den Kassiten wiederum eine neue Bevölkerungsgruppe die Herrschaft übernommen hatte, die völlig und auch in ihrer Sprache fremd war, während die Amoriter wenigstens eine semitische Sprache, also ein mit den Hauptsprachen Babyloniens eng verwandtes Idiom sprachen.

Von der kassitischen Sprache sind nur Eigennamen und einige Wörter bekannt, was lediglich die Feststellung erlaubt, daß sie sich keiner bekannten Sprachfamilie zuordnen läßt. Nach der Überlieferung stammen die Kassiten aus den östlich angrenzenden Bergen. Erste Namen tauchen in der Zeit von Hammurapi in Babylonien auf und werden dann häufiger in Verbindung mit der kleinen politischen Einheit namens Chana und deren Hauptstadt Terqa am mittleren Euphrat genannt. Der Fall Babylons durch den Raubzug des Murschili eröffnete den Kassiten die Möglichkeit, unter ungeklärten Umständen schließlich die Macht in Babylon zu erringen und auszubauen. Eine Allianz mit Murschili ist nicht auszuschließen, da die Hethiter durch das Gebiet von Chana ziehen mußten.

Die Namen früher Kassitenherrscher sind nur aus einer späteren Königsliste bekannt, doch darf das Fehlen weiterer Nachrichten nicht als Indiz ihrer Bedeutungslosigkeit gelten, wie das Beispiel des Herrschers Karaïndasch am Ende des 15. Jahrhunderts zeigt. Gemäß in Uruk gefundener Inschriften hat er dort die Ziqqurrat erneuert und einen kleinen Tempel für Inanna, die Stadtgöttin von Uruk gebaut; offenbar gehörte Uruk also zu seinem Machtbereich, der von Babylon aus verwaltet wurde. Auch daß er die seit der III. Dynastie von Ur üblichen Titel übernahm, läßt in ihm keinen unbedeutenden Herrscher vermuten. Der vollständig freigelegte kleine Tempel gehört mit seinem von normalen Schemata abweichenden Grundriß zu den wenigen Zeugnissen, die vielleicht als typisch kassitisch bezeichnet werden können, ebenso die Art, wie die Außenwände mit Reliefs geschmückt sind (Abb. S. 99). Die Technik, vorgeformte Ziegel zu verwenden, hat dagegen eine ältere lokale Tradition.

Die erste Hälfte des 14. Jahrhunderts – durch eigene Inschriften kaum dokumentiert – wird auf ungewöhnliche Weise von außerregionalen Zeugnissen erhellt. Im Palast in Tell el-Amarna in Ägypten, der neu erbauten Residenzstadt des Pharao Echnaton (1353–1336 v. Chr.), wurden nämlich 350 mit Keilschrift beschriebene Tontafeln gefunden, die eine Korrespondenz der Pharaonen mit Herrschern im Vorderen Orient enthalten. In der Mehrzahl sind es Herrscher kleinerer Stadtstaaten und Machtbereiche im syro-palästinensischen Raum, doch finden sich unter den Briefpartnern auch babylonische Herrscher. Der Pharao und der kassitische Herrscher reden sich mit *Bruder* an – betrachten sich also als ebenbürtig –, und machen sich gegenseitig Geschenke, äußern jedoch auch Bitten. So werben die Pharaonen um kassitische Prinzessinnen, während die kassitischen Herrscher eher an Goldlieferungen interessiert sind. In jedem Fall deuten beider Interessen auf eine etablierte Stellung des kassitischen Babylonien im vorderasiatisch-ägyptischen Machtgefüge hin.

Zum wiederholten Mal ist mit den Kassiten eine Gruppe aus den östlich angrenzenden Bergen in Erscheinung getreten und hat in massiver Weise in die Geschicke Mesopotamiens eingegriffen; von einer anderen Gruppe, den Hurritern werden wir noch hören. Diese Gruppen aus dem Osten waren im Wege kurzfristiger Raubzüge in das mesopotamische Tiefland eingedrungen oder aber mit der Absicht, sich dauerhaft festzusetzen. Aufgrund von Nachrichten aus verschiedenen Perioden besser faßbar sind uns nur die Elamer, mit einer eigenen, bisweilen eng mit Babylonien verwobenen Kultur. Andere Gruppen wie die Guti sind nur so lange nachzuweisen, wie sie sich in Babylonien aufhalten; danach verschwinden sie spurlos. Von den Lullubi haben wir wenigstens ein Zeugnis in ihrem Ursprungsgebiet, da sich einer ihrer Könige, Anubanini, nahe bei Sar-i Pol-e Zohab (bei Qasr Schirin) in einem Felsrelief verewigt hat. Über das Ursprungsgebiet der Kassiten ist nichts bekannt; vermutlich lag es nördlich von dem der Lullubi und ist damit kaum abzugrenzen vom Gebiet der Hurriter.

Fassade aus Formziegeln des Tempels des Karaïndasch in Uruk

Daß vor ihrem Auftritt im mesopotamischen Tiefland so wenig über diese Gruppen bekannt ist, hat viele veranlaßt, sie als Randgruppen zu betrachten, als Bewohner von Randgebieten, die keine höhere Kulturstufe erreicht haben. Das Vordrängen in die Ebenen sollte man aber nicht nur als Ausdruck räuberischer Impulse sehen, sondern auch als Teil des schon viele Jahrtausende währenden Austausches zwischen Berg- und Tiefland, der in früheren Zeiten wichtige Anstöße für die Entwicklung im ganzen Gebiet gegeben hatte. Vermutlich ist ja auch die massive Landnahme der babylonischen Ebene in der Mitte des vierten Jahrtausends Bestandteil dieses Austauschprozesses gewesen. Durch die schriftliche Überlieferung verleitet, haben wir uns verständlicherweise etwas zu sehr die Blickweise der Bewohner des Tieflandes zu eigen gemacht.

Personen mit hurritischem Namen begegnen wir in Babylonien schon seit der Akkad-Zeit; sie waren als Kriegsgefangene dorthin gebracht worden. Doch erst ab dem 16. Jahrhundert traten die Hurriter in den Vordergrund als Träger des entstehenden Mittani-Reiches und als Bewohner der Gebiete zwischen der Küste des Mittelmeers und dem Zagros. Wir kennen sie aus schriftlichen Quellen aus Qatna und Alalach in Westsyrien ebenso wie aus solchen aus Nuzi in der Gegend des heutigen Kerkuk. Mit der Übernahme der mesopotamischen Keilschrift haben sie zwar auch Sprache und literarische Werke Babyloniens übernommen, nutzten aber die Schrift auch für die eigene Sprache und brachten eine eigene Literatur hervor. Dem muß ein langer Prozeß der Unterwanderung und Ausbreitung vorausgegangen sein, den wir deswegen *lautlos* nennen, weil er sich nicht in Texten niedergeschlagen hat; auch der Versuch, diese Ausbreitung archäologisch nachzuweisen, war bislang vergeblich.

Es bleibt rätselhaft, wie sich im Zuge der Herausbildung des Mittani-Reiches gegen Ende des 16. Jahrhunderts eine Führungsschicht über der hurritischen Bevölkerung etablieren konnte, deren Eigennamen und Namen der von ihnen verehrten Gottheiten indo-arischen Ursprungs sind. Namen wie Artatama, Tuschratta oder Schattiwaza sind ebenso aus vedischen Wurzeln zu erklären wie die Götternamen Mitra, Varuna und Indra. Vermutlich gehen Kontakte zu indo-arischen Gruppen auf gemeinsame Zeiten im heutigen Iran zurück, vor der Wanderung der indo-arischen Gruppen in Richtung Indusgebiet und der mittanischen Schicht der hurritischen Gruppen nach Westen.

Die Geschichte der hurritischen Staaten ist eng mit jener der Hethiter verbunden. Auch im Falle der indogermanischen Hethiter bleiben zwar Herkunft und frühe Geschichte im dunkeln,

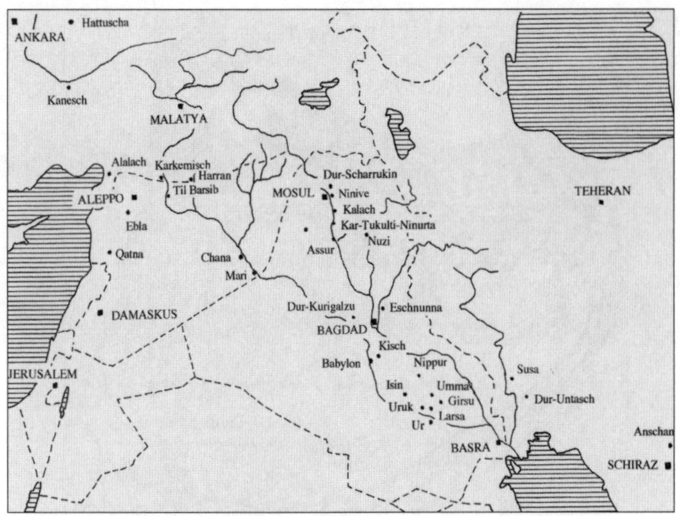

Der Vordere Orient in der zweiten Hälfte des 2. Jahrtausends

doch mindestens von der Mitte des 17. Jahrhunderts an hatte sich in Zentralanatolien ein Reich mit der Hauptstadt Hattuscha gebildet. Da das Hethiterreich zeit seines Bestehens einen Drang zur Expansion nach Süden an den Tag legte, das heißt in die Ebenen Nordsyriens, waren die Konflikte mit den dort ansässigen hurritischen Staaten beziehungsweise danach mit dem Mittani-Reich vorgezeichnet.

Ende des 16., Anfang des 15. Jahrhunderts versuchte eine weitere Macht in Syrien Fuß zu fassen: der Ägypter Thutmosis III. (1479–1427 v. Chr.) konnte Teile Syriens unterwerfen und den Einfluß Mittanis zurückdrängen. Es scheint sich sogar eine gegen Mittani gerichtete Allianz der Anrainerstaaten der Hethiter, Assurs und Babylons mit Ägypten angebahnt zu haben, doch sehen wir, daß Mittani kurz danach unter dem Herrscher Sauschtatar wieder frühere Besitzungen an der Mittelmeerküste zurückgewinnen konnte. Es gelang diesem Herrscher sogar, Assur zu erobern und die Herrschaft über das Königreich von Arrapcha zu erringen, die Gegend um das heutige Kerkuk.

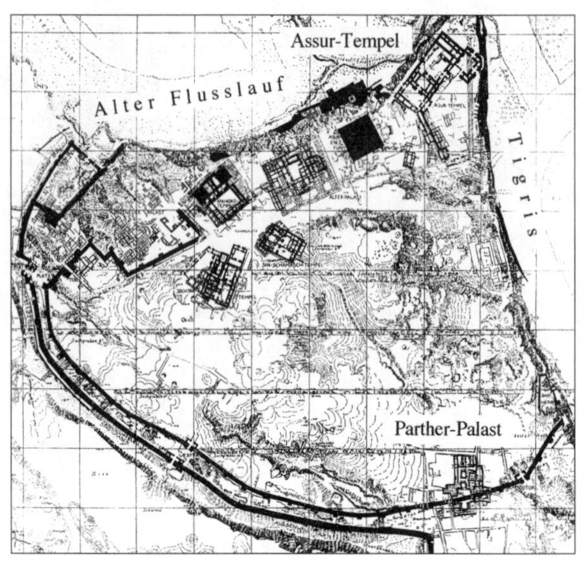

Hauptteil der Stadt Assur mit den Hauptgebäuden im Norden und dem Partherpalast im Süden

Von Assur war bis jetzt vor allem als Name einer Stadt die Rede, die mal von Herrschern der III. Dynastie von Ur, mal von Hammurapi von Babylon erobert worden war, aber nie zu deren festem Besitz gehörte. Nach archäologischen Befunden haben die Assyrer einen Feldvorsprung in die Tigrisaue bereits in der ersten Hälfte des dritten Jahrtausends besiedelt; die Örtlichkeit hatte aber schon in der Mitte des dritten Jahrtausends eine gewisse Bedeutung erlangt.

In der Zeit zwischen 1920 und 1860 v. Chr. muß Assur eine bedeutende Handelsdrehscheibe gewesen sein, die sicher nicht ohne einen gewissen politischen Rückhalt funktionieren konnte. Wir erfahren dies jedoch nicht aus Assur selbst, sondern aus Handelsstationen im heutigen Ostanatolien, in denen assyrische Kaufleute wirkten. Diese hinterließen in ihren außerhalb der Stadtmauern gelegenen Wohnquartieren, so zum Beispiel in Kanesch, dem heutigen Kültepe in der Nähe von Kayseri, Tausende von Handels-

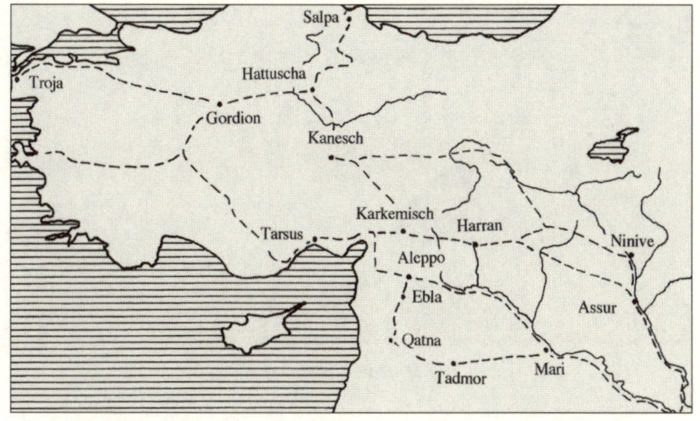

Handelswege der assyrischen Kaufleute des 19. Jahrhunderts v. Chr.

unterlagen, in denen aber nur sehr selten Namen assyrischer oder einheimischer Herrscher auftauchen. Die assyrischen Kaufleute brachten hauptsächlich Textilien und Zinn nach Anatolien, die sie vermutlich aus Babylonien und dem östlichen Bergland bezogen hatten, und tauschten die Ware gegen Gold und Silber ein. Weitere Handelsstationen in Anatolien, unter anderem auch in Hattuscha, der nachmaligen Hauptstadt des Hethiterreiches, zeigen, daß Assur ein ausgedehntes Händlernetz kontrollierte.

Nach Jahrhunderten, in denen der Mangel an Nachrichten wohl auch eine geringe Bedeutung widerspiegelt, gewann Assur erst im 14. vorchristlichen Jahrhundert wieder an Gewicht, als unter den Herrschern Eriba-Adad (1390–1365) und vor allem unter seinem Sohn Assur-uballit I. (1365–1328) ein neues Machtzentrum entstand. Letzterer nennt sich in seiner Korrespondenz mit dem Pharao Echnaton *Großkönig* und sieht sich als ebenbürtig mit Burnaburiasch, dem König von Babylon, dem er eine Tochter zur Frau gab. Freilich war sein Gebiet offenbar noch recht beschränkt, denn als der erkrankte Pharao Amenophis III. um die Übersendung des heilkräftigen Kultbildes der Ischtar von Ninive bat, war der Absender des Antwortbriefes nicht der assyrische, sondern der mittanische Herrscher.

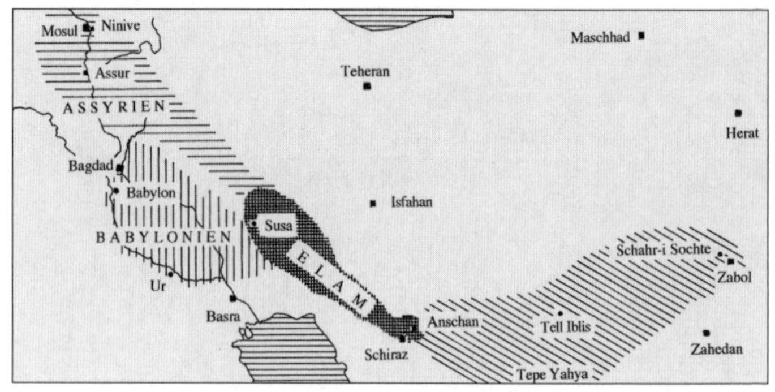

Elam und seine wechselnden Allianzen

Der Heiratsallianz zwischen Babylon und Assur war allerdings kein Erfolg beschieden, denn ein Sohn aus dieser Ehe wurde kurz nach der Übernahme der Nachfolge seines Vaters ermordet, und ein zweiter Sohn namens Kurigalzu, den Assur-uballit in Babylon einsetzte, wandte sich anschließend gegen seinen Großvater. Es ist dies das erste Beispiel einer langen Reihe von Versuchen assyrischer Herrscher, auf Babylon Einfluß zu nehmen. In der Folge hielten sich die einzelnen Mächte in Schach und sorgten dafür, daß keine der Einheiten zu mächtig wurde. Ein Bündnis mit den Hethitern erlaubt es Kurigalzu seinerseits, gegen Assur vorzugehen und anschließend Elam niederzuwerfen, das als potentieller Allianzpartner für Assur zur Verfügung stand.

Elam war ein weiterer Akteur im großen Machtkarussell. Bestehend aus der fruchtbaren Ebene des heutigen Südwestiran und dem weiten, rohstoffreichen Hinterland, das zeitweise bis nach Seistan reichte, hatte Elam stets das Potential, eine bedeutende Rolle zu spielen. Diese Rolle spielte es jedoch nicht kontinuierlich, weil es zwar mit Khuzestan voll in das mesopotamische Geschehen eingebunden war, mit seinem Hinterland jedoch in ein Gebiet hineinragte, das mit den übrigen Teilen Irans, mit Afghanistan, Beluchistan und dem Indusgebiet einen eigenen kulturellen Raum bildete, der zeitweise eng an die Entwicklung in Zentralasien angeschlossen war.

Elam trat vor allem dann in Erscheinung, wenn es politische oder wirtschaftliche Schwächen Assyriens oder Babyloniens zu Überfällen auf deren Gebiete ausnutzen konnte. Gelegentlich hatte es wohl auch geplant, sich dort länger festzusetzen. Damit war es auch ein willkommener Bündnispartner für den Fall, daß sich ein Teil Mesopotamiens gegen den anderen zur Wehr setzen mußte.

Wie sehr trotz aller Auseinandersetzungen der gesamte Vordere Orient unter zeitweiligem Einschluß Ägyptens eine kulturelle Einheit bildete, zeigt nicht nur die Amarna-Korrespondenz – in den Briefen bediente man sich sogar des Babylonischen als gemeinsamer *lingua franca* mitsamt der Keilschrift –, sondern auch die Tatsache, daß sich innerhalb von anderthalb Jahrhunderten Herrscher so weit voneinander entfernter Reiche wie Babylonien, Ägypten, Elam und Assyrien neue Residenzstädte bauten.

Der babylonische Herrscher Kurigalzu I. (um 1390) begann mit der Errichtung seiner weitläufigen Palast- und Tempelstadt Dur-Kurigalzu (heute Aqar Quf westlich von Bagdad); es folgte Pharao Amenophis IV., der als Echnaton die Residenz Achetaton (heute Tell el-Amarna) erbauen ließ. Der elamische Herrscher Untasch-Napirischa (1260–1235) schuf die Tempel- und Palaststadt Dur-Untasch (heute Chogha Zanbil in Khuzestan), und fast gleichzeitig wurde Kar-Tukulti-Ninurta, heute Tulul Aqir, durch den Assyrer Tukulti-Ninurta I. (1243–1207) errichtet, Assur gegenüber und östlich des Tigris gelegen. Von Echnaton und Tukulti-Ninurta ist bekannt, daß sie mit dem Neubau gezielt dem Betrieb der alten Hauptstadt entgehen und einen Neuanfang setzen wollten. Für Echnaton war dies Teil seiner Reformen, mit denen er Staat und Religion neu zu ordnen beabsichtigte. All diese Städte aber haben ihre Schöpfer nur knapp überlebt: Dur-Kurigalzu konnte sich nie neben Babylon behaupten – lediglich die Kultanlagen behielten eine gewisse Bedeutung –, Achetaton wurde nach dem Fehlschlagen der Reformen Echnatons gänzlich aufgegeben. Auch Dur-Untasch

Siegelbilder des Sauschtatar (15. Jh.) und des Eriba-Adad (14. Jh.)

wurde nie zu einer ernsten Konkurrenz für Susa, nur der gewaltige Ziqqurratbau sicherte sein Überleben. Und Kar-Tukulti-Ninurta blieb zwar auf erheblich kleinerer Fläche bewohnt als geplant – eine Stadtmauer gab eine gewisse Größe vor –, war aber außer in der Gründungsphase nie eine Herausforderung für die Hauptstadt Assur. Wie wir noch sehen werden, blieb die Sitte, neue Machtzentren zu gründen, in Assyrien lebendig, wo die Könige des neuassyrischen Reiches darum wetteiferten, ihre Vorgänger mit dem Bau neuer Paläste zu übertrumpfen.

Ein neues Selbstbewußtsein ist in der Kunst mit den Namen Eriba-Adad und Assur-uballit verbunden, sichtbar vor allem bei den Rollsiegeln, den einzigen Beispielen, die uns in nennenswerter Zahl überliefert sind. Die Siegelkunst der Mittani-Zeit hatte im wesentlichen Elemente aller Stilgruppen aufgenommen, die sich zuvor in ihrem Herrschaftsgebiet fanden: aus der syrischen, der assyrischen und sogar der babylonischen Region. Die schon früher angewandte Methode, ein größeres Thema wie zum Beispiel die Anbetungs- oder Einführungsszene lediglich durch ein kleines Einzelelement zu zitieren und solche Zitate nebeneinanderzustellen, ist die Ursache dafür, daß Siegeldarstellungen der Mittani-Zeit für uns selten einen kohärenten Sinn ergeben. Die Bildelemente scheinen wahllos in das Siegelfeld hineingestreut, wahllos auch deshalb, weil keine Ordnungshilfen wie Standlinien verwendet werden.

Das ändert sich radikal mit Eriba-Adad (1390–1364), dessen Königssiegel einen klaren wappenartigen Aufbau zeigt, wobei fast alle Elemente zum gleichen Thema gehören: Zwei sich gegenüberstehende geflügelte Dämonen stützen eine geflügelte Sonnenscheibe. Dieser neue Stil wird nicht nur von seinen Nachfolgern beibehalten, sondern setzt sich in kurzer Zeit auch unter den Einwohnern der Stadt Assur durch. Bewohner der umliegenden Dörfer, die bisweilen ihre Siegel unter Verträge mit Kaufleuten in Assur setzten, benutzten dagegen noch geraume Zeit Siegel der älteren Art. Die neue Geisteshaltung kommt nicht nur in der Anwendung symmetrischer Ordnungsprinzipien zum Ausdruck, sondern wird noch besser anhand der Figuren sichtbar, die scharf umrissen von einem Hintergrund abgehoben wurden. Zum ersten Mal seit der Akkad-Dynastie wurde der Hintergrund wieder zum Gestaltungselement, und man scheute sich nicht, freie Flächen als Teil der Komposition zu begreifen. Vielleicht war bereits die schnelle Veränderung der Kunst zu Beginn der Akkad-Dynastie ebenso bewußt von den Herrschern gesteuert, wie das zu dieser Zeit von Eriba-Adad der Fall war.

Die geistige Einheit Assyriens und Babyloniens manifestiert sich nirgends deutlicher als in der Religion. Neben dem Lokalgott Assur, der erst später zum Reichsgott aufsteigt, waren in Assyrien alle großen Götter Babyloniens vertreten, sogar in der überkommenen Rangfolge. Enlil, der oberste Gott, genoß höchste Ehren. Dafür zeugt nicht nur der ihm geweihte größte Tempel in Assur, sondern vor allem auch der erste Titel der assyrischen Herrscher: »Regent Enlils« von Eriba-Adad an.

Das änderte sich insofern, als unter Salmanassar I. (1273–1244) Enlil mit Assur gleichgesetzt wurde, der mittlerweile zum Reichsgott aufgestiegen war. Assur war es auch, der dem assyrischen Heer im Kampf voranschritt und damit den Eroberungszügen eine religiöse Dimension verlieh: Er war zum imperialen Gott geworden – was Enlil nie war –, in dessen Namen die Kriege geführt wurden. Dazu paßt, daß militärische Unternehmungen, in früherer Zeit meist Raubzüge oder gegen abtrünnige Vasallen gerichtet, von nun an der Eroberung fremder Gebiete und deren Einverleibung in den eigenen Herrschaftsbereich dienten.

Bei seinen Eroberungszügen stieß Salmanassar zum ersten Mal auf einen Gegner, der in der weiteren Geschichte noch eine große Rolle spielen wird: die Aramäer im heute syrischen Gebiet. Nach der Zerschlagung des Reststaates von Mittani hatten sich im vormaligen Mittani-Reich kleinere Staaten um bedeutende Städte wie Aleppo, Karkemisch oder Til Barsip unter Führung von Angehörigen jener Stämme gebildet, die wir unter dem Sammelnamen Aramäer kennen. Kämpfe gegen die Ahlamu, wie sie in dieser Zeit hießen, gehörten zur militärischen Daueragenda assyrischer Herrscher. Das stetige Oszillieren zwischen Angriff – die Aramäer standen der Westexpansion im Wege – und Verteidigung gegen Angriffe der Aramäer illustriert die prekären Kräfteverhältnisse.

Die Lage in Babylonien schien friedlich gewesen zu sein, abgesehen von gelegentlichen Überfällen der Elamer aus dem Osten. Das Dreiecksverhältnis zwischen Babylonien, Elam und Assyrien trat wieder deutlich hervor, als der Sohn Salmanassars, Tukulti-Ninurta I. (1243–1207), 1235 das durch einen Elamereinfall geschwächte Babylonien überfiel und den kassitischen Herrscher nach Assyrien verschleppte. In etwas anderer Konstellation nutzte mehr als 60 Jahre später ein assyrischer Herrscher die Thronwirren in Babylon zu einem Überfall, was Elam zu dem Versuch motivierte, eine dauerhafte Herrschaft in Babylon zu etablieren. Dies wäre im dauernden Hin- und Herwogen nicht weiter bemerkenswert, wenn der Versuch nicht von Umständen begleitet gewesen wäre, die das Prädikat einer weiteren Premiere verdienen: Der elamische Herrscher Schutruk-Nahhunte hat nachweislich als erster einen Feldzug zu einem großangelegten Kunstraub genutzt.

Statuen und Reliefs, die er in den ein-

Steinerne Landbelehnungsurkunde mit Göttersymbolen, sog. »Kudurru« der Zeit um 1100 v. Chr.

genommenen Städten fand, ließ er in seine Hauptstadt Susa bringen, teils mit eigenen Inschriften versehen und in seinem Palast aufstellen. Sie wurden dort bei einer französischen Grabung Ende des 19. Jahrhunderts n. Chr. entdeckt und in den Louvre gebracht. Unter ihnen befinden sich einige der berühmtesten Kunstwerke des alten Mesopotamien wie die Siegesstele des Naramsin (Abb. S. 82) oder die Gesetzesstele des Hammurapi (Abb. S. 92). Bemerkenswert ist, wie sehr die Kunst als identitätsstiftend angesehen wurde – so sehr, daß der Raub von Kunstwerken einem Identitätsverlust gleichkam. Zugleich wirft es ein bezeichnendes Bild auf das Verständnis von Vergangenheit, daß Stücke, die zu dieser Zeit zum Teil schon 1 000 Jahre alt waren, offenbar immer noch so exponiert aufgestellt waren, daß sie zur leichten Beute werden konnten.

Daß Babylonien in der zweiten Hälfte des zweiten Jahrtausends häufig Opfer von Überfällen oder sogar von Versuchen längerfristiger Inbesitznahme war, prägt unser Bild von einem im großen und ganzen politisch schwachen Land. Dabei wird jedoch die schöpferische Kraft Babyloniens auf dem Gebiet der Kultur übersehen. So entstand zum Beispiel in dieser Zeit der neue Typus der *Kudurru*, aufrecht stehender Steine mit dem eingravierten Text eines Landlehensvertrages – daher oft mißverständlicherweise *Grenzsteine* genannt – und einem Bildfeld, in dem meist nur Göttersymbole dargestellt sind. Sie erfüllten denselben Zweck wie die am Schluß der Inschrift zitierten Götter: Sie sollten die Einhaltung des Vertrages garantieren.

Für die Tradition und Bewahrung der Literatur war wichtig, daß in der kassitischen Zeit eine Art Kanonisierung erfolgte. Aus den vielen Versionen und unabhängigen Teilen literarischer Werke stellte man verbindliche Texte zusammen – meist in der Form, in der sie überliefert sind. Dazu war es nötig, sich mit dem alten Schrifttum zu beschäftigen, möglicherweise auch mit Zeugnissen in einer Schrift, die man kaum mehr kannte. In diesem Zu-sammenhang mag das oben erwähnte Wörterbuch entstanden sein, in dem der erste Eintrag in der archaischen

Titel- und Beamtenliste mit dem modernen Begriff *König* übersetzt wird.

Mit dem Wiedererstarken Assurs, dem Auftauchen der Aramäer und den wiederholten, aber erfolglosen Versuchen Assurs, sich Babyloniens zu bemächtigen, sind einige der zentralen Entwicklungen angesprochen, die im nächsten Kapitel behandelt werden. Die Balance zwischen einer Reihe mittelstarker Mächte, von denen keine auf Dauer alleine handeln konnte, gerät aus dem Lot, bedingt durch die Auflösung des Mittani-Reiches kurz nach 1300, und vor allem durch das schnelle und überraschende Ende des Hethiterreiches um 1200. In dieses Vakuum kann nun Assyrien vorstoßen, das mit einem imperialen Gott und einer imperialen Ideologie die weitere Entwicklung Mesopotamiens bestimmen wird.

Die Weltreiche der Assyrer und Babylonier
(1200–539 v. Chr.)

Jede auf schriftlicher oder archäologischer Überlieferung von Texten und Inschriften basierende Geschichtsschreibung muß sich mit der Frage auseinandersetzen, was man des Aufschreibens für wichtig gehalten hat oder was Spuren hinterlassen hat, die man mit archäologischen Methoden erfassen kann. Empfindliche Grenzen werden auch dadurch gesetzt, daß wir keine eigenen reflektierenden Texte, sondern entweder nur in Mythen und Epen gekleidete geistige und religiöse Konzepte oder aber historische Berichte kennen, die sich nicht selten als verschleiernde Propaganda erweisen. Zudem wird etwa in Königsinschriften nur erwähnt, was dem Herrscher zum Prestige gereicht. Im Einklang mit der damaligen Meinung der Verfasser offizieller Inschriften laufen wir Gefahr, Zeiten als uninteressant zu werten, weil über sie nur wenig berichtet wird und keine Kämpfe oder Eroberungen erwähnt werden. Dabei sollte es gerade als bemerkenswert herausgestellt werden, wenn eine längere Periode friedlich verlief. Offenbar ist die Zeit um das Jahr 1000 v. Chr. eine solche ereignisarme, dafür aber friedliche Phase gewesen.

In Babylon war 1157 als Folge des Elamiterüberfalls die kassitische Dynastie zu Ende gegangen. Nachfolgende Herrscher, die in einer späteren Königsliste als Dynastie von Isin zusammengefaßt werden, waren immerhin stark genug, die nach Susa verschleppte Statue des Marduk zurückzuholen. Ansonsten ist von ihnen kaum etwas bekannt, selten kennen wir mehr als Namen und Regierungszeit, angeführt in der Königsliste.

Für eine ruhige Lage im assyrischen Raum spricht, daß sich der Herrscher Assur-rabi II. 40 Jahre lang (1010–970) ohne größere berichtenswerte Ereignisse auf dem Thron halten konnte. Erst in der Regierungszeit seiner Nachfolger hören wir

König Assurnasirpal II. mit zwei Dienern. Aus seinem Palast in Kalach

wieder von Auseinandersetzungen mit den Aramäern im Westen und den Bergstämmen im Osten. Zum ersten Mal wurde zu Beginn des neunten Jahrhunderts im östlichen Bergland von *Königen* gesprochen; anscheinend bildeten sich unter den dortigen Stämmen allmählich eigene politische Strukturen heraus, um sich des Drucks aus Assyrien zu erwehren.

Besser bezeugt ist erst wieder die Regierungszeit des Assurnasirpal II. (883–859). Wir erfahren von seinen weitreichenden militärischen Operationen, aber auch vom Ausbau einer unbedeutenden Siedlung zu seiner neuen Residenz. Kalach, das heutige Nimrud, auf dem östlichen Tigrisufer zwischen Assur und der schon damals bedeutenden Stadt Ninive gelegen, erhielt eine ausgedehnte Palastanlage, die in Organisation und Ausstattung fortan als Prototyp solcher Anlagen fungierte. Erstmals wurden die Wände mit großen reliefierten Steinplatten verkleidet, in Anlehnung an Vorbilder in Syrien und Südostanatolien. Im Zentrum verschiedener Jagd- und Kriegsszenen wie auch Darstellungen kultischer Verehrung steht der Herrscher in vollem königlichem Ornat, mit reich bestickten Gewändern und fein ziseliertem Schmuck. Grundmaterial der Reliefs ist der feinkörnige sogenannte Mosul-Alabaster, der eine Wiedergabe feinster Details ermöglicht. Die Reliefs waren mit grellen Farben bemalt, von denen nur noch Reste vorhanden sind. Mehr noch als die Reliefs mit ihren zum Teil überlebensgroßen Figuren waren die menschengesichtigen Stiere auf beiden Seiten der Ein- und Durchgänge der Palastanlage dazu bestimmt, Besucher und böse Geister einzuschüchtern.

Die Ausgereiftheit der Techniken und die Sicherheit der Darstellung weist auf eine lange Tradition hin, die wir allerdings für den assyrischen Raum nur in Wandmalereien oder in einer mit glasierten farbigen Ziegeln verkleideten Wand im Palast Tukulti-Ninurtas des späten 13. Jahrhunderts fassen können. Wandbemalung und -verzierung haben aber im Vorderen Orient eine sehr alte und zumal ungebrochene Tradition.

Die ungeheure Tatkraft, gepaart mit größter Rücksichtslosigkeit, die alle folgenden assyrischen Herrscher auszeichnete, wird im Palast Assurnasirpals zum ersten Mal manifest, denn dieser Palast wurde, mitsamt der Ausstattung, bereits vier Jahre nach dem Regierungsantritt des Herrschers im Jahre 879 eingeweiht. Die gleiche Eile und Stoßkraft macht sich auch in den Feldzügen bemerkbar. Abgesehen von ständigen Kämpfen und Belagerungen mußten beträchtliche Strecken zurückgelegt werden. Assurnasirpal hatte fünf Jahre nach seinem Antritt nicht nur den Widerstand der aramäischen Staaten gebrochen, sondern stieß mit seinem Heer bis an die Küste des Mittelmeeres vor. Sein Auftritt muß in einer Weise einschüchternd gewirkt haben, daß ihm die phönizischen Städte ohne jegliche Kampfhandlungen Tribut anboten. Zur Beweglichkeit der assyrischen Armee hatte eine Heeresreform beigetragen, die größeres Gewicht auf die Streitwagentruppe legte und durch stetiges Vorverlegen der Nachschublager die Versorgungswege kurz hielt.

Ähnlich imposant waren die Marschleistungen von Sohn und Nachfolger Salmanassar III. (858–824), der allein viermal nach Kilikien vorstieß, ganz abgesehen von den größeren und kleineren Zügen gegen die aramäischen Kleinstaaten und die entstehenden politischen Strukturen im östlichen Bergland. Zum ersten Mal wird ein Land Parsuasch erwähnt, was als frühester Hinweis auf Land und Volk der Perser gewertet wird. Das Zusammenraffen von Beute aller Art war eines der Hauptziele der Kriegszüge, wie uns bildliche Darstellungen auf den Palastreliefs zeigen. Ganze Viehherden, aber auch vieles andere wurde aus den eroberten Städten mitgenommen. In dem riesigen Arsenal, das Salmanassar in Kalach errichten ließ, fanden

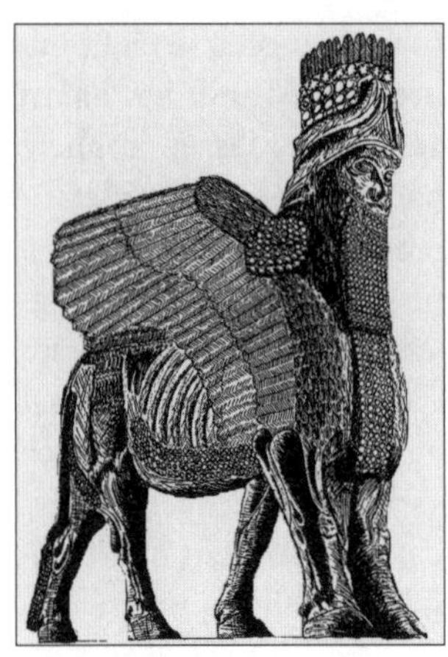

Torwächterfigur in Gestalt eines Stiermenschen vom Palast Sargons II. in Dur Scharrukkin

sich neben erbeuteten und neuen Waffen Tausende von Elfenbeinarbeiten, die einst Möbel schmückten oder zumindest dafür gedacht waren. Ihrem Stil nach, der mit vielen ägyptischen und syrischen Elementen durchsetzt ist, muß es sich dabei zum Teil um Beute aus den syrischen Feldzügen handeln.

Seit der Regierungszeit von Salmanassar I. im 13. Jahrhundert waren Deportationen größerer Bevölkerungsgruppen aus den besiegten Gebieten nach Assyrien gängige Praxis assyrischer Kriegszüge. Sie dienten nicht nur der Schwächung des lokalen Widerstands gegen eine assyrische Oberhoheit, sondern auch der Verstärkung der Arbeitskraft im eigenen Lande. Gerade Handwerker scheinen auf diese Weise gewaltsam importiert worden zu sein, um an den großen Bauvorhaben mitzuwirken. Die deportierten Gruppen bevölkerten die neuen Residenzstädte wie Kar-Tukulti-Ninurta oder Kalach.

Die Deportations- und Ansiedlungspolitik hatte vom neunten Jahrhundert an ungeahnte Folgen. Viele dieser Gruppen stammten aus dem aramäischen Sprachgebiet, sprachen mithin eine westsemitische Sprache, die dem ostsemitischen Assyrisch zwar verwandt ist, aber sich doch deutlich von ihm unterscheidet. Durch den Einfluß des Aramäischen auf die Umgangssprache hat sich langsam, aber unaufhaltsam eine Aramäisierung des Assyrischen vollzogen: Wir finden nicht nur viele aramäische Lehnworte, sondern es änderte sich sogar die Satzstellung.

Für das innermesopotamische Verhältnis war bedeutsam, daß Schamschi-Adad V. 818 nach einem Überfall auf Babylonien einen Besitzanspruch auf dieses Gebiet anmeldete, der auch von den ihm nachfolgenden assyrischen Herrschern immer wieder geltend gemacht wurde. Das besondere Verhältnis der beiden Landesteile war von der Mitte des zweiten Jahrtausends an stets von der militärischen Überlegenheit Assyriens und der kulturellen Überlegenheit Babyloniens geprägt gewesen. Die nach allen Seiten ausgreifenden Expansionsbemühungen Assyriens betrafen natürlich auch Babylonien, doch verhinderte eine gewisse Scheu vor dem Ursprungsland der eigenen Kultur, daß Babylonien wie andere eroberte Gebiete behandelt wurde. Die wiederholten Versuche Babyloniens, sich der Oberhoheit Assyriens zu entledigen, wurden im Gegenzug gleich einem Familienverrat stärker bestraft als die Befreiungsversuche anderer Gebiete.

Elfenbeinrelief »Mona Lisa« aus dem Palast des Assurnasirpal II. in Kalach

Babylonien hatte sich etwa seit 1000 entscheidend verändert. Eine lange Entwicklung nahm im 18./17. Jahrhundert ihren Ausgang, daß mit Babylon die Hauptstadt endgültig in den Norden Babyloniens verlegt worden war. Gleichzeitig war eine innere Kolonisierung Nordbabyloniens durch die Anlage neuer Kanäle und neuer Siedlungen zu Lasten des Südens gegangen, der dadurch weniger Wasser erhielt. Daß bereits während der Herrschaft der I. Dynastie von Babylon im Süden eine *Dynastie des Meerlandes* entstehen konnte, für die kein Hauptort überliefert ist, deutet auf die Existenz von Gebieten hin, in denen die Stämme ihre Geschicke selbst bestimmten. Die Umgebung von Uruk weist entsprechend für den Rest des zweiten Jahrtausends eine äußerst spärliche Zahl von ländlichen

Orten auf. Die Besiedlung hat sich auf Ur, Uruk, Isin, Larsa und Nippur konzentriert.

Die relativ dünne Besiedlung der ländlichen Gebiete machten sich im weiteren Verlauf des zweiten Jahrtausends die von Nordwesten her einströmenden Stämme der Aramäer und Chaldäer zunutze, die sich hier niederließen und eigene politische Strukturen begründeten. Durch ihre Benennung als *Bit plus Stammesname*, zum Beispiel Bit Adini oder Bit Amukani (*bitu* bedeutet eigentlich »Haus«, aber später dann auch »Stamm«), sind sie als Stammesgebiete zu begreifen. Sie hatten keinen städtischen Mittelpunkt und keine festen Grenzen.

Babylonien bestand somit aus drei Einheiten: den Stammesgebieten der Aramäer und Chaldäer, den südbabylonischen Städten und Nordbabylonien, das gemessen an Bevölkerung und Wirtschaftskraft das größte Gewicht hatte. Die Assyrer sahen sich mit den stets auf ihre Unabhängigkeit bedachten Stämmen konfrontiert: mit den südlichen Städten, die als potentielle Anlaufpunkte der Stämme von diesen mitgezogen wurden, und dem Norden, der noch am ehesten aus wirtschaftlichen Gründen bereit war, die assyrische Oberhoheit anzuerkennen. Die Assyrer schlugen den effektivsten Weg zur Zementierung ihrer Herrschaft ein, indem sie Militärgarnisonen in die südlichen Städte verlegten, wohlwissend, daß eine direkte Kontrolle der Stämme ohnehin nicht gelingen würde. In dieser Konstellation ist es verständlich und zugleich paradox, daß die meisten ernsthaften Versuche, der assyrischen Herrschaft entgegenzutreten und die Unabhängigkeit Babyloniens wiederzuerlangen, von Angehörigen dieser Stämme ausgingen.

In diese Zeit fällt die kurze Herrschaft der Schammuramat, der einzigen Herrscherin auf dem assyrischen Thron, die von 810 bis 806 die Geschäfte für ihren minderjährigen Sohn Adadnirari III. führte. In der griechischen Überlieferung wurde sie unter dem Namen Semiramis zur Gemahlin des chaldäischen Herrschers Nebukadnezar, der allerdings 200 Jahre später lebte.

Die bis dahin größte Ausdehnung erreichte Assyrien unter

Tiglat-Pileser III. (744–727), der das ganze heutige Syrien bis nach Palästina hinein (Samaria), die phönizischen Städte und Südostanatolien bis zum Halys (heute Kızıl Irmak) als sein Herrschaftsgebiet bezeichnete und als Grenze seines Einflusses im Osten den *Blauen Berg* nannte, den heutigen Demavend nordöstlich von Teheran. 733 nutzte er die Thronwirren in Babylon, um den Machtanspruch auf Babylonien auf neue Weise zu untermauern: Unter dem Namen Pulu ernannte er sich selbst zum König von Babylon und begründete damit die Reihe der Doppelmonarchen – wiederum ein Zugeständnis an die Sonderrolle Babyloniens, das so mit dem eigenen König den Schein der Selbständigkeit wahren konnte.

Der Nachfolger Sargon II. mit dem doppelt programmatischen Thronnamen Scharru-kenu – »der legitime König«, der den Namen eines früheren assyrischen Königs wieder aufgreift, vor allem aber an den Ruhm des legendären Herrschers der Akkad-Dynastie anknüpft, kam unter ungeklärten Umständen an die Macht; daher die Überbetonung der Legitimität. Er war ein Sohn Tiglat-Pilesers III., der jedoch seinem Bruder Salamassar V. den Vortritt lassen mußte, bis er ihn nach dessen Tod beerbte. Er war also nicht der Usurpator, wie man immer meinte. Sargon erweiterte die Besitzungen in Palästina um eine Provinz mit dem Mittelpunkt Aschdod und unternahm einen ersten, aber vergeblichen Versuch zur Eroberung Ägyptens. Im Osten und Norden hatten sich lokale Machtstrukturen gebildet, vor allem im Gebiet um den Van-See in Ostanatolien. Dort war mit dem Staat Urartu ein Gegner erwachsen, dessen erster Herrscher Sarduri um 840 mit dem Titel »König der Gesamtheit« an seinem Machtanspruch keine Zweifel gelassen hatte. Sargon konnte diesen Staat jedoch vernichten und gleichzeitig die Kimmerier zurückdrängen, ein Volk, das unter dem Druck der nachfolgenden Skythen in das Gebiet des heutigen Aserbaidschan eingedrungen war.

In Babylonien war im gleichen Jahr wie Sargon der Führer des chaldäischen Stammes der Yakin, Mardukapaliddina II.

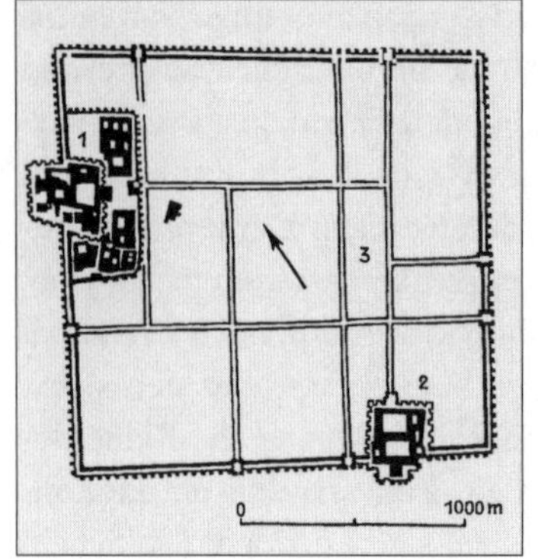

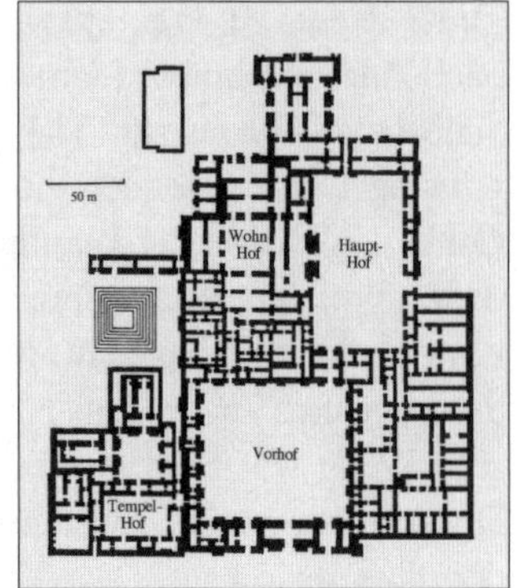

Gesamtplan der Stadt Dur-Scharrukin und des Palastes Sargons II.

(721–710), der Merodachbaladan des Alten Testamentes, an die Macht gelangt. Unter Bruch eines Vertrages zog Sargon 710 nach Babylonien, vertrieb Mardukapaliddina aus Babylon und zerstörte den ungenannten Hauptort von Bit Yakin; Mardukapaliddina mußte Schutz in den südlichen Sümpfen suchen.

Auch Sargon baute sich seine eigene Hauptstadt: Dur-Scharrukin, »Sargons Burg«, heute Chorsabad, nordöstlich von Mosul gelegen. Die fast quadratische Stadt maß 1,6 mal 1,7 Kilometer und war von einer Stadtmauer umgeben. Eine ausgedehnte Terrasse an der Nordwestmauer bot neben einer Tempelanlage für den Gott Nabu und vier palastartigen Residenzen – eine davon für den Bruder und General des Königs – Platz für eine nochmalige Erhöhung, auf der sich der Königspalast befand. Mit einem Bereich, in dem drei Gottheiten verehrt wurden, zwei riesigen Hofanlagen und dem eigentlichen Herzstück, dem Thron- und anschließenden Bankettsaal, der in den privaten Wohnhof der Herrscherfamilie überleitete, stellt dieser Komplex ebenso wie die Ausstattung mit steinernen Reliefplatten frühere Paläste in den Schatten. Neben den glorifizierenden Abbildungen des Herrschers werden Kriegszüge detailliert dargestellt, zum Teil mit Beischriften von Orts- und Personennamen. Ausführliche Baubeschreibungen geben Aufschluß über

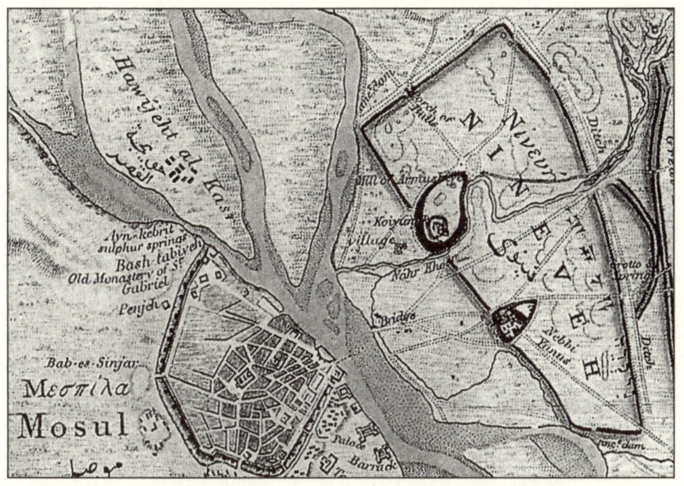

Lageplan der Stadt Ninive und Plan der Zitadelle Kujundschik mit den Palästen des Sanherib und des Assurbanipal

den Bauvorgang und vor allem über die Mengen der verwendeten kostbaren Materialien. Der Palast wurde 706 mit mehrtägigen Feierlichkeiten eingeweiht. Doch diente er nicht lange als Sitz der Regierungsgeschäfte, da Sargon bereits 705 auf einem weiteren Kriegszug nach Westen ums Leben kam und sein Sohn Sanherib den Regierungssitz umgehend nach Ninive verlagerte, um sich dort einen eigenen Palast zu errichten.

Ninive war schon seit langem die größte Stadt Assyriens. Sie hatte sich um zwei alte, auf Hügeln gelegene Siedlungsplätze gebildet, die heute unter den Namen Kujundschik und Tell Nebi Yunus bekannt sind. Unter Sanherib (704–681) wurde die Stadt großzügig ausgebaut und mit einer Mauer versehen, die einschließlich der Parks und Gärten insgesamt eine Fläche von fast sieben Quadratkilometern umfaßte. Für die Wasserversorgung ließ Sanherib mit Hilfe eines 30 Kilometer langen Kanals Wasser aus dem Oberen Zab, einem der Nebenflüsse des Tigris, in den kleinen Fluß leiten, der das Stadtgebiet von Ninive durchfloß. Wir erleben hier eine weitere Premiere, denn einen Teil dieses

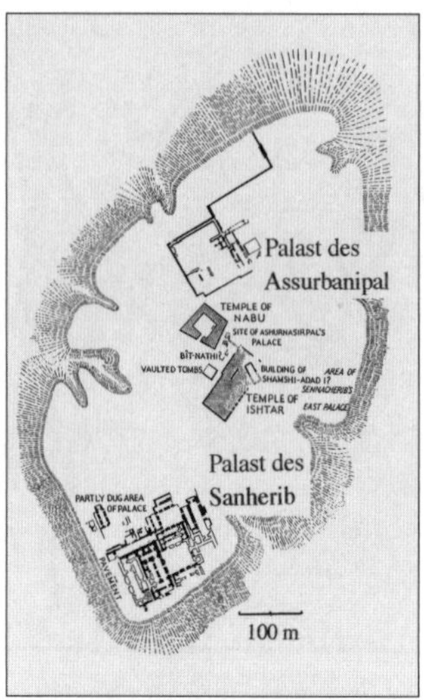

Plan der Zitadelle Kujundschik mit den Palästen des Sanherib und des Assurbanipal

li. Schreiber mit Tontafel u. Griffel, re. Zeichner mit Blatt u. Pinsel

Kanals bildete ein 220 Meter langes Aquädukt, mit dem in neun Metern Höhe ein breites Tal überbrückt wurde.

Wie im Namen des neuen *Palast ohnegleichen* bereits angedeutet, wollte Sanherib einen noch größeren und prächtigeren Palast errichten als sein Vater. Wieder faszinieren neben den Reliefs, auf denen der Herrscher bei Kult- und Regierungshandlungen in seinem Staatsornat dargestellt ist, die zahlreichen erzählenden Reliefs durch die Feinheit der Ausführung und die Liebe zum Detail. Bei den Bildberichten über die verschiedenen Kriegszüge wird der Betrachter durch die Angabe charakteristischer Landschaftsformen, lokaler Besonderheiten oder Beischriften darüber informiert, wo sich das abgebildete Geschehen ereignet hat.

Ähnlich Kriegsberichterstattern, die sich an Ort und Stelle Notizen machten für die später zu verfassenden Annalen, gab es auch Zeichner, auf Reliefs neben dem Keilschriftschreiber dargestellte Figuren, die ein Blatt und einen Stift in Händen halten.

Neben den üblichen Feldzügen zur Niederschlagung von

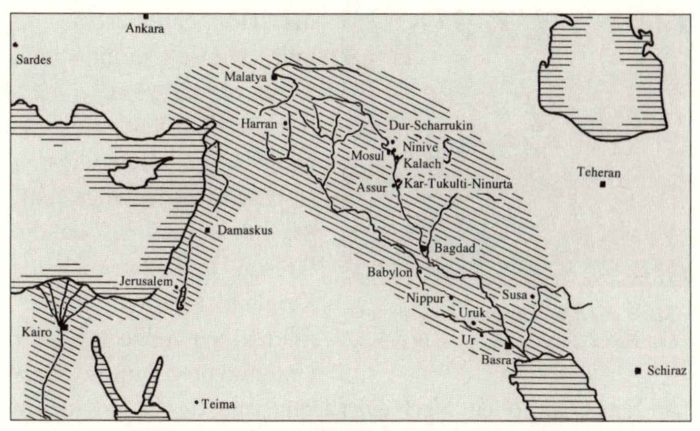

Ausdehnung des assyrischen Reiches in der Zeit des Asarhaddon um 670 v. Chr.

Aufständen in den Randgebieten des Reiches sind vor allem die Unternehmungen gegen Babylonien von Bedeutung. Den Versuch Mardukapaliddinas, 703 nach Babylon zurückzukehren, nahm Sanherib zum Anlaß, Babylonien in vorher nie gekannter Weise zu verwüsten und 208 000 Menschen nach Assyrien zu verschleppen. Dennoch konnte ab 691 ein weiterer Chaldäer, Muschezib-Marduk, mit Unterstützung einer umfassenden Koalition, die ein Gebiet bis weit in die östlichen Berge hinein kontrollierte, Sanherib eine schwere Niederlage beibringen. Als Vergeltung ließ Sanherib die Stadt Babylon 688 vollständig zerstören. Niemand sollte mehr wissen, wo sich Babylon einmal befunden hatte.

Das wurde offenbar als Frevel empfunden. Ein etwas späterer Bericht führt Sanheribs Ermordung im Jahre 681 jedenfalls darauf zurück, daß sein ruchloses Vorgehen auch im eigenen Hause auf Widerspruch stieß. Ob allerdings der Sohn und Nachfolger Asarhaddon (680–669) hinter dem Mord stand, ist unklar. Daß er gegen die Politik seines Vaters in Babylonien war, brachte er dadurch zum Ausdruck, daß er den babylonischen Städten die Privilegien zurückgab. Asarhaddon knüpfte an die Tradition

Szene aus den Löwenjagdzyklen aus dem Palast des Assurbanipal in Ninive

der Doppelmonarchie an und wurde somit auch König von Babylon.

Unter ihm fanden die bis dahin wohl aufwendigsten assyrischen Kriegszüge statt, die ihn einmal bis an die Grenze und zweimal ins Kernland Ägyptens hineinführten. 671 stellte sich ganz Unterägypten unter Asarhaddons Oberhoheit. Nach einer Plünderung des Landes kehrte Sanherib mit ungeheuren Reichtümern nach Ninive zurück. Bereits 669 zog er wieder gegen Ägypten zu Felde und kam dabei selber zu Tode.

Die immer wieder aufflammenden Aufstände in Babylonien hatten Asarhaddon zu der Einsicht gebracht, daß die Doppelmonarchie keine Lösung war. Er bestimmte daher seinen Sohn Schamasch-schum-ukkin zum Nachfolger in Babylon und seinen Sohn Assurbanipal zum Nachfolger in Ninive. Nach einigen friedlichen Jahren setzte sich jedoch Schamasch-schum-ukkin an die Spitze der anti-assyrischen Fronde, die zunächst einen Aufstand und anschließend einen vierjährigen Krieg provozierte. 648 nahmen die Truppen unter Assurbanipal Babylon schließlich ein und verwüsteten die Stadt erneut; Schamasch-schum-ukkin fand dabei den Tod. Unter dem Namen Kandalanu übernahm Assurbanipal als Doppelmonarch nun auch die Königswürde in Babylon.

Assurbanipal (668–626) war wie seine Vorgänger in viele weitreichende Unternehmungen verstrickt, vor allem um Ägypten zu halten, das 655 dennoch verlorenging. Andere Kriegszüge galten Elam oder den östlichen Bergregionen. Daneben assoziieren wir aber insbesondere zwei Leistungen mit seinem Namen: den Bau und die Ausstattung seines Palastes sowie den Aufbau einer Bibliothek.

Zwar behielt Assurbanipal Ninive als Hauptstadt bei, doch ließ er sich einen neuen Palast errichten, gleichfalls auf der Anhöhe von Kujundschik. Von dem wahrscheinlich noch prächtigeren, aber schlecht erhaltenen Palast sind lange Reliefzyklen erhalten, die außer den üblichen offiziellen Inszenierungen des Herrschers und Bildberichten von den Feldzügen großartige Jagdszenen wiedergeben. Die Jagd auf Löwen, Onager und Gazellen fand offensichtlich in umzäunten Revieren statt, in die die Tiere aus Käfigen hineingelassen wurden; der König schoß meist von sicherer Stelle aus mit Pfeil und Bogen auf die Tiere, die entweder freilaufend dargestellt sind oder nach ihrer Verwundung, in verschiedenen Stadien ihres Verendens. Die Feinheit der Beobachtung und deren Umsetzung in Stein, die naturalistische Wiedergabe der Tiere und die freie Komposition der Szenen machen diese Reliefs zu den eindrücklichsten Schöpfungen altmesopotamischer Kunst.

Der Bibliothek im Palast Assurbanipals verdanken wir einen Großteil unserer Kenntnis der mesopotamischen Literatur. Selbst gebildet und des Schreibens kundig, ließ Assurbanipal in ganz Mesopotamien alte Texte abschreiben und seiner Bibliothek einverleiben. Die ganze Weisheit der Zeit wurde hier zusammengetragen, verkörpert in der Omen-, das heißt Voraussageliteratur, in Texten der Astronomie und Astrologie, der Medizin, in Vorschriften für Rituale und Beschwörungen und vor allem in den großen literarischen Werken. Zu nennen sind insbesondere das Weltschöpfungs- und das Gilgamesch-Epos.

Die letzten Jahre Assurbanipals sind schlecht bezeugt. Als 627 ein Sohn Assurbanipals, Sin-schar-ischkun, den assyrischen Thron bestieg, sah er sich bald großen Veränderungen gegenüber. In Babylon hatte sich 626 der chaldäische Stammesführer Nabupolassar zum König ernannt, im Osten rumorten die Stämme der Bergregionen. 616 griff eine große Koalition aus Elamitern und den weiteren Gruppierungen im Zagros, vor allem den Medern – offensichtlich unter Einschluß eines babylonischen Kontingents –, Assyrien von Südosten an. Ein weiteres baby-

Vorschlag zur Rekonstruktion der Ziqqurrat von Babylon des Nebukadnezar II. (von H. Schmid)

lonisches Heer zog den Euphrat und Habur hinauf und drang von Westen gegen das assyrische Kernland vor. Die Stadt Assur wurde 614 erobert, und nachdem sich die babylonischen und die medischen Truppen vereinigt hatten, fiel Ninive im Jahre 612.

Nach der großen Machtentfaltung knapp 100 Jahre zuvor, die bis nach Ägypten reichte, staunt man immer wieder über dieses schnelle Ende des assyrischen Reiches. Oberflächlich gesehen waren sicher die Heere der Koalition dem assyrischen Heer zahlenmäßig überlegen und unverbrauchter. Doch wie oft in solchen Situationen hatten die Kämpfe der letzten Jahre nur beschleunigt, was sich bereits aus anderen Gründen angebahnt hatte. So waren einerseits die geographische Situation und somit die wirtschaftlichen Möglichkeiten grundsätzlich unvereinbar mit dem dauernden Drang nach Ausweitung des Herrschaftsgebietes. Im Kernland besaß Assyrien außer Stein wie Babylonien keine eigenen Rohstoffe, lag im Gegensatz zu Babylonien aber im Regenfeldbaugebiet, in dem nicht einmal die Landwirtschaft über ein geringes Maß hinaus intensiviert werden konnte. Es hatte nur begrenzt die Möglichkeit, Waren oder Tauschmittel zu erzeugen, um benötigte Rohstoffe in größerem Stil einzuhandeln. Die Balance zwischen Beschaffung und Verbrauch wurde in dem Moment gestört, in dem das hegemoniale Streben einen größeren Aufwand erforderte. Als dieses Streben sogar zur herrscherlichen Pflicht gegenüber dem Staatsgott Assur erklärt wurde – Folge eines religiös fundierten Imperialismus, der in der Überzeugung wurzelte, daß dem Gott Assur die Weltherrschaft zustehe –, wurde eine Entwicklung in Gang gesetzt, aus der es kein Entrinnen mehr gab.

Blick von Nordwesten auf Ischtartor und Prozessionsstraße. Im Hintergrund rechts oben der »Turm von Babel«

Da Assyrien sich Zugang zu auswärtigen Ressourcen verschaffen mußte, geriet es unter Zugzwang. Da eroberte Gebiete zuerst ausgebeutet, dann aber in das Reich eingegliedert wurden, was die Kosten erhöhte, konnte dieses System bei ständig wachsenden Ansprüchen nur durch die Eroberung weiterer Gebiete aufrechterhalten werden. Vor allem das Militär und die äußerst aufwendigen Palastbauten haben vermutlich mehr Mittel verschlungen, als durch Beute und Tribute hereinkamen. Die Expansion fand schließlich ein natürliches Ende, als die Küste des Mittelmeers und das ferne Ägypten erreicht waren. Spätestens mit der Einnahme Ägyptens war der wirtschaftliche und dann auch politische Zusammenbruch vorhersehbar.

Dem Ende des assyrischen Reiches folgte die knapp hundertjährige Herrschaft einer chaldäischen Dynastie in Babylon, die 626 mit Nabupolassar ihren Anfang nahm. Nach dem gemeinsam mit den Medern unternommenen Feldzug wurde das assyrische Gebiet in zwei Interessensphären geteilt, von denen die Meder mit Harran und dem kleinasiatischen Gebiet die nördliche übernahmen und Nabupolassar die südliche, das heißt Syrien und Palästina. Nachdem sich Ägypten Palästinas und eines Teils Syriens zwischenzeitlich bemächtigt hatte, gelang es dem Feldherrn und Sohn Nabupolassars, Nebukadnezar II., die Ägypter zurückzudrängen und 604 die palästinensischen

Besitzungen zurückzuerobern. Als Jerusalem Tributzahlungen schuldig blieb, wurde die Stadt 597 eingenommen, ein Teil der Bevölkerung trat die *Babylonische Gefangenschaft* an, von der wir auch im Alten Testament erfahren; zehn Jahre später wiederholte sich der Vorgang.

Die Oberhoheit Babylons wurde in einem großen und vor allem reichen Gebiet durch Tributzahlungen anerkannt. Unermeßliche Mengen an Tributen ergänzten die Beute aus den immer wieder geführten Kriegszügen und verhalfen Babylonien zu allgemeinem Reichtum. Das wird sichtbar an spektakulären öffentlichen Bauvorhaben, unter denen der Neubau der Ziqqurrat von Babylon, des *Turms von Babel*, sicher das aufwendigste war. Mit einer Kantenlänge von 90 mal 90 Meter an der Basis und einer Höhe von über 90 Metern war es das größte und höchste Bauwerk aller Zeiten auf dem Boden des alten Vorderen Orients (Abb. S. 124). Die unglaubliche Höhe und der Name des Gebäudes – *Etemenanki* (»Haus: Band zwischen Himmel und Erde«) – waren Anlaß für die alttestamentliche Erzählung über die Bestrafung für das gotteslästerliche Vorhaben, den Himmel erreichen zu wollen. Die in derselben Erzählung präsentierte Erklärung für den Ursprung der Sprachverwirrung mag darin ihren Anhalt haben, daß im Babylon des sechsten Jahrhunderts v. Chr. wahrscheinlich mehr Sprachen vertreten waren als irgendwo anders. Babylon war die Weltstadt der damaligen Zeit.

Die Ziqqurrat war nur ein Teil des riesigen Tempelkomplexes, der dem Stadtgott und gleichzeitig obersten babylonischen Gott Marduk geweiht war. Für die Neujahrsfestlichkeiten, die als so wichtig für das Wohlergehen des Landes galten, daß die assyrischen Könige sogar in Spannungszeiten ihre Abhaltung in Babylon befürwortet hatten, wurde eine Prozessionsstraße mit großen Steinplatten gepflastert, die beide Seiten der Straße säumenden Wände mit farbig glasierten Ziegelreliefs versehen und die Straße durch ein monumentales, ebenso geschmücktes Tor durch die Stadtmauer geführt, um die Verbindung mit dem außerhalb der Stadt gelegenen Neujahrsfesthaus zu schaffen; von Tor und Straßenbegrenzung geben aufgebaute Teile im Berliner Vorderasiatischen Museum einen Eindruck.

Die doppelte Stadtmauer wird ebenso wie ein Teil des Königspalastes, die sogenannten *Hängenden Gärten der Semiramis*, später zu den sieben Weltwundern gezählt. Dieser Palast war in Ausdehnung und Raumhöhe nicht weniger monumental als die Paläste der assyrischen Herrscher, doch statt mit steinernen Reliefs waren die Wände mit glasierten Ziegeln oder mit Malereien geschmückt, von denen sich allerdings nur wenige erhalten haben.

In gleicher Weise wie Babylon wurden fast alle großen Städte Babyloniens ausgebaut, ihre Haupttempel kamen zu neuer Größe und zu neuem Glanz. Der Reichtum machte sich auch anderweitig bemerkbar. Zu keinem Zeitpunkt seit Beginn des zweiten Jahrtausends sind so viele Siedlungen entstanden, Kanäle angelegt oder ausgebaut worden. Während Privathäuser früher aus luftgetrockneten Lehmziegeln gebaut waren, wurden die Häuser eines ganzen Wohnviertels in Uruk aus gebrannten Ziegeln errichtet. Der allgemeine Wohlstand schlug sich auch in den vielen tausend Kauf- und Vertragsurkunden nieder. In diese Zeit fällt schließlich eine weitere Premiere: die Gründung eines Bankhauses durch die Familie Egibi in Babylon mit Zweigstellen in Nippur und Uruk.

Auf älteren Grundlagen begann in dieser Zeit die Entfaltung der Wissenschaften, die im fünften und vierten Jahrhundert einen Höhepunkt erreichten. Von den mathematischen Leistungen ist schon die Rede gewesen, ebenso von der weit verzweigten Listenliteratur, mit deren Hilfe versucht wurde, das begriffliche Universum zu erschließen. Ausgehend von dem Wunsch, Aufschluß über die Zukunft zu erhalten, wurden Beobachtungen in Listen gesammelt, aus denen gute oder schlechte Vorzeichen abgelesen werden konnten. Über ihre Rolle in Vorhersagetexten hinaus gaben astronomische Beobachtungen den Anstoß zu im eigentlichen Sinne wissenschaftlichen Verfahren, mit deren Hilfe die Verläufe von Himmelskörpern mathematisch berechnet wurden – die Ergebnisse halten modernen Berechnungen durchaus stand. Sie fanden Eingang in die griechische und die vedische Astronomie Indiens. Das System der Tierkreiszeichen hat ebenfalls hier seinen Ursprung. Erkenntnisse der babylonischen Medizin wurden in dieser Zeit in zwei Handbüchern von je über 40 Tafeln zusammengefaßt, die sich nach therapeutischen und diagnostischen Verfahren gliedern. Auch diese hatten großen Einfluß auf die griechische Medizin wie auch auf die Medizin der nachfolgenden Perioden im Vorderen Orient.

Die ungestörte Entfaltung auf diesen Gebieten steht im Widerspruch zur politischen Entwicklung, denn nach Nebukadnezar sind die Jahre in Babylon als selbständige Macht gezählt. Der Usurpator Nabonid (555–539) hat den politischen Verfall mit seinem rätselhaften Verhalten beschleunigt: Nachdem er sechs Jahre lang in Babylon residiert hatte, zog er sich für zehn Jahre in die nordarabische Oase Teima zurück. Zuvor hatte er seinen Sohn Belsazar als Regenten Babylons eingesetzt. Die Gründe sind heute wie damals unbekannt, was sich in der Vielzahl zeitgenössischer Mutmaßungen widerspiegelt. Nabonid selbst spricht von Zivilisationsüberdruß, andere unterstellen religiöse oder militärische Überlegungen. Zu dieser Zeit hatte der Perser Kyros die Meder besiegt und bereits 648 alle Gebiete östlich des Tigris besetzt, dann Südostanatolien erobert und mit dem Sieg über den Lyderkönig Kroisos auch Lydien seinem Reiche einverleibt. Die heraufkommende Gefahr hätte eigentlich unübersehbar gewesen sein müssen.

539 kehrte Nabonid zu spät aus Teima nach Babylon zurück – das feindliche Heer näherte sich Babylonien bereits. Am 14. September 539 wurde Babylon kampflos eingenommen, am 29. Oktober zog Kyros als Sieger in die Stadt ein. Über das Schicksal Nabonids haben wir keine eindeutigen Nachrichten. Neben der Kunde seines Todes finden sich auch Hinweise auf seine Ernennung zum Statthalter der südiranischen Provinz Karmanien.

Das schnelle Verschwinden des babylonischen Weltreiches ist weniger erstaunlich als das des assyrischen. Während sich in Assyrien aufgrund ständiger Expansion über die Jahrhunderte Erfahrungen angesammelt hatten, wie größere Territorien zu verwalten und zu behandeln seien, hatte Babylonien mindestens seit der Mitte des zweiten Jahrtausends in seinen Grenzen stagniert. Als vormalige Stammesführer brachten die Hauptfiguren des chaldäischen Reiches auch kaum Erfahrung mit, um den Zusammenhalt des riesigen territorialen Erbes Assurs bewahren zu können. Insbesondere fehlt jede Art von expansionistischer oder gar imperialistischer Ideologie. Nach dem Vorbild der Assyrer plünderten die Babylonier fremde Gebiete und führten Kriege im Interesse der Selbstversorgung. Unter diesen Voraussetzungen kann man es nur der überragenden Persönlichkeit von Nabupolassar und vor allem Nebukadnezar zuschreiben, daß dieses Reich so lange zusammenhielt. Insofern kann es aber auch nicht verwundern, daß die Übernahme der Herrschaft durch eine schwächere Person den sofortigen Niedergang nach sich zog.

Mit dem assyrischen Reich hat sich eine neue politische Organisationsform gebildet, in einem langsamen, aber dann beschleunigten Prozeß, der an die Bildung des Staates von Akkad nach der Mitte des dritten Jahrtausends erinnert: In einer Konstellation ähnlich organisierter, annähernd gleich großer Einheiten waren alle Einheiten gerade stark genug, daß sie sich gegenseitig in Schach halten konnten. Aus den dauernden und wechselhaften Auseinandersetzungen ging schließlich eine Macht hervor, die das gesamte Territorium der vorherigen Konfliktpartner zusammenschloß und damit die vormals zwischenstaatlichen zu internen Problemen machte. Gerade die langsame Entwicklung, immer wieder von Stillstand oder sogar Rückschlägen unterbrochen, ermöglichte es, daß ab der Zeit der großen Expansionen im 14./13. Jahrhundert, noch verstärkt ab dem 9. Jahrhundert die Instrumente ausgereift waren, um mit dem Gros der Herausforderungen umzugehen, mit denen sich eine größere Macht konfrontiert sah. Es liegt jedoch in der Natur der Sache, daß neue Strukturen nicht perfekt sein können. Obwohl es Ansätze zur Entwicklung einer gemeinsamen Infrastruktur gibt, wie zum Beispiel die Anlage eines Straßennetzes oder der Ausbau von Siedlungen in den fremden Gebieten, ist doch eindeutig das Hauptinteresse auf den Ausbau des eigenen Landes und die Beschaffung der dazu nötigen Mittel aus den fremden Gebieten gerichtet. Für die Entwicklung von Konzepten wie Dezentralisierung und Gewährung gewisser Eigenständigkeiten waren die Grundlagen noch nicht gegeben – Entwicklungen, die in der Folgezeit dem achämenidischen Reich die Möglichkeit verschafften, einige der Probleme zu umgehen, unter denen das assyrische Reich gelitten hatte.

Die Achämeniden

(539–331 v. Chr.)

Gegen Ende des zweiten Jahrtausends begannen die Assyrer ihr Interessengebiet auszuweiten; ihre Blicke richteten sich insbesondere auf das Bergland. Von einer der beiden großen Gruppen, die in dieser Zeit eine Rolle spielten, erfahren wir von Tiglat-Pileser III., der nach der Mitte des achten Jahrhunderts das Land bis zum Demavend als *Land der Meder* bezeichnet. Schwieriger zu lokalisieren sind die Perser. Vom neunten Jahrhundert an wird wiederholt ein Land Parsuasch oder Parsumasch in so verschiedenen Kontexten erwähnt, daß man den Eindruck gewinnt, als habe es im Laufe der Jahre seine Position vom nördlichen in den südlichen Zagros verschoben. Möglich ist aber auch, daß die Assyrer keine so genauen Vorstellungen damit verbanden. Immerhin werden die Perser dadurch früh zu jenen Gruppen gezählt, die eine gewisse Bedeutung im Bergland besaßen. Vermutlich waren sie auch unter denjenigen, die als Gegengewicht gegen den assyrischen Druck eigene organisatorische Strukturen aufbauten. Dabei erkannten sie die Oberhoheit der Assyrer an, denn Kyros I. von Parsumasch schickte einen Sohn als Geisel und reichlich Tribut an den Hof Assurbanipals nach Ninive.

Die Meder übernahmen die Führung in der Koalition, die gegen Ende des siebten Jahrhunderts gemeinsam mit den Babyloniern die assyrische Herrschaft zu Fall brachte. Die Perser hatten sich ihr angeschlossen und sich durch eine Verschwägerung mit dem Herrscherhaus der Meder verbunden. Bald aber kam es zur Auseinandersetzung zwischen Kyros II., dem Enkel des ersten Kyros, des Begründers der persischen Herrscherfamilie, und Astyages, dem medischen Schwiegervater von Kyros' Vater Kambyses. Kyros II. entschied die Streitigkeiten für sich. Zusätzlich zu seinem eigenen und dem medischen Territorium herrschte Kyros ab 550 über den von den Medern übernommenen Teil des assyrischen Erbes.

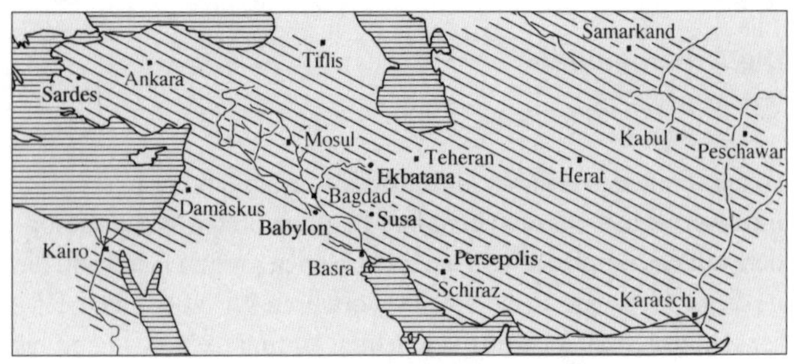

Ausdehnung des Perserreiches zur Zeit des Darius

Unter Verstoß gegen das ehemalige Abkommen über die Teilung dieses Erbes eroberte Kyros 539 aber auch Babylonien und ließ sich zum König von Babylon krönen. Er erhob damit gleichzeitig Anspruch auf das gesamte übrige Gebiet des von Babylon übernommenen Teils des assyrischen Reiches. Kyros' Tod im Jahre 530 auf einem Feldzug gegen Nomaden im Nordosten seines Herrschaftsgebietes hinderte ihn daran, diesen Anspruch durchzusetzen.

Kyros scheint in Babylon als Befreier empfangen worden zu sein – zumindest wird es in zeitgenössischen Quellen so dargestellt, deren Hauptabsicht aber wohl war, die Regierung des Nabonid dadurch in ein schlechtes Licht zu rücken, daß man betonte, daß der fremde Eroberer immer noch akzeptabler sei als der verhaßte Nabonid. Vielleicht war auch schon bekannt geworden, daß Kyros bei seinen Eroberungen in Kleinasien ungewohnte Milde walten ließ und sich insbesondere nicht in religiöse Angelegenheiten einmischte. Dieser Praxis blieb er offenbar auch in Babylonien treu. Bekannt ist vor allem seine Entlassung der Juden aus der sogenannten *Babylonischen Gefangenschaft*. Ungeachtet dessen ist eine so große und lebendige jüdische Gemeinde in Babylonien verblieben, daß dort in nachchristlicher Zeit der *babylonische Talmud* mit seinen verschiedenen Traktaten entstehen konnte.

Mesopotamien rückte nun an den Rand des Geschehens. Kerngebiet der Perser war die Persis, das Gebiet der heutigen iranischen Provinz Fars, und die von ihnen gewählten Haupt- und Residenzorte lagen mit Pasargadae, Persepolis, Egbatana (heute Hamadan) und Susa alle auf iranischem Boden. Insofern bedeutete das Jahr 539 einen Einschnitt, war die territoriale politische Kontinuität durchbrochen. In den zahlreichen Geschäftsurkunden, in denen trotz des starken aramäischen Einflusses weiterhin die babylonische Keilschrift verwendet wurde, fällt als einzige Änderung jedoch lediglich auf, daß nach 539 die Urkunden nach den Regierungsjahren der neuen Herren datiert wurden. Ob es um Geschäfte in Babylon, Nippur oder Uruk geht, um die Tempelbediensteten im Wohnviertel von Uruk oder normale Kaufleute in Babylon betrifft, und ob es sich um Kauf- und Immobilienverträge oder um Geldgeschäfte handelt: Nirgends ist auch nur die Spur einer Unterbrechung oder Verunsicherung zu entdecken. Auch die Bankhäuser Egibi und Muraschu arbeiten weiter, als ob nichts geschehen wäre – erstaunlich bei der bekannten Empfindlichkeit der Geldmärkte. Babylon blieb weiterhin die Weltstadt.

Kyros' Anspruch auf das ganze ehemals babylonische Herrschaftsgebiet löste sein Sohn Kambyses II. ein, der bereits vier Jahre nach seinem Regierungsantritt das ägyptische Heer bei Pelusium vernichtete und damit Ägypten in sein Reich eingliederte.

Was folgt, ist ein erstes Beispiel einer langen Reihe von Erbstreitigkeiten in der herrschenden Familie, die schließlich zum Untergang des Achämenidenreiches führten. Auf seiner Rückkehr aus Ägypten starb Kambyses unter ungeklärten Umständen. Sein Nachfolger Darius I. berichtet in einer langen Inschrift am Fels von Bisutun (Abb. S. 137), daß Kambyses vor seinem Ägyptenzug seinen Bruder Smerdis habe umbringen lassen. Er sei aus Ägypten zurückgekehrt, weil sich der Magier Gaumata im persischen Kernland als Smerdis ausgegeben habe mit dem Ziel, die Herrschaft an sich zu reißen. Er, Darius, habe die Usurpation jedoch durch die Tötung des Gaumata verhindert. Der apologetische Ton der Inschrift und die Tatsache, daß

Blick auf die Baureste der Palastterrasse von Persepolis

Darius, der aus einer Nebenlinie der herrschenden Achämenidenfamilie stammte, sich zu Beginn seiner Regierung gegen einen Aufstand zahlreicher Unterkönige zur Wehr setzen mußte, läßt vermuten, daß Darius bereits damals verdächtigt wurde, Smerdis' Ermordung veranlaßt zu haben, und daß er vielleicht auch nicht ganz unschuldig am Tod des Kambyses war.

Dessen ungeachtet ist Darius zu einer der imponierendsten Gestalten der Epoche geworden. In den 35 Jahren (521–486) seiner Regierungszeit führte er zahlreiche Neuerungen ein, beispielsweise eine gemeinsame Amtssprache und ein einheitliches Geldwesen, während er sich bei der Einteilung in Provinzen oder Satrapien und beim Aufbau eines weitreichenden Straßennetzes am assyrischen Vorbild orientierte. Mit dem Palast von Susa, vor allem aber der Palastterrasse von Persepolis schuf er großartige Beispiele vorderasiatischer Baukunst (Abb. oben). Bauelemente und Bauformen wie die Säule und der Säulensaal traten neu hinzu, während die Wandverkleidung mit Steinreliefs oder mit Reliefs aus farbigen, glasierten Ziegeln auf Vorbilder in Ninive und Babylon verweisen.

Die erwähnte Rechtfertigungsinschrift an der Felswand bei Bisutun am damaligen und heutigen Hauptverbindungsweg zwischen dem Norden Babyloniens und Hamadan hat eine besondere Bedeutung erlangt, weil der Text in den drei Sprachen Elamisch, Babylonisch und Alt-Persisch verfaßt ist. Die letztere ist in der neu geschaffenen persischen Keilschrift geschrieben. Diese Trilingue bildete eine Grundlage für die Entzifferung der Keilschrift im frühen 19. Jahrhundert.

Bei der Einführung einer gemeinsamen Amtssprache konnte sich Darius auf die Tatsache stützen, daß aramäische Dialekte sowieso schon in größeren Teilen seines Reiches gesprochen und geschrieben wurden. Aus einer Vereinheitlichung entstand das von uns so genannte *Reichsaramäische*, in dem Urkunden verfaßt sind, die in einem großen Umkreis gefunden wurden, der von Ägypten bis nach Indien reicht.

Trotz der allgemeinen Ruhe hat Babylon immer wieder versucht, die Unabhängigkeit zurückzuerlangen. In den Jahren 522 und 521 nahmen zwei Usurpatoren, Nebukadnezar III. und IV., die Wirren nach dem Tod des Kambyses II. zum Anlaß, eine unabhängige Herrschaft zu begründen, wurden aber schon kurz darauf durch Darius entfernt.

Zu einem ernsthaften Aufstand kam es 479 in Babylonien. Er wurde von Xerxes (485–465) blutig beendet und führte nach dem Bericht Herodots zur Zerstörung der Tempel des Zeus/Marduk, womit wohl der Tempelkomplex Esagila in Babylon gemeint ist; dem Bericht zufolge hat Xerxes auch die Götterstatue aus Gold eingeschmolzen und das Grab des Belus zerstört, wie Herodot die Ziqqurrat Etemenanki nennt. Die Zerstörung unter Xerxes bedeutete aber nicht das Ende des Mardukkultes, der nach Keilschrifturkunden bis zum Ende der achämenidischen Zeit fortbestand.

Zweimal noch rückten Orte in Mesopotamien ins Rampenlicht: Literarischer Ruhm verbindet sich mit der Schlacht von Kunaxa, das in der Nähe des heutigen Bagdad vermutet wird. Bei der kriegerischen Austragung familieninterner Streitigkeiten

Glasiertes Ziegelrelief eines Kriegers der persischen Garde, aus dem Palast des Darius in Susa. Thronrelief des Darius aus dem Schatzhaus in Persepolis

zwischen Artaxerxes II. (404–359) und seinem Bruder Kyros, dem Satrapen von Sardes, befand sich ein großes Kontingent griechischer Söldner in Kyros' Heer. Nach verlorener Schlacht bei Kunaxa führte einer der Generäle mit dem Namen Xenophon die Griechen an die Küste des Schwarzen Meeres zurück und schilderte diesen Zug in seiner »Anabasis«.

Der zweite, ebenfalls nicht genau lokalisierte Ort ist Gaugamela, östlich von Mosul, wo Alexander der Große am 1. Oktober 331 die entscheidende Schlacht gegen Darius III. und sein persisches Heer gewann. Damit war der letzte ernsthafte Widerstand gebrochen, der Alexander daran hinderte, sich als legitimer Erbe des gesamten vormals achämenidischen Reiches zu betrachten.

Darius war nach Osten geflohen, in der Hoffnung, daß ihn der Satrap Bessos von Baktrien aufnehmen und beschützen würde. Dort angelangt, wurde er jedoch ermordet, wohl in dem Kalkül, daß dies die Beziehung zu dem herannahenden Eroberer erleichtern würde.

Damit ging die Periode der achämenidischen Herrschaft zu Ende, während der sich ein riesiges Territorium zu einer Einheit zusammengeschlossen hatte. Erfahrungen aus älterer Zeit waren

Die Felswand von Bisutun mit dem Relief des Darius und den darunter auf den geglätteten Flächen angebrachten Inschriften

genutzt worden, um dessen Regierbarkeit sicherzustellen. Eine gemeinsame Amtssprache und -schrift, ein einheitliches Geldwesen und ein weitreichendes Straßennetz mit Wegstationen wurden zum unabdingbaren Instrumentarium auch der folgenden Reiche. Eine Teildezentralisierung mit größerer Selbständigkeit der Satrapien, die als Reaktion auf die zu strikte Zentralisierung der Assyrer zu sehen ist, hatte jedoch nicht den gewünschten Erfolg; zu groß war der Ehrgeiz der verschiedenen Familienmitglieder. Am Ende waren die Dimensionen doch zu groß, als daß sich die Probleme hätten lösen lassen.

Nach der Zerstörung der politischen beziehungsweise militärischen Macht Assurs spielte dieser Teil Mesopotamiens für lange Zeit keine überregionale Rolle mehr. In Babylonien hingegen nahm das normale Leben unbeeinträchtigt seinen Gang, nur die politischen Hauptfiguren wechselten. Babylon war zwar nicht mehr das politische Zentrum, blieb aber, insbesondere im Vergleich zur nun iranischen Hauptregion, eindeutig die kulturelle und wirtschaftliche Metropole des gesamten Vorderen Orients.

Alexander und die Seleukiden in Babylonien
(335–141 v. Chr.)

Nach Alexander von Makedoniens entscheidendem Sieg von Gaugamela 331 wandte er sich Babylon zu, wo er mehreren Berichten zufolge von Beamten, Priestern und der Bevölkerung schon außerhalb der Stadt begrüßt wurde. Keilschriftliche Quellen bezeichnen ihn als »König aller Länder«, der Titel der achämenidischen Großkönige. Er ordnete den Wiederaufbau des Marduk-Tempels an, den Xerxes zerstört hatte, und setzte eine neue Verwaltung ein. Unter Hinterlassung einer makedonischen Garnison marschierte Alexander weiter nach Susa und Persepolis, wo er am 1. Februar 330 v. Chr. eintraf. Erst nach dem Brand von Persepolis – es ist noch immer unklar, ob es sich um eine gezielte Zerstörung oder einen Unfall handelte – wandte er sich der Eroberung der östlichen Gebiete zu.

Auf seinem weiteren Zug bis in das Indusgebiet wurde Alexander verschiedenen Quellen zufolge in seinem Habitus immer orientalischer. Er fand offenbar nicht nur an der ihm begegnenden Lebensweise Gefallen, sondern auch an der Art, wie die Herrscher sich aufführten und behandelt wurden. Er sah sich zum Beispiel so sehr als legitimer Nachfolger der persischen Könige, daß er den Mord an Darius rächte und den Königsmörder Bessos hinrichten ließ. Der von Xenophon als widerlich beschriebene Fußfall vor dem achämenidischen Herrscher als Zeichen der Unterwürfigkeit wurde nun auch von Alexander gefordert; er konnte diesen Gestus jedoch nicht durchsetzen. Dem Bestreben, orientalische Lebensformen zu adaptieren, diente auch die Massenhochzeit von Susa, bei der 90 makedonische Offiziere Alexanders mit persischen Frauen verheiratet wurden, um so die Vereinigung der beiden Kulturen zu versinnbildlichen.

Zwar ist unklar, welche Bedeutung Alexander Babylon beziehungsweise Babylonien in seinem Reich zugedacht hat. Daß er, statt dem fliehenden Darius nachzusetzen, im Anschluß

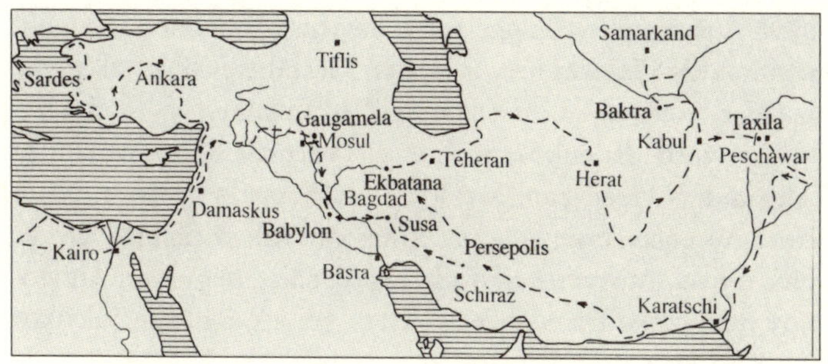

Der Eroberungszug Alexanders des Großen

an den Sieg bei Gaugamela unverzüglich nach Babylon marschierte, läßt erkennen, wie wichtig ihm diese Stadt war. Als er seine Kriegszüge in den Osten beendet hatte, kehrte Alexander 323 nach Babylon zurück. Er richtete sich im westlichsten Teil des Hauptpalastes von Nebukadnezar ein, der wie eine Bastion in den Tigris vorragt. Für die folgende Zeit wird von einer Erkundungsfahrt den Euphrat abwärts berichtet sowie von der Planung der Eroberung der Arabischen Halbinsel. Dazu sollte es aber nicht mehr kommen: Alexander starb am 10. Juni 323 v. Chr. im Palast von Babylon.

Ohne Frage war mit dem Alexander-Zug, mit der Gründung zahlreicher Städte, in denen jeweils Griechen zurückgelassen wurden, die Basis für jene umfassende Veränderung gelegt, die wir als Hellenisierung bezeichnen. Doch ist diese Änderung weder von heute auf morgen erfolgt, noch vollzog sie sich gleichzeitig oder gleich tiefgreifend in den verschiedenen betroffenen Regionen. Zunächst hat sie sowieso nur einen kleinen Teil der einheimischen Oberschicht erfaßt.

Als Alexander starb, war sein Sohn noch nicht geboren. Da eine direkte dynastische Nachfolge demnach nicht möglich war, wurde Alexanders Halbbruder Arrhidäus unter dem Thronnamen Philipp zum König gewählt. Um die eigentliche Macht stritten sich jedoch die Generäle, die *Diadochen*, die zuvor hohe Ämter im Heer Alexanders innegehabt hatten. Aus ihren Auseinandersetzungen ging zunächst Antigonos Monophthalmos als Stärkster hervor, dessen Machtbereich vor allem die östlichen Teile des ehemaligen Reiches umfaßte.

321 wurde Seleukos, auch er ein vormals hoher Militär in Alexanders Heer, zum Satrapen von Babylon ernannt. Nach einer Auseinandersetzung mit Antigonos sah er sich jedoch zur Flucht nach Ägypten veranlaßt. Erst der Sieg der gegen Antigonos vereinigten Diadochen bei Gaza 312 ermöglichte Seleukos die Rückkehr nach Babylon. In verschiedenen Kriegen konnte Seleukos Syrien und Kleinasien seinem Einflußbereich einverleiben – was für Babylonien fatale Folgen hatte. Denn die damit einhergehende Verlagerung des politischen Gewichts nach Westen führte im Jahre 300 zur Gründung der neuen Residenz Antiochia am Orontes, an der Stelle des heutigen Antakya. Kurz zuvor hatte Seleukos die Stadt Seleukia am rechten Tigrisufer ungefähr 35 Kilometer südlich des heutigen Bagdad gegründet, und das in der ausdrücklichen Absicht, Bevölkerung und Handel von Babylon abzuziehen. Babylon blieb ungeachtet dessen eine bedeutende Stadt und geriet selbst unter hellenistischen Einfluß, wie zum Beispiel die Anlage eines griechischen Theaters bezeugt.

Der Nachfolger Alexanders, Philipp Arrhidäus, führte in Babylon erstmals eine Zeitrechnung ein – eine weitere Premiere –, die die Jahre von einem bestimmten Stiftungstag an zählt und für ewige Verwendung gedacht ist. Vorher war die Datierung nach dem Regierungsjahr des jeweiligen Herrschers üblich gewesen. Der bereits damals anerkannten historischen Bedeutung Alexanders folgend wurde als Stiftungstag dieser ersten Ära der Todestag Alexanders am 10. Juni 323 festgesetzt. Gleichfalls eine Premiere ist allerdings, daß aus politischen wie aus persönlichen Gründen diese Ära kurz nach ihrer Begründung schon wieder durch eine neue ersetzt wurde. Seleukos I. – nun mit dem Beinamen Nikator, »der Sieger« – bestimmt für diese neue Ära als Stiftungstag den Tag seiner Rückkehr aus Ägypten, den 1. Oktober 312. Diese Zeitrechnung hatte lange

Bestand und wurde im jüdischen Schrifttum noch bis ins elfte nachchristliche Jahrhundert angewandt, bis sie schließlich von der Zählung ab der Erschaffung der Welt abgelöst wurde, datiert auf den 7. Oktober 3761 v. Chr.

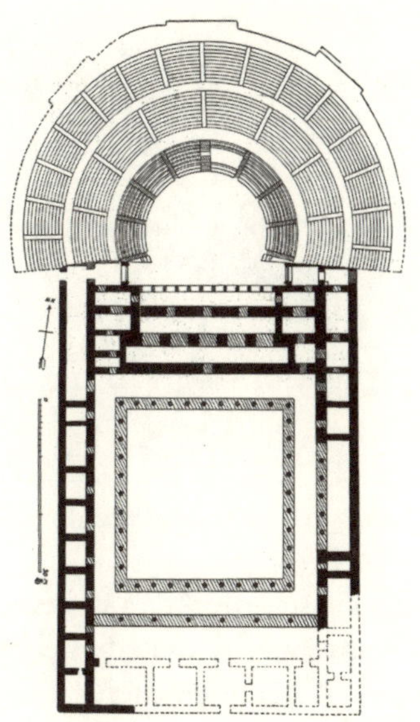
Grundriß des griechischen Theaters in Babylon

Im Jahre 293 setzte Seleukos seinen Sohn Antiochos als Mitregenten ein. Antiochos, der sich den Beinamen Soter, »der Retter«, zulegte, hatte seinen Amtssitz zunächst in Seleukia am Tigris. Nach dem Tod seines Vaters 281 regierte er bis 261 von Antiochia aus. In diese Zeit fällt die Abfassung eines großen, in griechischer Sprache geschriebenen Geschichtswerkes. Sein Autor Berossos war ein babylonischer Marduk-Priester, der gemeinsam mit Seleukos vor Antigonos nach Westen geflohen war. Seine griechischen Sprachkenntnisse hatte er auf der Insel Kos erworben, wo er einige Jahre gelebt hatte. Berossos' dreibändige »Babyloniaka« ist eine zusammenfassende Darstellung der babylonischen Geschichte von der Urzeit bis zu Alexander dem Großen. Sie wurde vermutlich für Antiochos I. Soter geschrieben, um ihn mit der Geschichte des Landes bekannt zu machen, vor allem aber um ihm Gelegenheit zu geben, sich mit ihr zu identifizieren und sich als legitimer Nachfolger der babylonischen Herrscher zu betrachten.

In dieser Zeit wurden immer wieder Kriege mit den ägyptischen Ptolemäern um die Grenze in Syrien geführt. Später gab es verschiedene und letztlich vergebliche Bemühungen, die Besitzungen im Osten des Reiches zu halten. Von alledem

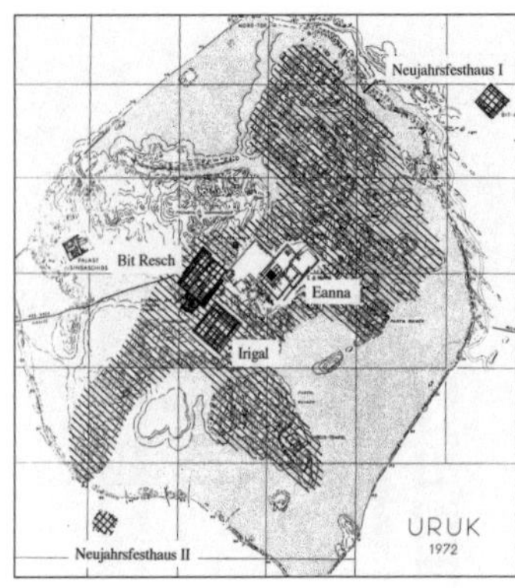

Uruk in der Zeit der Seleukiden

blieb Babylonien unberührt. Um so interessanter ist es, die innere Entwicklung Babyloniens zu verfolgen, wie sie durch eine Vielzahl von Keilschrifttexten belegt ist. Auf der einen Seite wird schon an der Gründung von Seleukia deutlich, daß die Hellenisierung vorangetrieben wurde. Auf der anderen Seite beobachten wir eine beispiellose Wiederbelebung babylonischer Kultur. Das bezeugen nicht nur Nachrichten über die unverändert weiterbestehenden babylonischen Götterkulte sowie Abschriften älterer kultischer Texte, sondern vor allem Neubauten in bester babylonischer Bautradition.

Auf der großen Terrasse im westlichen Zentrum der alten Stadt Uruk, in der vor 3000 v. Chr. der *Weiße Tempel* verschwunden war, waren immer wieder Bauten errichtet worden, deren Existenz aber nur durch Inschriften erschlossen werden kann. Der Grund liegt in der massiven Überdeckung durch einen *Bit Resch* – »Haupthaus/-tempel« – genannten Baukomplex, der im Jahre 244 v. Chr. von einem örtlichen Statthalter namens Anu-uballit Nikarchos eingeweiht wurde. Im Jahre 202 v. Chr. wurde der Bau durch Anu-uballit Kephalon erweitert, 139 v. Chr. finden wir das Bit Resch zum letzten Mal erwähnt. Beide Bauherren trugen babylonische Namen, hatten sich aber einen griechischen Beinamen zugelegt.

Der Komplex folgt im Grundriß in jeder Einzelheit dem altorientalischen Schema und könnte ebensogut 250 Jahre früher entstanden sein. Er war der Verehrung des babylonischen Himmelsgottes Anu und seiner Gemahlin Antum gewidmet. Aus dem südöstlichen Teil, der durch alte Raubgrabungen aus dem Ende des 19. nachchristlichen Jahrhunderts stark zerstört ist, stammen zahlreiche Tontafeln mit Hymnen, Gebeten, Klageliedern und Ritualtexten in sumerischer Sprache mit einer babylonischen Interlinearübersetzung. Sie stellen Abschriften älterer Texte dar, die in seleukidischer Zeit kopiert worden waren. Nur durch diese Tafeln besitzen wir Kenntnis von zahlreichen, sehr alten sumerischen Kulttexten. Die Texte gehörten vermutlich zu einer umfangreichen Tempelbibliothek, in der sie wahrscheinlich nicht nur aufbewahrt, sondern auch geschrieben wurden. Die dort angesiedelte Kopistenschule hatte die Aufgabe, Texte für den täglichen Kultgebrauch zur Verfügung zu stellen, war jedoch sicher auch Teil eines Vorhabens, in gleicher Weise wie in der Zeit des Assurbanipal das ältere Schrifttum zu sammeln und durch Abschreiben vor dem Verlust zu bewahren. Vereinzelte Textfunde im Irigal, einem weiteren südlich benachbarten, aber im Gegensatz zum *Bit Resch* kaum erforschten Tempelkomplex aus der Zeit um 200, deuten auf einen ähnlichen Kontext. Die Vorstellung einer Bewahrung älterer Texte herrschte aber nicht nur im Bezirk der Tempel, denn ein gleichartiges Archiv fand sich auch im Hause eines Beschwörungspriesters, und in geringerer Zahl kamen Textkopien selbst in einigen Privathäusern zum Vorschein.

Das babylonische Gepräge der seleukidischen Stadt Uruk läßt sich auch an zahlreichen anderen Stellen erkennen. So ist das babylonische Hauptheiligtum, die Eanna-Ziqqurrat, ausgebessert worden, und außerhalb der Stadtmauer wurde auf vorher ungenutzter Fläche ein großes Neujahrsfesthaus errichtet, das für die Feierlichkeiten zum babylonischen Neujahr benötigt wurde.

Eine Betonung der babylonischen Traditionen ist auch für andere Städte Babyloniens anzunehmen, aber außer für Babylon kaum nachgewiesen. Aus Babylon selbst kennen wir Abschriften älterer Literatur, wie sie uns in Uruk begegnet sind, und zahlreiche in babylonischer Keilschrift verfaßte Geschäftsurkunden zeugen von einer starken babylonischen Komponente. Andererseits sticht ein hellenistischer, zum Teil sogar griechischer Einfluß nicht nur an dem erwähnten griechischen Theater ins Auge, sondern auch an den Funden schwarzfiguriger attischer Keramik sowie an gestempelten Amphorenhenkeln, die beweisen, daß rhodischer Wein bis nach Babylon gelangt war. Es war also keineswegs alles Leben zugunsten Seleukias aus Babylon abgezogen worden. Das änderte sich jedoch, als 275 – also noch unter Antiochos I. Soter – ein Teil der Einwohner nach Seleukia zwangsumgesiedelt wurde.

Als gewollt hellenistische Stadt war Seleukia von der Wiederbelebung babylonischer Kultur nicht betroffen. Ihr rechtwinkliges Rastersystem spricht eindeutig für die griechische Herkunft der Stadt. Innerhalb kürzester Zeit war sie zu einer Handelsmetropole mit 600 000 Einwohnern angewachsen.

Gegen Ende der Regierungszeit Antiochos' III. (223–187) wurde aus unbekannten Gründen vom Süden der Satrapie Babylonien eine weitere Satrapie am *Roten Meer* abgespalten – *Rotes Meer* war damals die Bezeichnung für das Arabische Meer und die beiden Golfe, die wir heute als *Persischen Golf* und *Rotes Meer* unterscheiden. Das Gebiet dieser neuen Satrapie entsprach in etwa dem Gebiet des Königtums der Charakene der folgenden parthischen Zeit. Unklar ist, ob Uruk damals schon dazugehörte.

In der ersten Hälfte des zweiten Jahrhunderts v. Chr. begann sich der parthische Staat als neues Machtgebilde nach Westen auszudehnen. Mithridates I. (171–139 v. Chr.) wurde 141 in Seleukia zum König gekrönt. 139 konnte der Seleukide Antiochos VII. Sidetes Babylonien noch einmal für kurze Zeit zurückerobern. Als er 129 bei Kämpfen in Medien fiel, wurde die seleukidische Herrschaft endgültig aus den ehemaligen östlichen Besitzungen vertrieben und auf das syrisch-ostanatolische Gebiet zurückgedrängt.

Die Weltreiche der Parther und Sasaniden

(141 v. Chr.–642 n. Chr.)

Seitdem der Partherkönig Phraates II. (138–128 v. Chr.) im Jahre 129 die zehn Jahre zuvor an den Seleukiden Antiochos VII. Sidetes verlorene Hoheit über Babylonien zurückgewonnen hatte, blieb der linkstigridische Vorort von Seleukia, Ktesiphon, bis zum Ende des sasanidischen Reiches die Hauptstadt. Bevor Phraates zu einem längeren Feldzug in den Osten aufbrach, bestellte er Himeros aus Hyrkanien (Landschaft südöstlich des Kaspischen Meeres) zum Vizekönig in Babylon. Himeros bestrafte die babylonischen Städte wegen ihrer Haltung bei der seleukidischen Rückeroberung, und vermutlich ist der Brand der großen seleukidischen Heiligtümer in Uruk Teil der Strafaktionen gewesen.

Die unklaren Machtverhältnisse gegen Ende des kurzen seleukidischen Zwischenspiels schufen ein günstiges Klima für Absetzbewegungen am Rande des parthischen Herrschaftsbereichs. Auf dem Gebiet der kurz zuvor von den Seleukiden eingerichteten Satrapie *am Roten Meer* bildete sich im Süden Babyloniens ein Kleinstaat mit der Hauptstadt Charax heraus, die in der Nähe des heutigen Khorramshahr am Schatt el-Arab gesucht wird. Dort begann 130 v. Chr. ein gewisser Hyspaosines eigene Münzen zu prägen und seinen Einflußbereich nach Norden auszudehnen. Funde solcher Münzen in Uruk und in Tello, dem vor allem aus dem dritten Jahrtausend bekannten alten Girsu lassen vermuten, daß diese Städte zeitweilig die Nordgrenze markierten. Doch hatte Hyspaosines weitreichendere Ziele, denn 127 v. Chr. treffen wir ihn als König von Babylon wieder. Er wurde jedoch bald von Artabanos II. (128–124 v. Chr.) vertrieben. Zwar starb er 124 v. Chr., aber die Münzprägung wurde bis 121 v. Chr. fortgesetzt, was darauf hindeutet, daß sich sein Herrschaftsbereich eine gewisse Bedeutung über den Tod seines Gründers hinaus bewahren konnte.

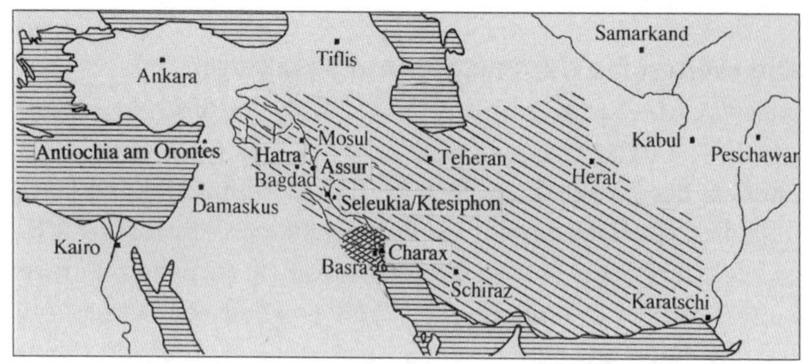

Ausdehnung des Parthischen Reiches

Mithridates II. (123–88 v. Chr.) unternahm weitreichende Eroberungs- und Sicherungszüge sowohl in das Gebiet des seleukidischen Reststaates im Nordwesten als auch nach Osten. Da Mesopotamien als militärisch gesichert galt, ist über dieses Gebiet kaum etwas zu hören. Ein Hort von Münzen, die in Ninive geprägt und dort auch gefunden wurden, zeigt, daß die alte assyrische Hauptstadt zu dieser Zeit bereits wieder eine gewisse Bedeutung besaß.

Seleukia hatte als Welt- und Handelsstadt das Erbe Babylons übernommen. Seine Bedeutung nahm in diesen Jahren noch zu, nachdem beim Besuch einer Gesandtschaft aus dem China der Han-Dynastie im Jahre 115 v. Chr. die Öffnung des Handelsweges vereinbart worden war, der China mit dem Mittelmeer verband. Seleukia am Tigris lag nicht weit vom Ausgang einer der wenigen Paßstraßen entfernt, auf denen man die Ketten des Zagros-Gebirges durchqueren konnte. Diese Wegstrecke, die später auch einen Zweig der *Seidenstraße* bildete, entspricht der heutigen Straßenverbindung von Teheran nach Bagdad über Hamadan und Kermanschah.

Im übrigen Babylonien verkamen dagegen die Bewässerungsanlagen, die Bevölkerung verarmte zusehends. In Uruk wird dies daran sichtbar, daß die Behausungen aus notdürftig in die seleukidischen Ruinen hineingebauten Hütten bestehen. Die Bedeutungslosigkeit der Region ist auch daran abzulesen, daß aus dem gesamten babylonischen Gebiet mit wenigen Ausnahmen Münzfunde erst wieder für die Mitte des ersten Jahrhunderts n. Chr. bekannt sind. Umfangreiche Funde von Münzen aus der Zeit des Gotarzes II. (38–51 n. Chr.) bezeugen, daß sich die Besiedlung bald in ganz Babylonien erholte.

Obwohl wir aus den dazwischenliegenden knapp 130 Jahren kaum Nachrichten haben, müssen in dieser Zeit Veränderungen erheblichen Ausmaßes vor sich gegangen sein. Als nach den vierziger Jahren des ersten Jahrhunderts die Bau- und Siedlungstätigkeit wieder einsetzt, finden wir umfangreiche hellenistische Einflüsse auch außerhalb der griechischen Städte.

Mithridates I. hatte durch die Annahme des Titels Philhelle, »Griechenfreund«, einen programmatischen Akzent mit großen Auswirkungen auch für seine Nachfolger gesetzt. Während hellenistische Einflüsse in der seleukidischen Zeit nur eine kleine Schicht von Nicht-Griechen erreicht hatten, die direkte Beziehungen mit den neugegründeten hellenistischen Städten unterhielten, erfolgte eine umfassendere Hellenisierung erst in der parthischen Zeit. Das wird deutlich an Architekturformen und -schmuck, an den häufigen Terrakottafiguren und daran, daß die altorientalischen Kulte zum größten Teil aufgegeben wurden. In Babylon ist der Mardukkult im Haupttempelbereich von Esagila nach dem ersten Jahrhundert v. Chr. nicht mehr nachweisbar, in Nippur wurde der zentrale Tempelbereich im ersten Jahrhundert n. Chr. zu einer Befestigungsanlage umgebaut, und in die Spitze der Ruine der Ziqqurrat in Uruk, der höchsten Stelle im Stadtgebiet, haben parthische Soldaten einen kleinen Raum hineingehauen, um den Turm als Ausguck zu benutzen.

Die Stadt Uruk ist von der Mitte des ersten nachchristlichen Jahrhunderts an so ausgedehnt besiedelt wie schon lange nicht mehr: Fast die ganze Fläche innerhalb der alten verstärkten Stadtmauer weist Reste aus dieser Zeit auf. Die zum Teil großen Wohnhäuser haben nach altorientalischer Weise einen zentralen Hof als Mittelpunkt. Manche besitzen auch eine Halle, die sich in voller Breite auf den Hof öffnet. Dieser Liwan genannte Bauteil, später meist überwölbt, ist in der parthischen Zeit zum ersten Mal nachweisbar, hat dann allerdings sofort weite Verbreitung gefunden. Er wird zu einer der charakteristischsten Bauformen der sasanidischen und vor allem der islamischen Baukunst. Die Häuser waren mit reichem Architekturschmuck in Stuck und Lehmputz ausgestattet, der hellenistische Muster erkennen läßt.

Im Süden der Stadt wurde eine ausgedehnte Befestigungsanlage errichtet, in der sich ein kleiner Tempel erhalten hat. Einer griechischen Inschrift zufolge war er dem sonst unbekannten Gott Gareus geweiht, der aber mit Sicherheit nicht aus der Region stammte. Dennoch fallen an diesem Tempel altorientalische Elemente auf, so wurde in seinem inneren Langraum durch zwei kurze Mauereinzüge eine Cella abgeteilt, an deren Rückwand, wie im altorientalischen Tempel, eine Nische für ein Kultbild angedeutet ist. Die Außenfassade dagegen ist in hellenistischer Manier mit Pilastern und Rundbögen gestaltet. Der Bau lag an einer Säulenstraße, einer ebenfalls hellenistischen Bauform.

Im Unterschied zur älteren Zeit überzieht nun eine große Zahl ländlicher Siedlungen das Land. Das ist besonders für den Süden Babyloniens ungewöhnlich, da seit den Zeiten der aramäischen und chaldäischen Stämme kaum feste Siedlungen außerhalb der größeren Städte zu finden waren. Die Neubesiedlung von Stadt und Land ist in so kurzer Zeit erfolgt, daß es dafür einen Grund geben muß. Vermutlich hängt dies zusammen mit einer neuen Rolle des Euphrat, begleitet von einer massiven Wiederherstellung oder sogar Neugestaltung der Bewässerungsanlagen, von der wir allerdings keine weiteren Nachrichten haben.

Der Euphrat hatte sich zu einem Teil einer internationalen Handelsroute entwickelt, die Indien mit dem Römischen Reich verband. Waren aus Indien wurden in Charax gelöscht und auf Flußschiffe umgeladen, die den Euphrat hinaufgezogen wurden. Bei Dura Europos am syrischen Euphrat, einer Ende des dritten

Jahrhunderts v. Chr. von den Makedonen gegründeten Befestigung, wurden die Waren vor allem von der Handelsoase Palmyra übernommen und von dort bis ans Mittelmeer gebracht. Der Handel wurde hauptsächlich von palmyrenischen und griechischen Kaufleuten betrieben, die in Charax Handelsstationen unterhielten. Ein in Uruk gefundener Grabstein eines im Jahre 111 n. Chr. dort verstorbenen griechischen Kaufmanns dürfte Beleg für diese Tatsache sein. Um die nötige Wassertiefe zu gewährleisten, mußten die stets nach den jährlichen Hochfluten gefährdeten Uferdämme des Euphrat gesichert werden. Ihre Sicherung war gleichzeitig auch die Voraussetzung für ein problemloses Funktionieren der Bewässerungssysteme, die zum größten Teil vom Wasser des Euphrat gespeist wurden. Zweifellos geht auf die damit erzielten landwirtschaftlichen Erträge die Charakterisierung Babyloniens als »ager totius orientis fertilissimus«, »das fruchtbarste Land des ganzen Orients«, in der *naturalis historia* von Plinius dem Älteren aus dem ersten Jahrhundert n. Chr. zurück.

Die andauernden Kämpfe der parthischen Herrscher gegen aufständische Gruppen in den östlichen Provinzen oder die Auseinandersetzungen mit dem Römischen Reich über die Frage, ob der syrische Euphrat als Grenze zwischen dem parthischen und dem römischen Einflußbereich gelten soll, haben sich auf Babylonien kaum ausgewirkt. Eine Ausnahme bildet der Feldzug Trajans in den Jahren 114 bis 117 n. Chr. Trajan hatte zunächst die Absicht, die strittige Frage des Besitzes von Armenien zu klären, marschierte dann aber den Euphrat abwärts, nahm 116 Ktesiphon ein und machte Babylonien zur römischen Provinz *Assyria.* Diesen militärischen Erfolg lohnte ihm der römische Senat mit der Verleihung des Titels *Parthicus.* Zum Zeichen der Unterwerfung des ganzen Gebietes steckte Trajan sein Schwert in das *untere Meer*, das heißt in den Persischen Golf. Ausgespart blieb jedoch der parthische Vasallenstaat mit der Hauptstadt Charax, dem Endpunkt des für die Römer wichtigen Handelsweges, der über Palmyra führte. Die

Sicherung dieser Handelsstraße ist zweifellos einer der wichtigsten Gründe für den Zug nach Babylonien gewesen.

Widerstände im nordmesopotamischen Gebiet, insbesondere eine vergebliche Belagerung von Hatra, veranlaßten Trajan, sich im Jahre 117 nach Syrien zurückzuziehen. Der Kaiser verstarb zu einem Zeitpunkt, als er einen neuen Zug nach Babylonien plante. Sein Nachfolger Hadrian ließ von solchen Plänen ab und erkannte offenbar den syrischen Euphrat wieder als Grenze an, was in einem Treffen im Jahre 123 zwischen Hadrian und dem parthischen Herrscher Osroes besiegelt wurde.

Aus dieser Zeit erfahren wir kaum etwas über Nordmesopotamien, abgesehen von wenigen Streiflichtern, wie dem bereits erwähnten Münzfund von Ninive, der erkennen läßt, daß dieser Ort als Münzprägestätte eine gewisse Bedeutung besaß. Umfangreiche Anlagen der parthischen Zeit in der früheren Hauptstadt Assur und der westlich davon in der Steppe gelegenen Stadt Hatra zeigen zudem, daß Nordmesopotamien dichter besiedelt war, als es die Nachrichtenlage vermuten läßt. Auch hier setzte die Wiederbelebung allerdings, ähnlich wie im Süden, erst im ersten Jahrhundert n. Chr. ein. Assur ist als lokaler Verwaltungssitz ausgewiesen, so daß der dortige Wiederaufschwung sicher auch die Umgebung einbezog. Im Unterschied zum Süden, wo die alten Kulte zurückgedrängt worden waren, wird der Kult des Gottes Assur in der gleichnamigen Stadt an derselben Stelle weitergeführt, nur daß der Tempel jetzt als Liwanbau die neue Architekturform widerspiegelte.

Über der geschleiften Stadtmauer von Assur und nahe der Stelle, an der sie einstmals den Tigris erreicht hatte, wurde ein ausgedehnter Palast errichtet, der zahlreiche neue Bauformen aufweist. Liwan-Hallen öffnen sich auf allen vier Seiten eines größeren Innenhofes. Die Hoffassaden sind nach hellenistischem Vorbild als dreifache Ordnung übereinander gestellter Säulen und Säulchen gestaltet – eine solche Stuckfassade war bei der Zerstörung vollständig vornüber in den Hof gekippt und konnte so geborgen werden; sie ist heute im Berliner

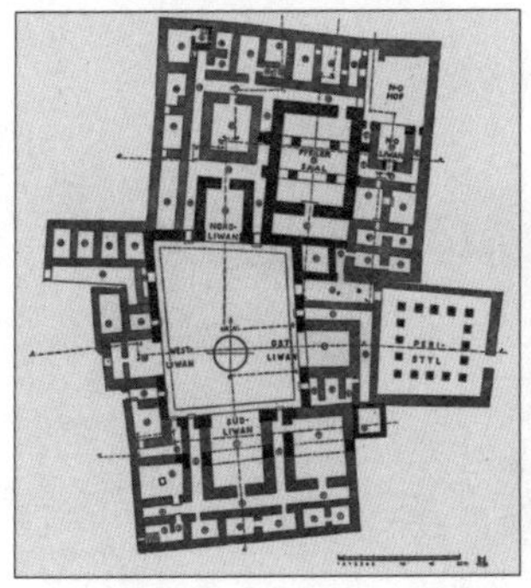

Plan des parthischen Palastes in Assur und Fassade des Haupthofes

Vorderasiatischen Museum zu sehen.

Ein ebenso eindeutig hellenistisches Element stellt ein großer Peristylhof mit Säulenumgang dar, während für eine weitere Bauform keine Parallelen bekannt sind: Ein fast quadratischer, freistehender Kubus von zehn mal elf Metern mit einem einzigen Zugang ist so in ein größeres Quadrat eingefügt, daß dazwischen ein Gang von nur zwei Metern Breite entsteht. Die Zugänge zu diesem Gang sind ebenfalls eingeschränkt. Raum und Umgang dürften einem besonderen Zweck, vielleicht einem Ritual, gedient haben.

Auch die Wohnhäuser dieser Zeit weisen eine Mischung von altorientalischem Erbe (Anlage um einen zentralen Hof), hellenistischen Einflüssen (vor allem in der Bauornamentik) und parthischen Innovationen (Liwan) auf.

Die gegenseitige Durchdringung dieser Elemente wird genauso in der Stadt Hatra erkennbar, 60 Kilometer westlich von Assur in der Steppe gelegen. Eine aramäische Ansiedlung des ersten vorchristlichen Jahrhunderts wurde in der Mitte des zweiten Jahrhunderts n. Chr. zur befestigten Rundstadt von zwei Kilometern Durchmesser ausgebaut. Von 166 an war sie Hauptstadt eines Reiches, dessen Herrscher sich »König der Araber« nannten; unter dem Namen Araber waren die Bewohner der Steppe zwischen mittlerem Euphrat und Tigris den Assyrern

Komplex aus aneinandergebauten Liwanen im Zentralbereich von Hatra

bereits seit dem neunten vorchristlichen Jahrhundert bekannt. Das Zentrum Hatras bildete ein von einer eigenen Mauer umgebener Tempelkomplex, der der Verehrung des Sonnengottes diente. Die aus Steinquadern errichteten Gewölbe der vier in einer Reihe aneinandergebauten Liwane sind zum Teil noch erhalten. Die Ruine hinterläßt einen monumentalen Eindruck.

Bemerkenswert ist vor allem die reiche plastische Kunst, die in den meisten Fällen mit der Architektur in fester Verbindung steht. An den Fassaden und im Inneren der Hallen finden sich menschliche Masken in Vorderansicht, als Relief aus den Bossen einiger Steine herausgearbeitet. Zahlreiche, an die Quader in unterschiedlicher Höhe angearbeitete Konsolen deuten darauf hin, daß auf ihnen einst Statuen standen. Solche Statuen sind denn auch in großer Zahl gefunden worden. Einige haben mit Sicherheit als Fassadenschmuck gedient, andere mögen in den Hallen aufgestellt gewesen sein. Die Statuen sind ihrerseits Zeugnisse der Vermischung hellenistischer und lokaler Elemente. Ihre Kleidung gibt die damals vorherrschende Mode bauschiger Gewänder und langer Hosen wieder, während sich die Ausführung der Falten und Überschneidungen an hellenistischen Vorbildern ausrichtet. Dargestellt sind Männer und Frauen aus der lokalen Hierarchie, aber auch hellenistische Heroen wie Herakles. Die zahlreichen Inschriften sind in einem aramäischen

Dialekt verfaßt, der auch in den Namen der Fürsten zu identifizieren ist. Denselben Dialekt dürfte auch der größte Teil der Bevölkerung gesprochen haben. Eine Reihe arabischer Namen weist allerdings darauf hin, daß hier Angehörige der letzten Welle semitischer Gruppen Fuß gefaßt hatten, die in Abständen Mesopotamien von der Arabischen Halbinsel her erreichten.

Statue eines Königs aus Hatra

An die Rückseite eines der Liwane finden wir einen Trakt angebaut, der dem rätselhaften Bauteil des Palastes in Assur gleicht: auch hier ein Kubus von 16 mal 16 Metern in einem Umgang von dreieinhalb Meter Breite. Da er aus Stein gebaut ist, sind hier die Wände bis 14 Meter hoch erhalten, so daß der Eindruck der Enge noch verstärkt wird. Und wiederum ist ein Zusammenhang mit einem Ritual zu vermuten. In einem römischen Podiumstempel mit Säulenumgang im äußeren Tempelbereich manifestiert sich der Hellenismus an diesem ansonsten durch Stilmischung charakterisierten Ort in reiner Form.

Nach einer Ruhepause in den Auseinandersetzungen mit den Römern nutzte Vologaeses IV. (148–192 n. Chr.) den Tod des römischen Kaisers Antoninus Pius im Jahre 161, um einen Krieg anzuzetteln. Von 162 an gingen die Römer zum Gegenangriff über. Im Jahre 166 n. Chr. eroberte ein Feldherr des römischen Kaisers Marc Aurel Seleukia, kurz darauf wurde der Palast in der parthischen Hauptstadt Ktesiphon zerstört. Der Ausbruch der Pest zwang das römische Heer zum Rückzug, doch markierte trotz des Wiedererstarkens der Parther von nun an nicht mehr der Euphrat, sondern der östliche Nebenfluß Habur die Grenze zum Römischen Reich. Unter den Unruhen hatte vor allem der Handel auf der Route von Palmyra über den Euphrat bis nach Charax gelitten. Da aber ein ungestörter Handel beiden Parteien nützte und sich die Römer mit Schwierigkeiten im mittleren Donaugebiet konfrontiert sahen (Markomannen-Kriege 166–180), scheinen sie eine Art Waffenstillstand geschlossen zu haben, der die nächsten beiden Jahrzehnte bestimmt.

Ab 195 wiederholte sich der Schlagabtausch anscheinend, denn ein Angriff Vologaeses' IV. auf die unter römischer Hoheit stehende syrische Stadt Nisibis provozierte einen Gegenschlag des römischen Kaisers Septimius Severus, der 198 Seleukia und Babylon einnahm und Ktesiphon erneut zerstörte. Auf seinem Rückzug belagerte das römisch Heer Hatra zweimal vergeblich.

Weiter anhaltende Auseinandersetzungen mit römischen Heeren, bei denen es zusehends weniger gelang, eigene Vasallenkontingente unter Kontrolle zu halten, schwächten neben Thronstreitigkeiten zwischen Vologaeses VI. (207–226) und seinem Bruder Artabanos IV. (208–224) die Macht der Parther in einer Weise, daß sie dem Aufstand des Vasallenfürsten von Istachr in der Persis nur noch wenig entgegenzusetzen vermochten. Ardaschir I. (224–241), ein Sohn des dortigen Herrschers Papak, begann ab 220 sein Herrschaftsgebiet auszuweiten. Sein Anspruch auf umfassende Macht wird an der Neugründung einer Stadt erkennbar: Gur, das heutige Firuzabad im Süden der Provinz Fars; eine kreisrunde Anlage mit einem Palast im Zentrum. 224 wurde Artabanos IV. in Medien geschlagen, 226 Ktesiphon erobert. Im gleichen Jahr ließ sich Ardaschir, als »König der Könige« krönen, mit dem alten Titel der Achämeniden. Zwar scheiterte 227 sein Versuch, Hatra einzunehmen, doch konnte er in den Jahren bis 230 fast das gesamte früher parthische Gebiet unter seine Herrschaft bringen.

Für Mesopotamien begann nun ein neues Kapitel. Parther wie Sasaniden – so die Selbstbezeichnung der neuen Herrscher nach einem Vorfahr namens Sasan – hatten ihre Wurzeln im iranischen Raum. Aber infolge ihrer Offenheit gegenüber dem Hellenismus lag der geopolitische Mittelpunkt der Partherherrscher eher im westlichen Teil ihres Reiches als im Iran. Obwohl gleichfalls von Ktesiphon aus regierend, hielten Ardaschir und seine Nachfahren dagegen bewußt an ihrem Schwerpunkt im Iran fest. Nachdrücklicher noch als die Parther beriefen sie sich auf das achämenidische Erbe. Als Legitimation diente ihnen die Lage ihres Ursprungsortes Istachr, der sich gleichsam im Schatten der großen Palastterrasse von Persepolis befand, die auch im zerstörten Zustand noch die Umgebung beherrschte. Nur wenige Kilometer entfernt waren in der langen Felswand des heutigen Naqsch i-Rustam die monumentalen Felsgräber der achämenidischen Großkönige untergebracht.

Aus den folgenden Jahren liegen nur wenige Nachrichten über Mesopotamien vor – wie zuvor wohl eine Folge der Tatsache, daß Mesopotamien als Besitz nie gefährdet war und daher in offiziellen oder beschreibenden Texten, in denen es meist um Feldzüge und Auseinandersetzungen ging, selten erwähnt wird. Zumindest für den Süden des Landes Babyloniens läßt sich jedoch ein rapider Niedergang nachweisen: Aus der Umgebung von Uruk kennen wir nur Münzen aus den ersten Herrschaftsjahren Ardaschirs, aber keine aus seiner späteren Amtszeit, ebensowenig hat man Münzen aus der Regierungszeit seiner Nachfolger gefunden.

Grund dafür ist der Bedeutungsverlust des unteren Euphrat als Handelsetappe, der eintrat, weil sich die Handelswege zwischen China beziehungsweise Indien und dem Mittelmeer allmählich verlagerten. Die Beeinträchtigung der Euphratroute durch die parthisch-römischen Auseinandersetzungen und der Wunsch, mit den Handelspartnern direkten Kontakt zu pflegen, hatten die Römer veranlaßt, die Nordroute über Südrußland und die Mongolei nach China und die Südroute durch das Rote Meer und um Arabien herum nach Indien zu favorisieren. Aber auch Ardaschir hatte seinen Teil beigetragen durch eine

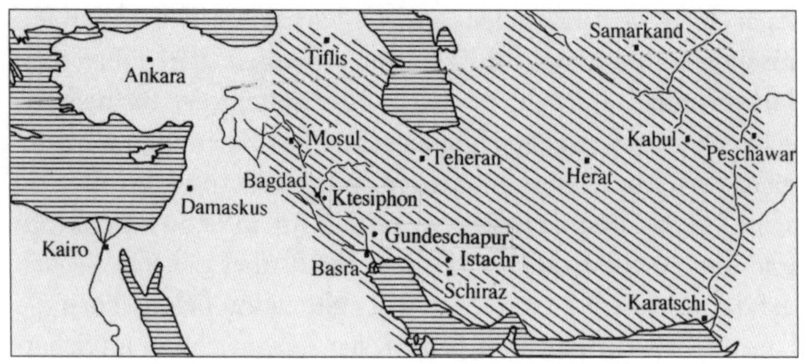

Größte Ausdehnung des sasanidischen Reiches

Entscheidung, die er bereits in den ersten Jahren seiner Herrschaft getroffen haben muß.

Um den Einfluß der römerfreundlichen Palmyrener einzudämmen und um von vermehrten Handelsabgaben profitieren zu können, verbot Ardaschir den römischen beziehungsweise palmyrenischen Schiffen den Verkehr auf dem unteren Euphrat bis nach Charax. Sie mußten statt dessen auf einen Verbindungskanal zum Tigris ausweichen, der sie nach Vologaisias führte, dem Handelsvorort von Ktesiphon. Dort mußte umgeladen werden – was mit Sicherheit mit Gebühren verbunden war. Während im ersten Jahrhundert n. Chr. der Ausbau des Euphrat zum Handelsweg die Wiederbelebung der Bewässerungsanlagen und damit auch die Besiedlung des Landes nach sich gezogen hatte, hatte jetzt die Vernachlässigung des Euphrat einen Verfall der Kanalsysteme und den Zusammenbruch der Besiedlung im Süden Babyloniens zur Folge.

Wie schon in älterer Zeit hat die Vernachlässigung der Uferdämme des Euphrat bewirkt, daß der Fluß sich weiter westlich ein neues Bett suchte, das durch die Senken bei den heutigen Städten Nedschef und Kufa führte; im alten Euphratbett dürfte nur wenig Wasser übriggeblieben sein, das lediglich zur Bewässerung Nord- und Mittelbabyloniens ausreichte. Die Situation wurde noch dadurch verschärft, daß zu Beginn des dritten Jahrhunderts n. Chr. am neuen Euphratlauf eine Stadt gegründet wurde: Hira, das bald zu einem örtlichen Machtzentrum und vom vierten Jahrhundert an zur Hauptstadt des sasanidischen Vasallenstaates der Lachmiden aufstieg. An eine Wiederherstellung der alten Flußverhältnisse war dementsprechend nicht zu denken.

Die Blüte des Lachmidenstaates im fünften und sechsten Jahrhundert brachte dem Süden Babyloniens noch einmal einen gewissen Aufschwung durch die Anlage eines Hauptkanals vom Hira-Euphrat in den Bereich des alten Euphratlaufes. Wir wissen nicht, warum damals eine Reihe von Militärlagern nach Art römischer Kastelle am Südrand des Herrschaftsgebietes von Hira angelegt wurde, doch deutet diese Maßnahme auf eine gewisse Vorsicht gegenüber den Bewohnern der Arabischen Halbinsel hin.

Während Südbabylonien fast völlig aufgegeben wurde, ist vom fünften Jahrhundert an die Besiedlung Nord- und Mittelbabyloniens intensiviert worden, verbunden mit dem Ausbau eines dichten Kanalnetzes. Die große Zahl annähernd parallel laufender Kanäle läßt auf eine bedeutsame Veränderung in der Bewässerungstechnik schließen. Bis dahin war stets alles Wasser zur Bewässerung eingesetzt worden, was zur Anreicherung von Salzen im Boden und teilweise zur völligen Unfruchtbarkeit geführt hatte. Die einzig effektive Gegenmaßnahme, das Auswaschen von Salzen mit Hilfe einer Drainage, scheint hier zum ersten Mal angewandt worden zu sein, wobei möglicherweise einige der Parallelkanäle der Entwässerung dienten.

Unter diesen ausgezeichneten wirtschaftlichen Verhältnissen konnte sich ein reiches geistiges Leben entfalten, von dem wir vor allem die religiöse Komponente kennen. Aus der Nähe von Ktesiphon stammt Mani, der eine eigene Religion stiftete, in der sich zoroastrische und christliche Elemente mischten. Ab 242 finden wir ihn am Hofe Schapurs I. Unter Bahram I. (273–276) fiel er jedoch dem religiösen Eifer des Großpriesters Karder zum Opfer, der mit der Verfolgung von Manichäern und Christen die Erhebung des Zoroastrismus zur Staatsreligion betrieb und auch durchsetzte. Mani starb im Gefängnis in Gundeschapur im Jahre 276 n. Chr, seine Religion aber fand Anhänger von Ägypten bis Zentralasien.

Gundeschapur, unweit von Susa in Khuzestan gelegen, wurde von Schapur I. um 260 gegründet und mit aus Syrien deportierten Handwerkern und römischen Kriegsgefangenen besiedelt. Die Stadt wurde bald nach Gründung einer Universität zu einem kulturellen Zentrum. Zur Universität gehörten Fakultäten für Medizin mit angeschlossenem Krankenhaus, Theologie und Astronomie mit einem Observatorium. In Gundeschapur fand 484 ein christliches Konzil statt, auf dem sich die persische christliche Kirche auf die Richtung des Nestorianismus als Grundlage festlegte, die fortan für das ganze sasanidische Reich und somit auch für Mesopotamien und seine zahlreichen christlichen Bistümer und Gemeinden maßgebend war. Bischofssitze sind vor allem für Ktesiphon und Hira belegt.

Größte Bedeutung bekam die unter dem Namen »babylonischer Talmud« bekannte umfangreichste Sammlung jüdischer religiöser Gelehrsamkeit, die in den rabbinischen Akademien Babyloniens zwischen dem fünften und siebten Jahrhundert ihre kanonische Form annahm.

Wie aus den vorhergehenden Perioden ist auch aus der sasanidischen Zeit wenig über das Leben in Nordmesopotamien bekannt. Wegen der Auseinandersetzungen mit dem Römischen Reich um den Verlauf der Grenzen sind unsere Hauptquellen Berichte über die Einnahme von Hatra im Jahre 241 durch Schapur I. oder andere militärische Operationen; das übrige Gebiet wird nur vereinzelt erwähnt. Wir wissen lediglich, daß Schapur II. (309–379) größere Bevölkerungsteile von Istachr und Isfahan nach Nisibis und Kerkuk verbrachte. Für Erbil und andere Orte sind zoroastrische Feuertempel bezeugt, vom vierten Jahrhundert an erfahren wir von der Gründung zahlreicher christlicher Kirchen und Klöster. Eine Synode in Ktesiphon im Jahre 410 errichtete Bischofssitze in Nisibis, Erbil und Kerkuk. Die Abspaltung und Konsolidierung einer vom

Westen getrennten nestorianischen christlichen Kirche im sasanidischen Reich wurde nicht zuletzt befördert durch die Vertreibung nestorianischer Gelehrter und Theologen aus Edessa, die der byzantinische Kaiser Zeno veranlaßte.

Die langen, wechselvollen Auseinandersetzungen zwischen den Sasaniden und Ost-Rom beziehungsweise Byzanz hatten stets in einer Art Patt geendet; beide Kontrahenten warteten jedoch nur auf eine günstige Gelegenheit, die Gewichte erneut zu verschieben. Kurz nach 600 schien dem sasanidischen Herrscher Chosroe II. (590–628) angesichts der Thronwirren in Byzanz die Gelegenheit für einen Kriegszug günstig zu sein. In den folgenden Jahren brachte er das syrische Gebiet bis nach Jerusalem und Kleinasien unter sasanidische Kontrolle, 615 stand er vor Konstantinopel und konnte 619 sogar Ägypten besetzen. Im Hochgefühl seiner Macht schlug Chosroe ein Friedensangebot des neuen byzantinischen Kaisers Heraklios aus, der 610 den Thron bestiegen hatte. Chosroe rechnete offenbar so fest mit der Einnahme Konstantinopels, daß er Heraklios bei dessen Vorstoß über Armenien direkt nach Persien gewähren ließ. Als 626 der Versuch mißglückte, Konstantinopel nach langer Belagerung einzunehmen, war Heraklios längst tief in sasanidisches Gebiet vorgedrungen, wo er 627 dem sasanidischen Heer bei Ninive eine Niederlage beibrachte. Eine Revolte unter der Führung seines Sohnes Scheroes führte 628 zur Absetzung und zum Tod Chosroes.

Bald kam es zu einer Übereinkunft mit Ost-Rom, nach der sich die Sasaniden auf die Grenzen von 600 zurückzogen. Doch im Innern kam das Reich nicht zur Ruhe. Anhaltende interne Nachfolgestreitigkeiten sorgten dafür, daß in sechs Jahren fünf Herrscher den Thron bestiegen. Als sich mit Yazdegird III. (632–651) ein 16jähriger Enkel Chosroes II. durchsetzen konnte, war bereits eine andere Entwicklung in Gang gekommen, die auch ein erfahrenerer Herrscher nicht hätte meistern können: 622 war der Prophet Mohammed von Mekka nach Medina gezogen. Bald darauf formierte sich ein Heer, das sich unter

Fassade des Haupthofes des Sasaniden-Palastes in Ktesiphon

der Fahne der neuen Religion des Islam nach Nordosten in Marsch setzte. 629 wurde Bahrein erobert, dessen Gouverneur zum Islam übertrat. 633 fiel Hira, und 634 forderte der Kalif Omar I. Yazdegird auf, zum Islam zu konvertieren. Dessen Weigerung hatte weitere Angriffe zur Folge. 636 standen sich die arabischen und sasanidischen Heere bei Qadisiyya südwestlich von Hira gegenüber. Nach dem Sieg der Araber dauerte es nur wenige Jahre, bis sich ganz Mesopotamien unter arabischer Kontrolle befand. Das definitive Ende der sasanidischen Herrschaft wurde mit dem arabischen Sieg bei Nihavend im Jahre 642 in der Nähe von Kermanschah besiegelt. Yazdegird mußte immer weiter nach Nordosten fliehen, bis er schließlich 651 im Gebiet des heutigen Turkmenistan ermordet wurde. Ein bleibendes Monument der sasanidischen Herrschaft in Mesopotamien ist die Haupt-Liwanhalle des von Chosroe I. im sechsten Jahrhundert erbauten Königspalastes in Ktesiphon.

Das Ende des sasanidischen Reiches markiert ohne Zweifel einen entscheidenden Einschnitt in der Geschichte Mesopotamiens. Bei aller Würdigung der weltgeschichtlichen Bedeutung dieser Zäsur wird jedoch oft die Kontinuität übersehen, die sich etwa in einem unveränderten Siedlungsverhalten in Babylonien sowie in der ungebrochenen wirtschaftlichen Prosperität des Landes manifestiert.

Die islamische Eroberung
(622–1258)

Das Jahr 622 veränderte den Orient auf grundlegende Weise. In diesem Jahr verließ ein Kaufmann mittleren Alters seine Heimatstadt Mekka auf der Arabischen Halbinsel und siedelte in die einige Tagesreisen westlich gelegene Stadt Yathrib über. Später erhielt diese Stadt den Namen al-Madina. Der Kaufmann war Muhammad. Er hatte über einen Zeitraum von mehr als zehn Jahren Erscheinungen gehabt, in denen ihm ein Engel das Wort Gottes offenbarte. Diese Inspirationen setzten sich bis zu seinem Tod 632 fort. Aus ihrer Sammlung und Niederschrift ging der Koran hervor, das Heilige Buch der Muslime.

Muhammad sah sich zunächst als Prophet, den Gott zu den Arabern gesandt hatte, um nach der Hijra, der Übersiedlung von Mekka nach Medina, den universalen Anspruch seiner Sendung zu bekräftigen. Die Dogmatik der neuen Religion, die Muhammad Islam nannte, ist sehr einfach. Sie kann als Radikal-Monotheismus charakterisiert werden: Die Anhänger des Islams, die Muslime, glauben, daß es keinen anderen Gott neben Allah gibt und daß Muhammad der letzte Prophet Gottes ist. Im Koran hat Gott den Menschen eine Reihe von Verhaltensregeln und rituellen Praktiken vorgeschrieben. Wenn sie sich an diese Normen halten, werden sie mit dem ewigen Aufenthalt im Paradies belohnt. Die Strafe für die Sünder ist das Feuer der Hölle. Zu den religiösen Pflichten der Muslime gehört das regelmäßige Gebet, das Fasten im Monat Ramadan, das Verteilen von Almosen und die Pilgerfahrt nach Mekka. Mit dieser Lehre, die den Polytheismus und Animismus der Arabischen Halbinsel ablöste, hatte Muhammad in den letzten zehn Jahren seines Lebens großen Erfolg. In Medina war der Prophet auch zum Staatsmann geworden, der ein junges Gemeinwesen unter schwierigen Umständen in einen erfolgreichen Staat verwandelte. Mit einer besonderen Form des Krieges, dem Jihad, hatte er seine religiösen Überzeugungen unter den heidnischen Stämmen der Arabischen Halbinsel verbreitet. Sein Anspruch auf politischen und religiösen Einfluß reichte aber über diesen regionalen Rahmen hinaus. Nachdem er zu der Überzeugung gekommen war, daß er eine besondere Sendung Gottes zu erfüllen habe, forderte er die Herrscher der großen Reiche im Norden und Osten Arabiens auf, sich ihm und seiner Religion anzuschließen. Noch zu seinen Lebzeiten, vor allem aber unter seinen Nachfolgern, den Kalifen, breitete sich der muslimische Staat schnell weiter aus. Zum strategischen Ziel der muslimischen Heere und ihrer Führer gehörte es dabei nicht, daß die Bevölkerung der eroberten Gebiete sich zum Islam bekannte. In den eroberten Gebieten sollte lediglich das islamische Recht gelten und die politische Macht in der Hand eines Muslims liegen.

Der Islam erkennt seit jeher Juden, Christen und Zoroastrier als Angehörige einer Offenbarungsreligion an. Ihre heiligen Bücher werden von Muslimen ebenfalls als Wort Gottes betrachtet. Sie gehen davon aus, daß es nur eine Offenbarung gibt. Dort, wo die Aussagen des Korans sich von den Offenbarungen der *Leute des Buches* unterscheiden, erklären die Muslime diese Differenz damit, daß die Juden oder Christen ihre heiligen Texte manipuliert hätten. Im islamischen Staat genießen die *Leute des Buches* Religionsfreiheit, müssen aber eine spezielle Individualsteuer (Jizya) entrichten und dürfen nur in Ausnahmefällen Wehrdienst leisten. Daneben erhoben die neuen Herrscher auch eine Steuer auf Land (Kharaj) im Besitz von Juden, Christen oder Zoroastriern, die später unabhängig von der Religionszugehörigkeit der Besitzer bezahlt werden mußte.

Die liberale Haltung gegenüber Andersgläubigen war auch politisch vernünftig. In den von den muslimischen Heeren eroberten Gebieten lebten große christliche Mehrheiten, die die schmale Schicht der neuen muslimischen Herren kaum unter ihrer Kontrolle hätten halten können. Der muslimische Erfolg beruhte auch auf der Tatsache, daß die byzantinischen Herrscher, die durch die Muslime aus Mesopotamien, Syrien, Ägypten oder Nordafrika vertrieben wurden, ihre christlichen Untertanen in vielen Fällen als Häretiker betrachteten und sie mit Gewalt zu einer wie auch immer verstandenen Orthodoxie zwangen. Unter muslimischer Herrschaft hingegen konnten sich die verschiedenen christlichen Konfessionen des Orients nun ohne derartige staatskirchliche Einmischung entwickeln. Daher ist es nicht verwunderlich, daß manche christlichen Führer den muslimischen Truppen die Tore ihrer Städte gerne und freiwillig öffneten, weil sie auf diese Weise die verhaßte byzantinische Herrschaft abschütteln konnten.

Mesopotamien war eine der ersten Regionen außerhalb der Arabischen Halbinsel, in die die muslimischen Heere vorrückten. Erste Teile des Landes am unteren Euphrat gerieten eher zufällig unter ihre Kontrolle. Der erste Nachfolger des Propheten als Führer der muslimischen Gemeinde, der Kalif Abu Bakr (632–634), schickte Truppen zur Unterdrückung eines Aufstandes nach Bahrein. Diese hatten sich nach Erfüllung ihres Auftrags ohne Wissen des Kalifen nach Norden gewandt und das Deltagebiet des Shatt al-'Arab unter ihre militärische Kontrolle gebracht. Der arabische Heerführer Sa'd ibn Abu Waqqas errang schließlich im Frühjahr 636 bei Qadisiyya einen entscheidenden Sieg über die Armee des persischen Herrschers Yazdegird und machte bei der Einnahme der Hauptstadt Ktesiphon, nahe des heutigen Bagdad, reiche Beute.

Von verschiedenen Stützpunkten in Mesopotamien aus setzten die Muslime ihre Eroberungen in Iran und in Syrien erfolgreich fort. Bei diesen Stützpunkten handelte es sich um neu angelegte Städte, die aus Militärlagern entstanden waren und nur von Muslimen bewohnt wurden. Sie stellten zugleich die politischen und militärischen Zentren der neuen Herrschaft dar. Die wichtigsten dieser Standorte in Mesopotamien waren die Hafenstadt Basra und die Stadt Kufa, die der vierte Kalif Ali zu seiner Machtzentrale ausbaute. Die rasche Ausbreitung des islamischen Staates mit seinen für die Muslime neuen Strukturen gab zentrifugalen Kräften innerhalb des muslimischen Gemeinwesens Auftrieb. Zwischen den peripheren Zentren und der politischen Zentrale des Kalifatsstaates auf der Arabischen Halbinsel kam es zu schweren Auseinandersetzungen, die das Tempo der islamischen Expansion allerdings nur unwesentlich drosselten.

Der schwerste interne Konflikt unter den Muslimen führte zur Spaltung des Islams in Sunniten und Schiiten. Dieser Konflikt entwickelte sich folgendermaßen: Da der Prophet Muhammad nach kurzer Krankheit überraschend gestorben war, existierten keine Nachfolgeregelungen. Ali, der Vetter und Schwiegersohn des Propheten, erhob Ansprüche auf die Führung der Gemeinde unter Berufung auf seine verwandtschaftliche Nähe zu Muhammad. Die Wahl von Abu Bakr zum Kalifen akzeptierte er widerwillig. Er behielt aber eine Gruppe von Anhängern, die als Partei (arabisch: Schia) Alis bekannt war. Als er 656 als vierter der *rechtgeleiteten* Kalifen an die Macht kam, sah er sich verschiedenen oppositionellen Gruppen gegenüber, gegen die er sich mit Waffengewalt durchsetzen mußte. Schauplatz dieser Auseinandersetzungen war vor allem das südliche Mesopotamien.

Im Jahr 661 wurde Ali ermordet, und es gelang dem muslimischen Statthalter von Damaskus, Mu'awiya, die Macht zu übernehmen und die erste islamische Dynastie, die der Omayyaden, zu begründen. Gegen ihn und seine ersten Nachfolger kam es immer wieder zu Aufständen, die in vielen Fällen von den Muslimen Mesopotamiens ausgingen. Die Omayyaden sahen sich deshalb gezwungen, in diese Provinz jeweils besonders durchsetzungsfähige Verwalter zu entsenden. Diese Politik hatte nur immer neue Erhebungen der Bevölkerung zur Folge. Eine mit besonders vielen Konsequenzen ereignete sich 680 in der Stadt Kufa. Die Aufrührer riefen den Prophetenenkel Hussein aus Medina in ihre Stadt, damit er mit dem Prestige seiner genealogischen Herkunft ihre Führung übernehme. Als sich die kleine Karawane der Stadt näherte, war der Aufstand aber schon zusammengebrochen. Auf der Ebene von Kerbela wurde die Gruppe von omayyadischen Truppen überrascht und in einem kurzen Gefecht vollständig aufgerieben. Diese militärisch eher unbedeutende Auseinandersetzung provozierte einen der folgenschwersten Vorgänge der islamischen Geschichte. Die Anhänger Husseins überhöhten seinen Tod und erkannten ihm religiöse Bedeutung zu. Sie waren davon überzeugt, daß Hussein schon beim Aufbruch zu seiner tragisch endenden Reise gewußt habe, welches Schicksal ihn erwarte. Er habe aber auf ihr bestanden, weil er den Märtyrertod auf sich nehmen wollte, um die Sünden der Menschen zu sühnen. Zugleich entstand unter seinen Anhängern die Vorstellung, daß jede politische Führung in der islamischen Welt, die nicht vom Propheten Muhammad oder einem seiner Nachkommen ausgeübt werde, illegitim sei. Dieses Postulat sorgt bis heute für politische Diskussionen unter modernen Schiiten.

Weitreichendere Konsequenzen hatte aber möglicherweise die Vorstellung, daß ein Gläubiger das religiöse Heil nur durch die Leitung des Propheten und seiner Nachkommen, der Imame, erlangen könne. Die Kette dieser nachfolgenden Imame ist unterschiedlich lang. Die Mehrheit der heutigen Schiiten glaubt, daß sie nach dem 12. Imam abgebrochen ist. Sie werden daher als Zwölfer-Schiiten bezeichnet. Die Schiiten sind jedoch überzeugt, daß der 12. Imam bis auf den heutigen Tag im Verborgenen lebt und eines Tages als Messias (Mahdi) zurückkehren wird. Dann wird er ein Reich der Gerechtigkeit und des Friedens errichten, das 1 000 Jahre lang Bestand haben wird, ehe der Jüngste Tag eintritt. Diese Heilserwartung spielt für die Schiiten bis in die Gegenwart eine zentrale Rolle. Da bis auf einen alle zwölf Imame in Mesopotamien bestattet sind und die Besuche der Gräber der Imame den schiitischen Gläubigen als Verdienst angerechnet wird, haben sich in den heiligen Städten Kerbela und Najaf, Kazimiya und Samarra schon früh große schiitische Gemeinden angesiedelt, die auf die politischen Entwicklungen bis in das 21. Jahrhundert hinein großen Einfluß genommen haben und weiter nehmen.

Mesopotamien lag aus der Perspektive der omayyadischen Herrscher von Damaskus, aber auch aus der Sicht moderner Beobachter an der geographischen Grenze zwischen der arabischen Welt und dem Iran. Der Islam war zunächst vor allem eine arabische Religion; doch mit der territorialen Ausdehnung ging auch eine ethnische Erweiterung der Anhängerschaft dieser neuen Religion einher. Die Araber forderten einen besonderen Status innerhalb der muslimischen Gemeinschaft für sich ein. Der Versuch indes, eine ethnisch begründete Prestigeposition aufzubauen, wurde von Neumuslimen aus dem Iran oder aus Zentralasien abgelehnt. Aufrührerische Bewegungen, die mit dem Anpassungsprozeß einhergingen, entstanden im Iran oder in Mesopotamien. Sie traten in Form von Heilserwartungsbewegungen mit durchaus nativistischem Charakter auf, der sich in einem proto-schiitischen Gewand äußerte. Im Zentrum der Auseinandersetzungen stand immer wieder die Frage, wem die Herrschaft über die Muslime gerechterweise zukomme. Dabei votierten die Aufständischen stets für die Familie des Propheten, die *ahl al-bait.* Die Mehrzahl dieser Aufstände konnten die Omayyaden mehr oder weniger mühelos niederschlagen. Als sich die Dynastie aber durch interne Auseinandersetzungen selbst geschwächt hatte, wurde sie Opfer der *abbasidischen Revolution.*

Zunächst propagierte die abbasidische Bewegung ebenfalls den Anspruch der *ahl al-bait,* erweiterte ihn dann jedoch über die Nachkommen Alis hinaus auch auf die genealogischen Nachfolger von Abbas, einem Halbbruder des Vaters des Propheten Muhammad. Führer der Bewegung war ein begnadeter Agitator und Stratege, Abu Muslim. Er nutzte die Unzufriedenheit der Neomuslime im Iran und konnte zudem zahlreiche zoroastrische und buddhistische Fürsten für seinen Kampf gegen die Omayyaden gewinnen. Seine Propaganda zeichnete sich durch pointiert messianistische Momente aus. Er wählte schwarze Fahnen als Symbol der Bewegung, die nach entsprechenden Traditionen zu den Zeichen für die bevorstehende

Ankunft des Messias zählten. Bis zum Jahr 745 gelang es Abu Msulim, große Teile des Iran unter seine religiöse und politische Kontrolle zu bringen. Vier Jahre später vertrieben die abbasidischen Heere die Omayyaden aus dem Irak.

Der Name Irak leitet sich von den arabischen geographischen Bezeichnungen »al-'irâq al-'arabî« (der arabische Irak) für die Delta-Region der Flüsse Euphrat und Tigris und »al-'Iraq al-'ajamî« (der persische Irak) für die sich an das Flußtal anschließenden östlichen und nordöstlichen Bergregionen ab. Der Abbasiden-Führer Abul-Abbas wurde zum Kalifen ausgerufen und nahm den Namen al-Saffah an. Dieser Name ist signifikant für das chiliastische Moment in der *abbasidischen Revolution*, denn er bedeutet »derjenige, der reichlich gibt«. Eine der Eigenschaften, die dem Mahdi zugesprochen werden, ist seine Großzügigkeit.

Die erste Phase der Geschichte der neuen Dynastie war durch politische und militärische Konsolidierungsmaßnahmen gekennzeichnet. Zu ihnen gehörte auch, daß man den charismatischen Abu Muslim tötete, weil er eine Gefahr für die Autorität der abbasidischen Familie darstellte. Die Schiiten sahen sich in ihren Hoffnungen enttäuscht, weil die Abbasiden deutlich machten, daß sie an der sunnitischen Orthodoxie festhalten wollten. Für eine endgültige Festigung der Macht der Abbasiden sorgte der zweite Kalif, al-Mansur (754–775), der Gründer der Stadt Bagdad (762). Unter ihm und seinen Nachfolgern entwickelte sich die Neugründung an den Ufern des Tigris zu einer der glänzendsten Städte der Welt. Sie wurde zu einem Anziehungspunkt für Künstler und Wissenschaftler. Vor allem unter dem Kalifen al-Ma'mûn (813–833) wurden in großem Umfang philosophische, medizinische und technische Texte aus dem Griechischen ins Arabische übersetzt. Große Moscheen mit umfangreichen Bibliotheken und prachtvolle Paläste mit ausgedehnten Gartenanlagen prägten das Stadtbild. Auf den Märkten und Bazaren wurden Waren aus aller Welt feilgeboten. Neben Muslimen aus allen Teilen des Reiches, lebten hier große

Gemeinschaften von Christen, Juden und Zoroastriern. Diplomatische Gesandtschaften aus aller Herren Länder fanden sich am Hof des Kalifen ein. Al-Mansur schuf ein zentrales Verwaltungssystem, das von der Hauptstadt Bagdad aus gesteuert wurde. An der Spitze der Verwaltung stand ein Wezir. Für einige Jahrzehnte befand sich diese Position in der Hand der Familie der Barmakiden, die aus dem Iran stammte.

Durch ihre Beteiligung an den politischen Entscheidungsprozessen verstärkte sich der iranische Einfluß in der neuen Dynastie und ihrer Kapitale. So wurden beispielsweise sasanidische Verwaltungstechniken und Hofetiketten eingeführt. Zugleich gewannen persische kulturelle und künstlerische Traditionen an Bedeutung. Das zeigt sich etwa an der Übernahme iranischer literarischer Formen und Topoi in die arabische Literatur oder auch im Einfluß iranischer kulinarischer Traditionen auf die sich entwickelnde Küche der abbasidischen Elite. Diese Iranisierung ging auf Kosten der arabischen Stammessolidarität. Statt dieser wurde die islamische sunnitische Orthodoxie betont, wodurch sich das durchaus kosmopolitische Abbasidenreich eine einheitliche ideologische Grundlage schuf. Ebenso wurde mit der Hervorhebung der religiösen Stellung des Kalifen die Autorität des Herrschers gegenüber jener der traditionellen islamischen Rechtsgelehrten gestärkt. Am deutlichsten wurde dies durch den Versuch des Kalifen al-Mutawakkil (847–861), eine von der hellenistischen Philosophie beeinflußte rationalistische Form des Islams, die Mu'tazila, als alleinige islamische Konfession einzuführen. Der Versuch scheiterte jedoch aus einer Reihe von Gründen, unter denen die schiere Größe des Reiches nicht der geringste war.

Schon 50 Jahre nach seiner Entstehung erwies sich das Reich als zu groß, um es mit den verfügbaren Kommunikations-, Verwaltungs- und Verkehrstechniken dauerhaft zu kontrollieren. In den weiter von der Herrschaftszentrale entfernten Regionen etablierten sich zwangsläufig lokale Dynastien, auf deren politisches oder militärisches Verhalten der Kalif und die zentrale

Administration in Bagdad kaum noch Einfluß hatten. Die Notwendigkeit der formalen Zustimmung zur Investitur blieb für den Kalifen die einzige Möglichkeit, seine Oberhoheit zu bekräftigen. Da auch die Steuereinnahmen dieser Regionen ausfielen, waren die Kalifen später gezwungen, ihre Zustimmungserklärungen gegen entsprechende Zahlungen abzugeben. In einigen Reichsteilen, wie zum Beispiel bei den Fatimiden in Ägypten, etablierten sich auch Dynastien, die die Oberhoheit des Kalifen aus religiösen Gründen nicht anerkannten. Die Folgen waren langwierige militärische Auseinandersetzungen. Durch diese Konflikte wurde die Autorität der Abbasiden ebenfalls erheblich geschwächt. Auch im Irak selbst verloren die Kalifen mehr und mehr an Macht. Dies lag an der religiösen Zersplitterung der Muslime in verschiedene Konfessionen. Unter diesen gab es auch Gruppen, die ihre theologischen Vorstellungen mit Waffengewalt durchzusetzen versuchten. In Phasen einer schwachen Zentralmacht konnten sie sich zum Beispiel in den Marschgebieten des Südirak für Jahrzehnte festsetzen und stellten einen beständigen Unsicherheitsfaktor für Reisende und Kaufleute, teilweise aber auch für die Verwaltung des Reiches dar.

In vielen Fällen gerieten die Kalifen auch unter den Einfluß ihrer Leibgarden, die vor allem aus türkischen Truppen bestanden. Wiederholt brachen schwere Konflikte zwischen diesen Garden und der Bevölkerung von Bagdad aus, die Kalif al-Mu'tasim (833–842) veranlaßten, eine neue Residenzstadt in Samarra, nördlich von Bagdad, zu gründen. Die hier residierenden Herrscher sahen sich aber der Willkür ihrer Prätorianer noch stärker ausgeliefert. Daher kehrte der Kalif al-Mutawakkil nach Bagdad zurück, um mit Hilfe der Bevölkerung und der islamischen Religionsgelehrten die Macht der Garden zu brechen. Erfolg war ihm dabei nicht beschieden. Die Macht der Abbasiden endete faktisch, als sie 945 unter die Kontrolle der schiitischen Regionaldynastie der Buyiden gerieten, die für viele Jahre die Politik des abbasidischen Kernreiches bestimmten. Das

Kalifat wurde zu einer den sunnitischen Islam repräsentierenden Titular-Institution.

Der Irak befand sich im 12. und 13. Jahrhundert in einer strategisch schwierigen Lage zwischen den Militärherrschern der Mamluken in Ägypten und Syrien einerseits und den nach Westen drängenden Heeren der Mongolen andererseits. Einige der Kalifen, vor allem der begabte Kalif al-Nâsir (1180–1225), bemühten sich, aus dieser Situation Vorteile für das Kalifat zu ziehen. Al-Nasir bat die Mongolenherrscher, ihm bei der Unterwerfung der Aufständischen im Iran zu helfen. Die Mongolen expandierten von Zentralasien her kommend in die Gegenden südlich des Schwarzen und des Kaspischen Meeres. Tatsächlich erwiesen sie sich aber schnell als tödliche Gefahr für das Abbasidenkalifat. Im Jahr 1258 eroberten mongolische Truppen unter Hulagu, dem Enkel Dschingis Khans, Bagdad. Dieser Ansturm bedeutete das Ende der glanzvollsten Stadt des Orients. Arabische Historiker berichten, daß die Eroberer mit menschlichen Schädeln Pyramiden errichteten, Bagdad plünderten und völlig zerstörten. Mit dieser Katastrophe wurde das Kalifat der Abbasiden vernichtet. Einige Jahrzehnte lang existierte noch ein abbasidisches Scheinkalifat in Ägypten, ehe sich der osmanische Sultan Mehmet Fatih im Jahr 1517 den Titel Kalif aneignete.

Der Irak blieb vorerst unter mongolischer Herrschaft. Die neuen Machthaber bekannten sich nach einiger Zeit zum Islam und übernahmen Teile der islamischen Kulturtraditionen. Dennoch blieben ihnen Land und Leute fremd. Eine Assimilierung fand nicht statt. Im Zuge interner Auseinandersetzungen zwischen verschiedenen Zweigen der mongolischen Herrscherclans wurde Bagdad 1339 ein zweites Mal erobert. Diesmal war es Timur oder Tamerlan, der aber nur für kurze Zeit das mongolische Weltreich zu kontrollieren vermochte. Arabischen Historikern zufolge zerstörten die mongolischen Truppen auch die komplexen Bewässerungssysteme des Zweistromlandes, die seit Jahrtausenden den Wohlstand Mesopotamiens gesichert hatten. Die Verantwortung für dieses bis in die Moderne fortwirkende Desaster ist aber auch den Gegnern der Mongolen, den Mamlukentruppen, zuzuschreiben. Beide Militärmächte suchten jeweils strategische Vorteile in den Auseinandersetzungen zu gewinnen, indem sie eine Politik der *verbrannten Erde* betrieben. Beide Seiten vernichteten dadurch die Lebens- und Wirtschaftsgrundlagen der Bevölkerung des Irak und Nordsyriens: Die Bewässerungssysteme wurden zerstört, die Region wurde entvölkert. Mit der Vernichtung oder Vertreibung der Bevölkerung ging aber auch das vor allem mündlich tradierte Wissen um das Betreiben der Bewässerungssysteme und die angemessene Verteilung des kostbaren Wassers verloren. Überraschend schnell setzte eine Verwüstung (Desertifikation) weiter Teile des Irak ein, die im Laufe der Zeit zu einer Beduinisierung der Bevölkerung führte. Bagdad sank zu einer wenig bedeutenden Provinzstadt herab, die anderen Städte des Irak verkamen zu kleinen Landflecken, die häufig von nomadisierenden Beduinenstämmen kontrolliert wurden. Bis zum Ende des 20. Jahrhunderts erholte sich der Irak nicht von der Katastrophe des Jahres 1258.

Teil des Osmanischen Reiches
(1258–1918)

Die drei Jahrhunderte zwischen der Zerstörung Bagdads und der Eroberung des Irak durch die Osmanen lassen sich in vier Epochen einteilen. 80 Jahre lang beherrschten vom Iran aus die mongolischen Ilkhaniden das Land. Für 70 weitere Jahre war Bagdad die Hauptstadt eines mongolischen Vasallenstaates unter der Dynastie der Jala'iriden. Um 1410 übernahmen die turkmenischen Stammesdynastien der Akquyunlu und der Karaquyunlu die Herrschaft, und 1508 wurde der Irak Teil des wachsenden iranischen Safawidenreiches. Im Herbst 1533 mußten die safawidischen Verwalter des Irak das Land unter dem Ansturm der von Sulaiman dem Prächtigen angeführten osmanischen Truppen verlassen.

Nach Jahrhunderten schwacher politischer Führung kam der Irak nun unter die Oberhoheit eines starken, gut organisierten Reiches. Das Interesse der osmanischen Herrschaft hatte vor allem Bagdad und der umliegenden Region gegolten. Die Stadt wurde zu einem der Hauptverwaltungssitze des Irak. Doch auch Basra war für die osmanische Herrschaft wichtig, da der Hafen der Stadt für die sich anbahnenden Auseinandersetzungen mit den aufstrebenden Seemächten Portugal, Spanien und Britannien strategische Bedeutung hatte. Basra galt als Knotenpunkt für Handelsaktivitäten im Irak und darüber hinaus auch in Syrien und Ägypten. Von der dritten Provinzhauptstadt Mosul berichten die Quellen erst fünf Jahrzehnte nach der osmanischen Eroberung. Diese geringe Beachtung mag damit zu tun haben, daß der Norden zunächst von Aleppo aus verwaltet wurde. Die ersten Namen von Paschas, die die Provinz verwalteten, sind vom Beginn des 16. Jahrhunderts an bekannt.

Wie sehr die osmanische Verwaltung das Land wirklich kontrollierte, ist ungewiß. Zumindest in Basra, aber wohl auch in Bagdad selbst, reichte die Herrschaft des Pascha kaum über die

Stadttore hinaus. Das Land stand unter dem Einfluß verschiedener Stammesführer, die die Verbindungswege kontrollierten und sich ihre Loyalität gegenüber der osmanischen Verwaltung durch Zahlungen erkauften und durch Privilegien entlohnen ließen. Teilweise bestimmten die Stämme auch die Politik der kleinen Städte des Landes. Dadurch veränderten sich deren soziale Strukturen, weil sie die Normen und Sozialbeziehungen der Beduinen annahmen. Zumindest in den Provinzhauptstädten gelang es den Osmanen jedoch, eine funktionierende Verwaltung zu etablieren und für Sicherheit und Ordnung zu sorgen. Seine geographische Lage an der Grenze zwischen dem Osmanischen Reich und dem Iran machte das Land aber immer wieder zum Schauplatz militärischer Auseinandersetzungen; Teile des Landes wechselten mehrfach den Besitzer. Problematisch war auch, daß sich die Paschas in der Regel nur sehr kurz in den Provinzen aufhielten, ehe sie wieder an einen anderen Dienstort versetzt wurden.

Die häufigen Gouverneurswechsel und die schlechten Kommunikationswege nach Istanbul nutzte Bakr, ein Janitscharen-Offizier im Rang eines Su-Baschi (eigentlich ein Aufseher über die Bewässerungssysteme, dann aber auch Titel für einen Polizeikommandanten), um die Herrschaft in Bagdad faktisch an sich zu reißen. Als ihn seine internen Widersacher beseitigen wollten, übernahm er auch offiziell die Macht – ein Affront gegen die Sultansherrschaft Istanbuls. Ein Heer wurde nach Bagdad gesendet, das den Usurpator aus seinem Amt entfernen sollte. Die Kämpfe blieben unentschieden, bis der Su-Baschi den Schah des Iran zu Hilfe rief. Schah Abbas (1587–1629) nutzte die gute Gelegenheit, den Irak mit den für die Schiiten heiligen Stätten wieder unter seine Kontrolle zu bringen. Es gelang ihm, die osmanischen Truppen zum Rückzug zu zwingen. Am 28. November 1623 zog er in Bagdad ein. Vor allem die sunnitische Bevölkerung hatte unter der iranischen Invasion schwer zu leiden. Irakischen schiitischen Religionsführern war es zu verdanken, daß wenigstens einige sunnitische Familien die Verfolgungen überlebten.

In der Folge bemühten sich die Osmanen, die verlorene Provinz wiederzugewinnen. Dies gelang unter Sultan Murad IV. (1623–1640) am Weihnachtstag des Jahres 1638. Nun waren es die Schiiten, die Vergeltung zu spüren bekamen. Die mißliche osmanische Praxis des raschen Personalwechsels an den Spitzen der Verwaltung wurde weiter fortgeführt. Das Interesse der Paschas an einer Verbesserung der Situation im Land blieb gering. Im Jahr 1649 trat Ahmed Pascha, der den Beinamen »der Engel« trug, für ein Jahr das Amt des Gouverneurs in Bagdad an. Er erkannte die administrativen Fehler, vor allem im Bereich der Besteuerung. Diese Fehlentwicklungen versuchte er nach seiner Rückkehr nach Istanbul als dortiger Großwezir zu korrigieren, indem er das Recht der Steuererhebung meistbietend an Steuerpächter versteigerte. Damit sicherte er zwar das staatliche Einkommen, erschwerte aber die Lage der Bevölkerung. Denn die Steuerpächter waren daran interessiert, möglichst rasch ihre Pachtkosten zu kompensieren und aus den Steuern Überschüsse für sich zu erwirtschaften. An einer langfristigen Förderung von Handel und Wandel war ihnen nicht gelegen.

Während Mosul wegen seiner größeren Nähe zum Machtzentrum der Osmanen ohnehin schon zusehends wechselärmere Zeiten erlebte, herrschten nun sogar in Basra relativ stabile politische Verhältnisse. Seit dem Beginn des 17. Jahrhunderts hatte ein turkstämmiger, aber im übrigen bis heute unbekannter Mann mit Namen Afrasiyab die Macht in der Hafenstadt und ihrer Umgebung übernommen, sich mit den im persisch-arabischen Golf operierenden portugiesischen Marineeinheiten arrangiert und gegen iranische Ansprüche erfolgreich zur Wehr gesetzt. Er, wie auch sein Sohn und Nachfolger, erkannte die Oberhoheit des osmanischen Sultans an, akzeptierte aber weder dessen Befehle, noch lieferte er Steuern oder Abgaben nach Istanbul.

Mit der Ernennung von Hasan Pascha zum Gouverneur von Bagdad im Jahr 1704 nahm die politische Entwicklung im Irak für die nächsten 130 Jahre einen grundlegend veränderten Verlauf. Hasan gelang es, eine von Istanbul weitgehend unabhängige Politik zu betreiben und eine Herrschaftsfolge zu etablieren, die als Mamlukendynastie in die irakische Geschichtsschreibung eingegangen ist. Nach Hasan und seinem Sohn Ahmed waren es kaukasische Mamluken, die die Herrschaft im Irak übernahmen. Auch sie erkannten die Oberhoheit des osmanischen Sultans an und übermittelten Ergebenheitsadressen und Geschenke, führten aber im übrigen eine überwiegend selbstbestimmte Politik. Unter ihrer Herrschaft erlangte die Provinz Bagdad gegenüber Mosul und Basra eine führende Position, zeitweise regierte in Basra ein Stellvertreter des Pascha von Bagdad. Auch in Mosul konnte sich mit den Jalili zeitweilig eine lokale Dynastie etablieren. Zwischen 1722 und 1747 war der Irak immer wieder Schauplatz von Auseinandersetzungen zwischen den alten Feinden Iran und Osmanisches Reich, in denen sich die türkische Seite oft nur durch Glück und Zufall behaupten konnte.

Seit dem Ende des 18. Jahrhunderts hatte der Irak neben dem Iran einen weiteren Gegner bekommen, die fanatische islamische Reformgruppierung der Wahhabiten. Von dem Rechtsgelehrten Ibn Abd al-Wahhab (1703–1793) und dem Führer des Stammes der Saud gegründet, propagierten sie einen radikalen, als fundamentalistisch zu bezeichnenden Islam. Mit besonderem Haß verfolgten sie die Anhänger des schiitischen Islams. Immer wieder fielen die Wahhabiten in den Südirak ein und attackierten zum Beispiel 1811 die heiligen Städte Kerbela und Najaf. Daraufhin verstärkten die schiitischen Gelehrten ihre Bemühungen um die Missionierung der südirakischen Beduinenstämmen und stellten eigene Milizen auf, die die schiitischen Heiligtümer verteidigten. Als weiterer politischer Faktor im Irak trat schließlich die britische East India Company auf. Seit dem späten 18. Jahrhundert hatten Agenten der Gesellschaft auf ihrem Weg nach Indien immer wieder das Zweistromland bereist. Die Company betrieb zwischen Bagdad und Aleppo eine regelmäßige Kamelpost. Ihre Agenten hatten sich des Wohlwollens der Mamluken-Paschas versichert, indem sie ihnen Waffen lieferten und militärische Instruktoren stellten. 1802 wurde in Bagdad ein britisches Konsulat eröffnet. Je mächtiger die East India Company wurde und je einflußreicher die britischen Konsuln, desto konfliktreicher gestalteten sich auch die Beziehungen mit den Mamluken. Immer wieder kam es zu heftigen Auseinandersetzungen, die zu einer Schwächung der Mamluken-Herrschaft beitrugen. Da sich in Ägypten mit den Khediven eine Dynastie quasi unabhängig von Istanbul gemacht hatte, konnte der Sultan eine Autonomie des Irak nicht länger tolerieren. Die osmanische Hoheit über das Land wurde 1830 aber vor allem deshalb wieder hergestellt, weil sich eine schwere Epidemie vom Iran her bis in den Irak ausgebreitet hatte, die den mamlukischen militärischen Einheiten und deren beduinischen Hilfstruppen schwere Verluste zufügte.

Die Wiederherstellung der direkten osmanischen Kontrolle über den Irak war verbunden mit einer Reihe von Verwaltungsreformen. So wurde die Provinz Mosul vom Gouverneur von Bagdad kontrolliert. Basra blieb Istanbul weiterhin direkt unterstellt. Auch die politischen Reformen, die im Osmanischen Reich seit dem Beginn des 19. Jahrhunderts unter Sultan Mahmud II. (1808–1839) eingeleitet worden waren und einen ersten Höhepunkt mit dem sogenannten Hatt-i Scharif von Gülhane unter Sultan Abd al-Majid (1839–1861) gefunden hatten, wurden nun auf die irakische Provinz ausgeweitet. Verstärkt wurden die osmanischen Reformbemühungen der *Tanzimat-Periode* durch den Erlaß des Khatt-i Humayun von 1856. Die Umsetzung vieler der erfolgversprechenden Überlegungen der osmanischen Reformer blieb allerdings schon in den Ansätzen stecken. Dies galt besonders für Provinzen wie den Irak. Die Praxis der raschen Versetzung führender Administratoren wurde fortgeführt, so daß kaum einer von ihnen eine langfristige Reformpolitik betreiben konnte.

Einige der Gouverneure sahen die Versetzung nach Bagdad als einen Knick auf ihrer Karriereleiter an, andere gar als eine

Bestrafung. Falls sie nicht rasch versetzt wurden, unternahmen sie alle erdenklichen Anstrengungen, um einen anderen Posten, möglichst in Istanbul, zu erhalten. Vor Ort bildete sich eine spezielle Klasse von Verwaltungskräften heraus, die Effendis. Sie stammten aus der sunnitisch-arabischen Bevölkerungsschicht, waren aber weitgehend türkifiziert. In der Regel wurden die Kinder der Effendis in jungen Jahren zur Ausbildung in der osmanischen Verwaltung oder dem Militär nach Istanbul geschickt. Dort stiegen sie in der Hierarchie empor, heirateten häufig in die türkisch-osmanische Oberschicht ein und kamen mit einer großen inneren Distanz in ihre Heimat zurück. Die Effendis waren darauf bedacht, keine Fehler zu begehen, um ihr persönliches Fortkommen nicht zu gefährden. Besondere Initiativen zur Umsetzung der Reformkonzepte gingen von ihnen nicht aus. Daher veränderten sich die politischen und gesellschaftlichen Verhältnisse im Irak kaum.

In den großen Städten wachte eine schlecht bezahlte und wenig motivierte Verwaltung und Polizei über die öffentliche Ordnung. Auf dem Land bestimmten die Scheichs der Beduinenstämme die Verhältnisse, und in den schiitischen heiligen Städten unterhielten die bedeutenden Gelehrten ihre eigenen Milizen und Leibgarden, die für die Durchsetzung der sozialen und religiösen Gebote des schiitischen Islam sorgten. In diesem gesellschaftlichen und politischen Umfeld waren Reformen nicht einfach durchzusetzen.

Einer der wichtigsten osmanischen Reformer, Midhat Pascha, war von 1869 bis 1872 Gouverneur in Bagdad. In dieser besonders rückständigen Provinz des Osmanischen Reiches versuchte er eine Reihe von Neuerungen zu verwirklichen: eine Landreform beziehungsweise die Regulierung der Flüsse, eine verbesserte Verwaltung und die Mitsprache der lokalen Bevölkerung an lokalen politischen Entscheidungen durch Stadt- oder Gemeinderäte. Er ließ zahlreiche öffentliche Gebäude errichten, gründete eine Zeitung, eine Waffenfabrik, ein Krankenhaus, Waisenhäuser und eine Straßenbahn zwischen Bagdad und der schiitischen Vorstadt Kazimiyya. Aufgrund der zu kurzen Amtszeit blieben aber auch seine Reformen in den Ansätzen stecken. Später wurde er mehrfach Großwezir des Osmanischen Reiches, fand aber keine Gelegenheit mehr, seine Bemühungen um eine Verbesserung der Verhältnisse im Irak weiter voranzutreiben. Seine Konflikte mit dem autokratischen Sultan Abd al-Hamid II. (1876–1908) führten dazu, daß er politisch neutralisiert und 1883 schließlich ermordet wurde.

Die politische und gesellschaftliche Entwicklung im Irak war selbstverständlich eng verknüpft mit der politischen Situation in Istanbul und insofern auch mit der internationalen politischen Lage. Das Osmanische Reich war seit der zweiten Hälfte des 19. Jahrhunderts zum *kranken Mann am Bosporus* degeneriert. Die großen europäischen Mächte brachten ihr Interesse am Erbe dieses *kranken Mannes* immer deutlicher zum Ausdruck. Es herrschte eine ständige Konkurrenz, vor allem zwischen Rußland und Deutschland, aber auch Frankreich, um politischen Einfluß und wirtschaftliche Kontrolle über die östliche Mittelmeerregion.

Diese Konstellation wirkte sich auch auf den Irak aus. Hier besaßen die Briten traditionell eine einflußreiche Position. Durch zahlreiche Beistandsverträge mit Stammesscheichs und Emiren, die völkerrechtlich zu derartigen Abkommen gar nicht berechtigt waren, versuchten sie ihre Position noch zu festigen. Strategisches Ziel dieser diplomatischen Offensiven war die Sicherung des Seewegs nach Indien. Einer dieser Verträge, der mit dem Emir von Kuwait, sollte ein Jahrhundert später Konsequenzen zeitigen, die den irakischen Staat in seiner Existenz gefährdeten. Die Deutschen hingegen versuchten, ihren wirtschaftlichen Einfluß im Osmanischen Reich wie in der irakischen Provinz zu vergrößern. Bekanntester Beleg dafür ist der Bau der Bagdad-Bahn, der mit deutschem Kapital und deutscher technischer Hilfe im Jahr 1899 begann. Die deutsche Position wurde gestärkt, als das *Komitee für Einheit und Fortschritt* 1908 den Jung-Türken Sultan Abd al-Hamid absetzte und die Regierung übernahm. Die treibende Kraft dieser Militärjunta,

Enver Pascha, hatte in Deutschland seine Generalstabsausbildung erhalten und später als osmanischer Militärattaché in Berlin Dienst getan. Neben strategischen Überlegungen wie der grundsätzlichen Gegnerschaft gegenüber Rußland waren es auch diese persönlichen Beziehungen, die dazu führten, daß das Osmanische Reich 1915 an der Seite der Mittelmächte in den Ersten Weltkrieg eintrat. Im gleichen Jahr landete ein britisches Expeditionskorps in Basra, wurde aber von osmanischen Truppen, die von schiitischen Stammeskriegern unterstützt wurden, bei Kut und Amara schwer geschlagen. Unter verlustreichen Kämpfen gelang es den britischen Truppen erst 1918, Mosul zu erobern und damit die Kontrolle über das alte Mesopotamien zu übernehmen.

Der Irak unter der Monarchie
(1918–1958)

Bereits während des Ersten Weltkriegs hatten die Alliierten England und Frankreich eine Neuordnung des Nahen Ostens vereinbart, die nach dem Ende der Kämpfe gegen das Osmanische Reich umgesetzt werden sollte. In einem geheimen Vertrag, dem Sykes-Picot-Abkommen, waren die osmanischen Provinzen Basra, Bagdad und Mosul als britische Einflußsphäre definiert worden. Daher übte die britische Militärverwaltung ab 1918 die Kontrolle über diese Gebiete aus. Damit stieß sie aber auf den Widerstand der Bevölkerung. Deren Interessenvertretung war davon ausgegangen, daß auch für sie das von US-Präsident Wilson proklamierte Recht der Selbstbestimmung der Völker gelte. Sehr schnell wurden in Bagdad und den schiitischen Zentren von Kerbela und Najaf Rufe nach einem *Irak von Basra bis Mosul* laut. Im Norden des Gebietes verlangten Politiker die Schaffung eines kurdischen Nationalstaates. Genauere Vorstellungen von den territorialen Grenzen dieser Staaten bestanden allerdings nicht. Die britische Verwaltung, die dem India-Office in London unterstellt war, ignorierte diese Forderungen und baute eine Verwaltungsstruktur auf, die sich auf das ganze Land erstreckte. Selbst in kleinen Provinzstädten setzte man britische Verwalter ein. Häufig handelte es sich um junge, wenig erfahrene Offiziere. Im Laufe des Jahres 1919 wuchsen die Spannungen zwischen der britischen Verwaltung und der Bevölkerung kontinuierlich. Im Frühjahr 1920 kam es zu allgemeinen Volksaufständen, die als *Revolution von 1920* in die irakische Geschichtsschreibung eingingen.

Man kann diese Aufstände als Auslöser der eigentlichen Konstituierung einer irakischen Identität bezeichnen. Die Ablehnung der britischen Verwaltung vereinigte Schiiten, Sunniten, Juden und Christen, Araber, Kurden und Turkmenen. Sunnitische Gelehrte predigten in schiitischen Moscheen, und schiitische Mullahs nahmen an den sunnitischen Feiern zum Geburtstag des Propheten Muhammad teil. Führende christliche und jüdische Geistliche in Bagdad besuchten die schiitischen Moscheen in der Bagdad vorgelagerten Stadt Kazimiyya. Nach anfänglichen militärischen Erfolgen wurde die Aufstandsbewegung allerdings von britischen Truppen niedergeschlagen, die zum ersten Mal im Nahen Osten Militärflugzeuge einsetzten. Die Kosten der Kriegführung und die für eine Fortsetzung der britischen Kontrolle des Landes veranschlagten Finanzmittel waren aber so beträchtlich, daß das britische Unterhaus eine andere politische Lösung für den Irak verlangte.

Schließlich wurde 1921 das Königreich Irak unter dem Mandat des Völkerbunds gegründet. Als Mandatsmacht kontrollierte Großbritannien weiterhin die politische Entwicklung des Landes. Als König wurde Emir Faisal aus der haschimitischen Scherifen-Familie in Mekka inthronisiert. Faisal hatte mit den Briten während des Ersten Weltkriegs gegen osmanische Truppen gekämpft. Die Briten hatten ihm die Errichtung eines großen arabischen Königreichs versprochen, diese Zusage aber nicht eingehalten. Anfänglich waren weite Teile der Bevölkerung des Irak mit dem König einverstanden, wenn sie auch Faisals Bruder Abdallah bevorzugt hätten, der dann König von Transjordanien wurde. Faisal konnte seinen Stammbaum auf den Propheten Muhammad zurückführen. Als er, von Basra kommend, auf dem Weg nach Bagdad die schiitischen heiligen Städte Kerbela und Najaf besuchte, titelten schiitische Zeitungen: »Faisal an den Gräbern seiner Großväter«. Vor allem die schiitische Mehrheit im Lande machte dem neuen König unmißverständlich klar, daß sie eine enge Kooperation mit den Briten nicht tolerieren würde. Angesichts der gegebenen Machtverhältnisse war eine solche Zusammenarbeit für Faisal jedoch unumgänglich. Jeder irakische Funktionsträger in Verwaltung und Politik hatte einen britischen *Berater* an seiner Seite, der sich im Konfliktfall regelmäßig durchsetzte.

Auch nachdem das Land 1932 in den Völkerbund aufgenommen worden und damit formal unabhängig war, veränderte sich an der britischen Einflußnahme faktisch kaum etwas. Als die Unruhe unter den Schiiten angesichts dieser Situation weiter wuchs, griffen die Briten und die neue irakische Verwaltung ein und deportierten die wichtigsten schiitischen Unruhestifter. Die irakische Verwaltung wurde von sunnitischen Offizieren und Politikern dominiert, die mit Faisal in ein Land gekommen waren, das sie teilweise nie zuvor gesehen hatten. Der bekannteste unter ihnen war der vielfache Außen- beziehungsweise Verteidigungsminister und Ministerpräsident Nuri al-Said. Mit dem Schlag gegen die Schiiten stärkten die sunnitischen Kräfte auch ihre eigene Position. In der Folge boykottierten die Schiiten die Volksabstimmung über eine irakische Verfassung und weigerten sich zunächst, überhaupt an der politischen Leitung und der Verwaltung des Landes teilzunehmen. Als sie sich der Konsequenz ihrer Verweigerungshaltung bewußt wurden, waren die entscheidenden Positionen und Funktionen in Regierung und Verwaltung schon vergeben. Den Schiiten blieben nur Ämter wie das des Erziehungsministers, die für die politischen Entscheidungen keine Rolle spielten. Von diesem Zeitpunkt an fühlten sich die Schiiten als Mehrheit, die im eigenen Land wie eine Minderheit behandelt wurde. Dabei verbitterte sie besonders, daß sie als die *Helden der Revolution von 1920* nun leer ausgingen.

Die politische Entwicklung im Irak war in den Jahren bis zum Zweiten Weltkrieg von zwei politischen Tendenzen gekennzeichnet. Einerseits verstärkten sich die Spannungen zwischen den verschiedenen Volksgruppen; Schiiten und Kurden rebellierten gegen die britisch gestützte sunnitische Dominanz. Andererseits kam im Irak ein intensiver arabischer Nationalismus auf, der vor allem die jungen Menschen faszinierte. Daher erhielt die Opposition gegen die britenfreundliche Regierung Zulauf. Die gleichzeitigen politischen Veränderungen in Europa, insbesondere das Anwachsen faschistischer Strömungen, wurden im Irak mit Sympathie verfolgt. Zahlreiche irakische Studenten immatrikulierten sich an deutschen Universitäten. Nach dem Vorbild der Hitler-Jugend wurde eine staatliche Jugendorganisation gegründet. Die britische Tolerierung der jüdischen Einwanderung nach Palästina brachte die arabischen Nationalisten im Irak auf. Die nationalistische Regierung unter Raschid Ali al-Ghailani, die ab April 1940 mit Unterbrechungen an der Macht war, weigerte sich, Deutschland den Krieg zu erklären, und beharrte auf ihrer Neutralität. Als 1941 britische Truppen das Land von Süden in Richtung Palästina durchqueren wollten, wertete die irakische Regierung diese Militäroperation als Verletzung der Neutralität des Landes und griff die Truppen an. Im kurzen *Irakisch-Britischen Krieg* wurde die irakische Armee geschlagen; die irakische Regierung hatte vergeblich auf deutsche Unterstützung gehofft. Raschid Ali al-Ghailani und andere nationalistische irakische Politiker gingen nach Deutschland ins Exil. Eine England freundlich gesinnte Regierung wurde eingesetzt, die unter Berufung auf das Kriegsrecht jede Opposition unterdrückte.

Nach Kriegsende und dem Beginn des Kalten Krieges wurde der Irak in die von den Westmächten entwickelte Strategie der *Eindämmung der Staaten des Warschauer Paktes* einbezogen. Gemeinsam mit dem Nato-Staat Türkei wurde der Irak neben Iran und Pakistan Mitglied im Bagdad-Pakt. Seit Beginn der fünfziger Jahre hatten sich im Nahen Osten aber politische Veränderungen ergeben, die auf den Irak nicht ohne Wirkung blieben. Der Erfolg der *freien Offiziere* 1952 in Ägypten und der Aufstieg von Gamal Abd el-Nasser zum Helden der arabischen Massen sowie auch das nahezu unbemerkte, aber effektive Wirken der in Syrien in der zweiten Hälfte der vierziger Jahre gegründeten Baath-Partei schwächten die Stellung der Regierung von Nuri al-Said. Dieser versuchte, mit der Planung einer Vereinigung der haschimitischen Königreiche Irak und Jordanien ein Gegengewicht gegen die panarabischen Strömungen zu bilden. Gleichzeitig war auch die Kommunistische Partei des

Irak nicht ohne Erfolge geblieben. Sie rekrutierte ihre Anhänger aus der neuen Gesellschaftsschicht der Arbeiter in der Erdölindustrie, aber auch unter den zahlreichen, vor allem schiitischen Landflüchtlingen, die sich der Unterdrückung durch die Großgrundbesitzer mittels Flucht in die großen Städte des Landes entzogen hatten. Hauptsächlich in Slumgebieten angesiedelt, lebten sie in erbärmlichen Verhältnissen. Die zweite Hälfte der fünfziger Jahre war im Irak durch ständige Demonstrationen verschiedener Oppositionsgruppen gekennzeichnet. Gleichzeitig war unter dem legendären Mullah Mustafa Barzani ein andauernder Kleinkrieg kurdischer Milizen gegen die Zentralregierung im Norden des Landes entbrannt. Den herrschenden Kreisen des Landes war längst das Gefühl für die politischen und gesellschaftlichen Realitäten abhanden gekommen. Ministerpräsident Nuri al-Said erklärte einem europäischen Journalisten, die Kugel, die ihn töten werde, sei noch nicht gegossen. Am frühen Morgen des 14. Juli 1958 griff eine Panzerbrigade unter dem Kommando des Generals Abd al-Karim Qassem den Königspalast an, besetzte den Rundfunksender und versuchte des Ministerpräsidenten Nuri al-Said habhaft zu werden. Nahezu die gesamte Königsfamilie wurde bei der Attacke getötet, der zunächst flüchtige Nuri al-Said wurde zwei Tage später von der Menge gelyncht. Der Rundfunk verkündete das Ende der Monarchie und die Übernahme der Macht durch den *Revolutionären Kommandorat.*

Der republikanische Irak
(1958–2014)

Die Dekade zwischen der Revolution von 1958 und der endgültigen Machtübernahme durch die *Arabische Sozialistische Baath-Partei* 1968 war von großen politischen Unsicherheiten und ideologischen Spannungen in der irakischen Gesellschaft geprägt. In den ersten Monaten der Herrschaft von General Qassem herrschte eine Stimmung des »Alles ist möglich«. Die Erstarrung der letzten Jahre der Monarchie schien beendet, der Aufbruch in eine neue Zeit und Gesellschaft wahrscheinlich. Doch schon bald machten sich ideologische und persönliche Spannungen im herrschenden *Revolutionären Kommandorat* bemerkbar.

Sie resultierten aus den Ambitionen der beiden *Frontleute der Revolution*, des General Qassem und seines ehemaligen Adjutanten Oberst Abd al-Salam Aref. Qassem war ein charismatischer, ideologisch aber nicht gebundener Militär. Aref dagegen fühlte sich dem ägyptischen Revolutionsführer Abd al-Nasser und seiner Ideologie eines panarabischen Nasserismus verbunden. Beide besaßen nur geringe Erfahrungen in praktischer Politik. Aref plädierte für den Anschluß des Irak an die *Vereinigte Arabische Republik*, die kurz zuvor aus dem Zusammenschluß von Ägypten und Syrien, später auch von Jemen, hervorgegangen war. Qassem lehnte diese Vorstellung energisch ab. Aref, der Innenminister geworden war, versuchte mehrfach, Qassem abzusetzen, der im Gegenzug seinen jüngeren Rivalen aus dem Ministeramt entließ und als irakischen Militärattaché nach Bonn entsandte.

Die Spannungen zwischen den beiden Männern wirkten sich auf alle Ebenen des Offiziercorps aus und politisierten das Militär. Nasseristen und Vertreter eines irakisch-arabischen Nationalismus standen sich gegenüber. Beide Fraktionen einte allerdings die Gegnerschaft gegen die Irakische Kommunistische

Partei, die eine eigene Miliz aufgestellt hatte und in Massenorganisationen wie Gewerkschaften, Frauen- oder Lehrerverbänden bereits großen Einfluß ausübte. In den fünf Jahren seiner Herrschaft betrieb Qassem eine Art Schaukelpolitik, in der er abwechselnd verschiedene Formen des arabischen Nationalismus und die Kommunistische Partei unterstützte.

In Mosul versuchten im März 1959 Offiziere, die Gamal Abd el-Nasser unterstützten, einen ersten Putsch gegen Qassem, der mit kommunistischer Hilfe niedergeschlagen wurde. Im Juli des folgenden Jahres kam es zu Massakern gegen Turkmenen in der nördlich von Bagdad gelegenen Ölstadt Kirkuk, die den Kommunisten angelastet wurden. Nach einer kurzen Friedensphase erhoben sich in Irakisch-Kurdistan erneut kurdische Nationalisten. Am 7. Oktober 1959 scheiterte unter Beteiligung von Saddam Hussein ein Attentat auf Qassem. Danach hielt sich Qassem für unverletzbar und zeigte Anflüge von Megalomanie. Vor allem in der einfachen Bevölkerung des Landes hatte er einen starken Rückhalt. Hatte er doch mit Unterstützung der kommunistischen Gewerkschaften für eine Reihe von Verbesserungen ihrer Lebensbedingungen gesorgt. Dazu gehörte die Reform des Gesundheitswesens, eine Initiative zur Einrichtung einer Sozialversicherung und die Errichtung einer einfachen Siedlung für die mehrheitlich schiitischen Slumbewohner Bagdads. Die Bagdader Siedlung erhielt den Namen *Madinat al-Thaura* (»Stadt der Revolution«). Später in Saddam City umbenannt, heißt sie heute al-Sadr City. Unter Qassem hatte vor allem die schiitische Bevölkerungsmehrheit den Eindruck, daß sie erstmals gerecht behandelt wurde. Qassem näherte sich zwar der Sowjetunion an und erweckte so das Mißtrauen der USA, hielt aber immer eine erkennbare Distanz zu Moskau, auch um den innenpolitischen Einfluß der irakischen Kommunisten zu begrenzen.

Um von den innenpolitischen Schwierigkeiten abzulenken und sich als arabischer Nationalist zu profilieren, erhob Qassem 1961 Anspruch auf das eben aus britischer Kolonialverwaltung entlassene Kuwait. Damit stieß er auf Widerstand bei der internationalen Staatengemeinschaft, vor allem aber auch bei der *Liga der arabischen Staaten.* Auf diese Weise isolierte sich Qassem international zusehends. Auch in den einflußreichen Kreisen der irakischen Gesellschaft verlor er mehr und mehr an Rückhalt. Am 8. Februar 1963 kam es mit Unterstützung der CIA zu einem Staatsstreich unter Führung von Abd al-Salam Aref, an dem auch die Baath-Partei beteiligt war. Qassem wurde erschossen, sein Leichnam tagelang im irakischen Fernsehen vorgeführt. In der Folge kam es zu repressiven Maßnahmen zur Unterdrückung der Kommunisten. Bald aber gab es Spannungen im neuen *Revolutionären Kommandorat* zwischen Abd al-Salam Aref und seinen Anhängern einerseits und den Angehörigen der Baath-Partei andererseits. Aref gelang es relativ schnell, den Einfluß der Baath-Partei zurückzudrängen und sich die alleinige Macht im Lande zu sichern. Der neue Präsident hatte an politischer Erfahrung und Statur gewonnen. Mit Hilfe des zivilen Politikers Abd al-Rahman al-Bazzaz, eines gemäßigten arabischen Nationalisten, bemühte er sich um eine Beilegung des Konflikts mit den Kurden. Gleichzeitig versuchte er, die wirtschaftliche Lage des Landes zu verbessern, die unter der chaotischen Politik Qassems schwer gelitten hatte. Im Frühjahr 1966 kam Aref bei einem Hubschrauberabsturz ums Leben. Nachfolger wurde sein Bruder Abd al-Rahman Aref, ein farbloser General, der das Land in keiner Weise prägte.

Am 17. Juli 1968 unternahm die Baath-Partei mit Hilfe ideologisch anders orientierter Offiziere einen unblutigen Putsch. Die Anhänger der Baath-Partei blieben jedoch im Kabinett und *Revolutionären Kommandorat*, dem politischen Leitungsgremium des Landes, in der Minderheit. In der Koalition aus baathistischen, nasseristischen und anderen nationalistischen Offizieren konnte sich der Baathist Hasan al-Bakr als eine Art Kompromißkandidat durchsetzen und wurde Staatspräsident. Da die Baath-Partei verhindern wollte, sich wie fünf Jahre zuvor wieder von der Machtposition verdrängen zu lassen, begann al-Bakr sofort, entscheidende Positionen in der Armee und dem Sicherheitsapparat mit Parteimitgliedern zu besetzen. Zugleich pflegte er Kontakte zu verschiedenen Offizieren in der Absicht, sie für seine Partei zu gewinnen. Nach einigen Monaten hatte diese Politik der Baath-Partei die Macht im Land so dauerhaft gesichert, daß sie diese bis 2003 nicht wieder aus den Händen ließ.

Die Ideologie der Baath-Partei bestand aus einer Mischung von sozialistischen und nationalistischen, zunächst pan-arabistischen, später auch irakisch-nationalistischen Vorstellungen. Sie betonte den säkularen Charakter ihrer Überzeugungen und stand Formen des politischen Islams sunnitischer wie schiitischer Prägung ausgesprochen feindlich gegenüber. Ihr Slogan »Einheit, Freiheit, Sozialismus« forderte die politische Einheit der arabischen Welt und die Freiheit von allen Formen des Imperialismus, seien sie militärischer, politischer, wirtschaftlicher oder kultureller Art. Unter Sozialismus verstanden sie die Verstaatlichung der Energie- und Großindustrien. Kleine Gewerbetreibende und Angehörige freier Berufe konnten weiter als Privatpersonen wirtschaftlich aktiv bleiben. Bis Ende der 1960er Jahre verstand sich die Partei als Kaderpartei und hatte einen durchaus elitären Anspruch. Aufgrund der Dauer ihrer Machtausübung entwickelte sie sich im Irak jedoch schließlich zu einer Massenpartei. Angehörige der technischen und intellektuellen Elite wurden zur Mitgliedschaft gedrängt, wenn sie in staatlichen Einrichtungen tätig waren. So mußten Kraftwerksdirektoren, Professoren oder Chefs der Straßenreinigung in die Partei eintreten, um ihre Positionen zu behalten. Von Parteimitgliedern wurden ein bescheidenes Auftreten und Askese erwartet. Sie sollten sich ein Leben lang für die Partei und ihre Ziele aufopfern. Die eigentliche Macht aber blieb in den Händen der baathistischen Militärs und der Geheimdienste. Die Parteimitglieder wurden dazu angehalten, mit den militärischen und politischen Sicherheitsdiensten zusammenzuarbeiten und auf Gefahren für die Sicherheit des Staates und der

Herrschaft der Partei durch oppositionelle Kräfte hinzuweisen. Sollten solche Gefahren auftreten, hatten sie sogar bewaffnet Streifendienste zu leisten und die zentralen Punkte der Städte und des Landes auf diese Weise unter ihrer Kontrolle zu halten.

Die politischen Aktivitäten der Baath-Partei in den ersten zehn Jahren ihrer Herrschaft kann man unter der Überschrift »Entwicklungsdiktatur« zusammenfassen. Im ganzen Land wurden Alphabetisierungskurse durchgeführt, an denen auch ältere Personen teilnehmen mußten. In weiten Bereichen bemühte man sich um eine Verbesserung der gesellschaftlichen Stellung von Frauen. In Bagdad wie in den Provinzen wurden Universitäten ausgebaut oder neue Bildungseinrichtungen etabliert. Der baathistische Staat förderte insbesondere Architektur, bildende Kunst, Musik und Literatur. Nach dem Ölpreisschock des Jahres 1973 und der Nationalisierung der irakischen Ölindustrie verfügte der Staat über die erforderlichen finanziellen Mittel, um diese Bildungsprogramme mühelos zu realisieren.

Für die arabisch-nationalistische Ausrichtung in der Politik der Baath-Partei stellten die ethnischen beziehungsweise nationalen Minderheiten im Irak ein Problem dar, das es zu lösen galt. Schon in der Zeit der späten Monarchie und unter der Regierung der Aref-Brüder hatte es schwere Konflikte zwischen der kurdischen Bevölkerung im Norden des Landes und der Zentralmacht in Bagdad gegeben. Des weiteren lebte eine Vielzahl von iranischen Schiiten im Land, die sich seit Generationen in der Nähe der religiösen Einrichtungen der heiligen Städten Kerbela, Najaf, Kazimiyya und Samarra konzentrierten. Sie hatten es aus unterschiedlichen Gründen vorgezogen, ihre iranische Staatsbürgerschaft zu behalten. Das Problem aus Sicht der Baath-Partei bestand darin, daß die irakische politische Führung von diesen Gruppen keine Solidarität mit der arabischen Mehrheit erwartete. Mit den Vertretern der kurdischen Minderheit versuchte man zunächst zu einer politischen

Übereinkunft zu gelangen, bei der dieser eine gewisse politische und kulturelle Autonomie zuerkannt werden sollte. Diese Vereinbarung wurde aber nie in die politische Praxis umgesetzt. Stattdessen kam es 1988 nach verschiedenen Unterdrükkungsmaßnahmen und immer wieder neu aufflackernden Aufständen zu einer lang andauernden militärischen Aktion, die als »Operation Anfal« bekannt wurde und mit dem Giftgasangriff auf die kurdische Stadt Halabja einen schrecklichen Höhepunkt fand. Beim Umgang mit den schiitischen Iranern zeigten sich ganz ähnliche Vorgehensweisen. Diese wurden massenhaft, vor allem während des irakisch-iranischen Kriegs unter teilweise menschenunwürdigen Umständen über die Grenze in den Iran abgeschoben. Zu dem Kreis der Betroffenen gehörten auch arabische schiitische Stammesgruppen aus dem Südirak, die nach der Gründung des Königreichs Irak in den 1920er Jahren für den Iran optiert hatten, weil sie auf diese Art der irakischen Wehrpflicht entkommen konnten.

Das wichtigste politische Ziel der Baath-Herrschaft bestand darin, die Macht im Inneren zu erhalten oder bestenfalls auch über die Grenzen des Landes hinaus auszuweiten. Neben Hasan al-Bakr war dessen Neffe Saddam Hussein der starke Mann des Regimes. Er war Generalsekretär der Baath-Partei im Irak und kontrollierte die wichtigsten Geheimdienste. Hasan al-Bakr und Saddam Hussein stammten aus dem nördlich von Bagdad gelegenen Ort Tikrit. Sie sorgten nicht nur dafür, daß alle entscheidenden Positionen des Landes von Baathisten besetzt wurden, sondern sie bevorzugten darüber hinaus Personen aus Tikrit, die möglichst noch aus ihrer Großfamilie stammten. Kritik an dieser Tribalisierungspolitik aus den Reihen der Parteimitglieder wurde durch groß angelegte Säuberungsaktionen unterdrückt. Trotz guter Beziehungen zur Sowjetunion und den Staaten des sozialistischen Lagers betrafen diese Aktionen auch die Mitglieder der Irakischen Kommunistischen Partei, die durch dieses Vorgehen vollständig vernichtet wurde. Ebenso konsequent ging das Regime gegen kritische schiitische Geistliche vor. Die wichtigste ihrer Organisationen, die Hizb al-Da'wa (Partei des Werbens für den Islam), wurde 1989/1990 zerschlagen, konnte aber im Exil weiter arbeiten und spielt heute eine wichtige politische Rolle im Irak. Die genannten und weitere Unterdrückungsmaßnahmen wurden sämtlich von Saddam Hussein organisiert. Seine Machtposition hatte sich durch diese Operationen so gestärkt, daß er 1979 Hasan al-Bakr absetzte und auch das Amt des Staatspräsidenten übernahm.

Auf der außenpolitischen Ebene entwickelte sich eine heftige Konfrontation mit dem ebenfalls von der Baath-Partei dominierten Syrien. Diese Spannungen gingen vor allem auf die tiefe Feindschaft zwischen den wichtigsten Führungspersönlichkeiten beider Länder zurück. Die baathistische Regierung des Irak hatte sich stets um ein gutes Einvernehmen mit dem Schah-Regime im Iran bemüht. Die Grundlage dafür war die gemeinsame Ablehnung des politischen Potentials der schiitischen Geistlichkeit. Nach dem Sieg der »Islamischen Revolution im Iran« unter dem Religionsführer Ayatollah Khonmeini im Jahr 1979 veränderte sich die irakische Haltung dem Iran gegenüber. Die Revolution hatte einen weitgehenden Zusammenbruch der militärischen Strukturen der iranischen Armee zur Konsequenz gehabt. Zugleich kam es in der ölreichen Provinz Khusistan, die von einer arabischen Bevölkerungsmehrheit bewohnt wurde, zu Massenerhebungen gegen die Politik der neuen Revolutionsregierung. Die irakische Führung ging angesichts dieser Situation davon aus, daß sie erfolgreich eine militärische Invasion in dem Nachbarland unternehmen könnte. Am 22. September 1980 begannen die militärischen Operationen. Die ideologische Begründung gegenüber der eigenen Bevölkerung und der internationalen Öffentlichkeit für den Überfall lautete, daß die in der dem Südirak benachbarten iranischen Provinz »Ahwas« (der arabische Name) oder Khusistan lebenden, mehrheitlich arabischen Bewohner um einen

Anschluß an den arabischen Irak gebeten hätten. Auf diesen Wunsch hin sei der Irak den arabischen Brüdern und Schwestern zu Hilfe geeilt. Zunächst ging diese Rechnung tatsächlich auf. Die irakische Armee konnte große Teile der Provinz Khusistan unter ihre Kontrolle bringen. Doch dann kam die Invasion der irakischen Armee durch Gegenwehr zum Stillstand. Dem iranischen Revolutionsregime war es gelungen, durch den Einsatz der iranischen Revolutionsgarden, Padsaran, die einen hohen Kampfeswillen an den Tag legten, die irakischen Kräfte wieder zurückzudrängen. Insgesamt brachten die Iraner bis zu circa 300 000 Soldaten auf den Kriegsschauplatz, deren eine sehr viel geringere Zahl von irakischen Soldaten gegenüber stand. Hinzu kamen die Freiwilligen der Basij, einer revolutionären Miliz, deren Mitglieder zu Tausenden gegen die irakischen Stellungen anrannten. Unter den Basij waren auch zahlreiche Kinder und Heranwachsende, die in der festen Hoffnung auf das Paradies den Opfertod suchten. Die bessere militärische Ausrüstung der Iraker reichte zunächst nicht aus, um erfolgreich gegen die iranischen Menschenmassen zu operieren. Spätestens Ende 1980 wurde der irakischen Führung wohl bewußt, daß die als »Blitzkrieg« geplante Operation nicht zu einem Erfolg führen konnte.

In dieser prekären Phase des Krieges waren die westlichen Mächte, insbesondere die USA, an einem militärischen Erfolg des Irak interessiert. Sie hofften, auf diese Weise die iranische Revolutionsregierung so sehr zu desavouieren, daß sie aufgeben müßte. Westliche Aufklärungseinheiten und AWACS-Flugzeuge kontrollierten daher konsequent die militärischen Bewegungen der iranischen Einheiten und gaben diese Informationen an die irakische Seite weiter. Unterstützt wurden die Aktionen durch umfangreiche westliche Waffenlieferungen, die zunächst aber keine eindeutigen Wirkungen entfalteten. Die Hauptursache für die wachsende Schwäche der irakischen Truppen lag darin, daß Saddam Hussein persönlich veranlaßt hatte, die einsatzstärksten Einheiten der Armee nicht in die Kämpfe einzubeziehen. Diese verblieben in der Umgebung der Hauptstadt und hatten die Aufgabe, die Schaltzentralen der Macht und die Führung des Landes vor eventuellen iranischen Angriffen, aber auch vor Putschversuchen ehrgeiziger irakischer Offiziere zu schützen. Dies zeugt von der mangelnden militärischen Erfahrung Saddam Husseins, der die Sicherung seiner Macht für wichtiger erachtete als die militärischen Erfolge in Khusistan. Seit 1982 verstärkten sich nun die militärischen Erfolge des Iran. Weite Teile der von den Irakern besetzten Gebiete wurden zurückerobert und die iranischen Truppen überschritten im Südirak zum ersten Mal die iranisch-irakische Grenze. Am 20. Juni 1982 verkündete Saddam Hussein einen einseitigen Waffenstillstand, der von der iranischen Seite aber abgelehnt wurde. Auch Saudi-Arabien schlug einen Waffenstillstand und eine Summe von 70 Milliarden US-Dollar als Wiedergutmachung für iranische Kriegsschäden vor, denn dem Königreich auf der Arabischen Halbinsel konnte nämlich an einer Stärkung des Regimes im Iran nicht gelegen sein. Die dort vorherrschende Ideologie des Wahhabismus ist ein strikter Gegner der Schia, die im Iran Staatsreligion ist. Die Kriegsziele der iranischen Führung hatten sich angesichts ihrer Erfolge unterdessen jedoch geändert. Jetzt ging es ihr nicht mehr nur um die Verteidigung des eigenen Landes, sondern um die Eroberung des Irak. Nach iranischer Überzeugung hätte dann ein Staat entstehen können, der die internationale Ölproduktion dominiert hätte. Auf dieser wirtschaftlichen Basis hätten schließlich auch die Ziele der *Islamischen Revolution* entsprechende politische Macht gewinnen können. Die Führung der *Islamischen Revolution* hoffte darauf, den Königen und Emiren in der Region große Schwierigkeiten zu bereiten. Gleichzeitig wurde propagandistisch betont, daß im Zusammenhang mit einem iranischen Sieg auch die größten Heiligtümer der Schiiten in Kerbala, Najaf, Kazimiyya und Samarra von der gottlosen Herrschaft der Baath-Partei befreit würden. Dieses religiöse Motiv parierte Saddam Hussein mit der Betonung seiner Islamizität. Plakate und Postkarten von seiner Pilgerreise nach Mekka ließ er überall verbreiten. Ferner gab er den Auftrag, einen Stammbaum seiner Familie zu entwickeln als Beleg dafür, daß die großen schiitischen Heiligen, Ali, Hassan und Hussein, zu seinen Stammvätern gezählt wurden. Im Fernsehen las er unter Tränen deren Leidensgeschichte vor. Diese propagandistischen Bemühungen waren aber sicher nicht der hauptsächliche Grund dafür, daß die Mehrheit der Schiiten im Irak sich ihrem Land gegenüber loyal verhielt. Ursache für diese Haltung waren eher die innerschiitischen Konflikte.

Die Iraner verstärkten im Lauf der folgenden Jahre ihre Angriffe und konnten zwischen 1982 und 1988 vor allem im Bereich des Schatt al-Arab beträchtliche Erfolge erzielen. Auf diese Weise wurde auch die irakische Kriegsmarine in ihren Basen eingeschlossen und damit an maritimen Aktionen gehindert. Die iranischen Strategen schnitten dem Irak so den Zugang zum Golf ab. Zu den eroberten Gebieten gehörte auch die wichtige Stadt Fao. Zugleich wurde im Norden des Irak eine weitere Front eröffnet und in einem Mittelabschnitt sogar Bagdad direkt bedroht. Ab 1987 beschossen außerdem beide Seiten mit Raketen die wichtigsten Städte der jeweils anderen Kriegspartei. Ein Jahr später verstärkte sich dieser Luftkrieg noch. Gleichzeitig konnten die irakischen Truppen dank veränderter strategischer Konstellationen wieder Erfolge verzeichnen und die von iranischen Truppen besetzten irakischen Gebiete zurückgewinnen. Die Ursache für diese Erfolge lag in der immer weiter anwachsenden Überzahl von irakischen Panzern, schweren Waffen und fliegendem Gerät. Seit 1984 war der Irak zum größten Waffenimporteur der Welt avanciert. Angesichts dieser strategischen Übermacht erklärte sich der iranische Revolutionsführer, Ayatollah Khomeini am 18. Juni 1988 zu einem Waffenstillstand bereit. Khomeini erklärte, diese Entscheidung sei für ihn schlimmer gewesen, als einen Becher mit Gift zu trinken. Ab dem 20. August, 03.00 Uhr ruhten die Waffen. Nach vorsichtigen Schätzungen kostete der Krieg

367000 Menschen das Leben. Mehr als 100 000 Soldaten auf beiden Seiten gerieten in Kriegsgefangenschaft. Nach Schätzungen wurden auch noch 20 Jahre nach dem Waffenstillstand mehrere 10 000 Soldaten vermißt. Die materiellen Schäden auf der iranischen Seite wurden auf 644 Milliarden Dollar geschätzt, die auf der iranischen Seite auf 452 Milliarden Dollar.

Durch den Krieg war der Irak in schwere wirtschaftliche und finanzielle Schwierigkeiten geraten. Als Saddam Hussein seiner Bevölkerung nun eine lange erwartete allgemeine Reisefreiheit verkündete, mußte binnen Tagen der Devisenumtausch eingestellt werden, weil die Nationalbank über keinerlei Reserven an Fremdwährungen mehr verfügte. Zwar erholte sich der Irak in den folgenden 14 Monaten wirtschaftlich deutlich und die Bevölkerung wurde zusehends optimistischer. Saddam Hussein bat jedoch angesichts der immer noch schwierigen wirtschaftlichen Situation die benachbarten Ölstaaten um finanzielle Unterstützung, vor allem Saudi-Arabien. Diese Bitten blieben jedoch erfolglos. Im Sommer 1990 schließlich beschuldigte der Irak das benachbarte Kuwait durch Schrägbohrungen Öl von irakischen Ölfeldern an der gemeinsamen Grenze abzupumpen. Die Iraker forderten finanzielle Wiedergutmachung und eine Beendigung der unrechtmäßigen Aktionen. Die kuwaitische Seite bestritt derartige Handlungen und lehnte jede Kompensation ab.

Zeitgleich hatte sich die Beurteilung des Irak in der internationalen Öffentlichkeit schlagartig verändert. Nun rückten die Menschenrechtsverletzungen durch das Regime in den Vordergrund des Interesses. Der anglo-indische Journalist Farzad Bazoft, der für verschiedene britische Zeitungen arbeitete, wurde nach kurzem Prozess im März 1990 hingerichtet. Es häuften sich Meldungen über die Produktion von atomaren, biologischen und chemischen Waffen, die durchaus den Tatsachen entsprachen. Im Juni 1981 hatten israelische Kampfflugzeuge einen aus Frankreich importierten atomaren

Forschungsreaktor zerstört, der allerdings schon zuvor durch iranische Luftschläge während des Krieges in Mitleidenschaft gezogen worden war. Wie weit der Irak damals mit der Herstellung einer Atombombe bereits gediehen war, kann nicht mehr endgültig festgestellt werden. Inwieweit biologische Waffen zu diesem Zeitpunkt einsatzfähig gewesen wären, blieb ebenfalls unklar. Chemische Waffen wiederum hatten sich bereits in Halabja als beklagenswert erfolgreich gezeigt.

Anfang Mai 1990 besuchte eine hochrangige Delegation von US-amerikanischen Politikern den Irak. Ihnen gegenüber beklagte sich Saddam Hussein über das kuwaitische Verhalten. Darauf erklärte der die Delegation führende Senator, Präsident Bush habe ihm gesagt, die USA könnten nach dem Zusammenbruch des Ostblocks nun nicht mehr als Weltpolizist auftreten. Saddam Hussein interpretierte die Äußerung als amerikanisches Einverständnis zu einer irakischen Aktion gegen Kuwait und ließ seine Truppen am 2. August 1990 in Kuwait einmarschieren. Damit begann das Vorspiel zum so genannten 2. Golfkrieg. Die irakischen Einheiten konnten das kleine Land ohne großen Widerstand unter ihre Kontrolle bringen. International entstand durch diese Aktion die Befürchtung, daß der Irak nun auch weiter nach Saudi-Arabien vorstoßen würde. In diesem Fall hätte der Irak Zugriff auf über mehr als zwei Drittel der Ölreserven der Welt gehabt. Vor allem durch die heftige Intervention der britischen Premierministerin Margaret Thatcher wurde auf der Basis verschiedener UN-Resolutionen ein sich ständig verschärfendes Embargo über den Irak verhängt. Unter dem Code-Namen »Desert Shield« formierte sich eine internationale Truppenallianz, die Richtung Saudi-Arabien in Marsch gesetzt wurde. Verstärkt durch Propaganda der im Exil befindlichen kuwaitischen Führung standen die internationale Gemeinschaft und insbesondere auch große Teile der arabischen Welt auf Seiten der Alliierten. Verschiedene irakische Angebote für einen Rückzug wurden von der Administration Bush abgelehnt, weil Saddam Hussein dabei Bedingungen an die territoriale Freigabe Kuwaits knüpfte. Manche amerikanische und internationale Beobachter hielten eine diplomatische Beilegung des Konflikts weiterhin für möglich. Angesichts des erheblichen finanziellen und materiellen Aufwands der Alliierten und deren militärischer Überlegenheit bestand die amerikanische Führung aber auf den Waffengang. Am 16. Januar 1991 begannen mit der Operation »Desert Storm« die Angriffe der alliierten Truppen auf die irakische Armee in Kuwait und die irakischen Stellungen im Süden des Irak mit mehrere Wochen andauernden Luftangriffen. Die Bodenoperationen, die am 24. Februar 1991 begannen, zwangen die irakischen Truppen dazu, sich ins Landesinnere zurückzuziehen. Die alliierten Kräfte stießen sehr viel schneller vor, als erwartet worden war. Denn die irakischen Soldaten waren durch die permanenten Luftangriffe, gegen die die irakische Flugabwehr kaum etwas ausrichten konnte, völlig demoralisiert. Bei der Gefangennahme irakischer Soldaten kam es in zwei Fällen zu Massakern durch US-Militär, was im Jahr 2000 eindeutig nachgewiesen wurde. Am 28. Februar 1991 verkündete Präsident Bush eine Waffenruhe. Im Südirak, nahe der Grenze zu Kuwait kam es in Anwesenheit des alliierten Oberkommandierenden, General Schwarzkopf, zu Waffenstillstandsverhandlungen, bei denen irakische Offiziere die alliierten Teilnehmer in vielen Punkten in die Irre führten, weil diese mit den religiösen, ethnischen und politischen Verhältnissen des Irak nicht vertraut waren. Zu den folgenreichen Entscheidungen der Alliierten gehörte die Erlaubnis, daß die irakische Armee weiterhin bewaffnete Hubschrauber benutzen dürfte. Von Bedeutung war im Ergebnis aber vor allem, daß die alliierten Truppen nicht nach Bagdad vorrückten und es keinen Regimewechsel gab. Saddam Hussein und die Baath-Partei blieben somit an der Macht. Die US-Administration hatte keine Überlegungen über die Zukunft des Landes angestellt, außer daß sie vermeiden wollte, daß der Iran größeren Einfluß im Irak gewinnen könnte. Statt dessen hatte Präsident Bush an die irakischen Schiiten und Kurden appelliert, sich eigenständig gegen das Regime zu erheben und ihnen in diesem Fall die Unterstützung der USA zugesagt. Darauf vertrauend erhoben sich die Schiiten im Südirak und die Kurden in den Gebieten des Nordens gegen die Zentralregierung, woraufhin die irakischen Elitetruppen gegen sie mit aller Härte vorgingen. So konnten die Schiiten gegen die bewaffneten Hubschrauber der Armee und die Panzerfahrzeuge nichts ausrichten. Die aufständischen kurdischen Milizen mußten zu Tausenden über die Grenzen nach Syrien, in die Türkei und in den Iran fliehen. Die versprochene amerikanische Hilfe blieb aus. Präsident Bush erklärte, er habe nicht damit gerechnet, daß man seiner Aufforderung folgen würde. Noch heute ist diese Haltung der USA fest in der irakischen Erinnerung eingeschrieben. Erst im April 1991 wurden zum Schutz der Bevölkerung Flugverbotszonen im Norden und Süden des Landes durch die UNO eingerichtet, die irakischen Militärflugzeugen Operationen in diesen Regionen untersagte. Für bewaffnete Hubschrauber galt dieses Verbot allerdings weiterhin nicht. Im Norden erleichterten die Flugverbotszonen die Situation kurdischer Milizen. Im Lauf der folgenden Jahre entwickelte sich dort eine nahezu autonome Region, in der die Zentralregierung einen immer geringeren Einfluß ausüben konnte.

Die Zahl der getöteten Soldaten während der Operation »Desert Storm« wird bei den Alliierten auf circa 400 geschätzt, die der Verwundeten auf fast 3 000. Die Verluste an Menschenleben auf irakischer Seite belaufen sich auf 25 000 bis 75 000 Tote, was allerdings eine sehr vage Angabe ist. Schätzungen der zivilen Toten reichen bis zu 35 000. Die Zahl der Opfer bei den folgenden schiitischen und kurdischen Volksaufständen ist hier nicht eingerechnet. Bei den Überlebenden auf militärischer wie ziviler Seite muß auch noch mit langfristigen Folgen gerechnet werden, weil zum Beispiel alliierte Truppen Geschosse mit abgereichertem Uran verwendet hatten.

Im 2. Golfkrieg wurde zum ersten Mal in der Kriegsgeschichte das Konzept des ‚embedded journalist' konsequent eingesetzt. Die die Truppen begleitenden Journalisten konnten nicht unabhängig von den sie kontrollierenden Offizieren berichten. Es bestätigte sich der Satz: »Das erste Opfer des Kriegs ist die Wahrheit.« Bereits im Vorfeld der militärischen Auseinandersetzungen war die neue Technologie des Satellitenfernsehens erstmals angewendet worden, bei der der amerikanische Nachrichtensender CNN über die sich laufend ändernden politischen und militärischen Entwicklungen nahezu zeitgleich berichtete.

Schon lange vor dem Beginn der Kampfhandlungen hatte die irakische Regierung umfangreiche Ankäufe von Baumaterialien vor allem in Jordanien getätigt. Daher konnte unmittelbar nach dem Waffenstillstand mit dem Wiederaufbau von Gebäuden, Straßen und Kommunikationswegen begonnen werden. Drei Jahre nach dem Krieg waren zumindest in Bagdad keine äußeren Kriegsschäden mehr zu erkennen. Eine Bunkeranlage, in der durch alliierten Beschuß hunderte von Frauen und Kindern umgekommen waren, blieb als Mahnmal in seiner zerstörten Form erhalten. Eins der ersten Gebäude, das in Bagdad wieder aufgebaut wurde, war die armenische Kirche im Zentrum der Stadt.

Die folgenden zwölf Jahre nach dem Ende des 2. Golfkriegs waren von andauernden Spannungen gekennzeichnet, die durch fortlaufende Waffenkontrollen von UNO-Inspektoren und die irakischen Reaktionen darauf zustande kamen. Ziel dieser Untersuchungen war es, die Produktion von Massenvernichtungswaffen im Irak zu unterbinden. Heute steht fest, daß es zumindest der amerikanischen Administration darum ging, das Regime auf diese Weise insgesamt zu schwächen und eine fortlaufende Begründung für die Embargo-Praxis zu schaffen. Unter diesem Embargo litt vor allem die Zivilbevölkerung. Nach UNO-Berichten starben an dessen Folgen jährlich bis zu 90 000 Kinder durch Mangelernährung und fehlende medizinische Versorgung. Zudem verarmte der irakische Mittelstand, der sich davon bis heute wirtschaftlich nicht erholt hat. Das Regime arrangierte sich indes mit der neuen Situation und sicherte seine politischen Positionen, indem es die irakischen sunnitischen, aber auch einige schiitischen Stammesverbände durch finanzielle Zuwendungen und die Bewilligung einer gewissen Entscheidungsfreiheit der Stammesführer stärkte. Außenpolitisch spielte das Land zwar keine bedeutende Rolle mehr, blieb aber vor allem für die USA weiterhin ein ständiges Ärgernis.

Nach den Terrorangriffen auf das World Trade Center am 11. September 2001 suchte die Administration von George Bush junior hektisch nach den Schuldigen. Eine Koalition von westlichen Staaten bemühte sich daraufhin, al-Qaida und die diese Gruppe unterstützende Taliban-Herrschaft in Afghanistan zu beseitigen. Aus amerikanischer Sicht boten die Ereignisse vom 11. September auch die Gelegenheit, das Regime von Saddam Hussein abzulösen und die 1991 nicht »erledigte Aufgabe« endlich abzuschließen. Mit teilweise sehr durchsichtigen diplomatischen und geheimdienstlichen Methoden auf Grundlage von offensichtlich gefälschten Dokumenten und bewußten Fehlinformationen versuchte die amerikanische Administration, der Weltgemeinschaft gegenüber einen Einmarsch in den Irak zu begründen. Am 20. März 2003 begann eine »Koalition der Willigen« ohne UNO-Mandat mit tagelangen Luftangriffen, denen eine Bodeninvasion von Süden aus folgte. Die Alliierten erklärten die Kampfhandlungen bereits am 14. April für beendet. Mehrere Faktoren hatten zu dem raschen Erfolg beigetragen. Zunächst einmal war die Ausrüstung der irakischen Armee sehr schlecht. Darüber hinaus demotivierten die permanenten Luftangriffe der Alliierten die irakischen Soldaten in starkem Maße. Schließlich gelang es den Alliierten auch noch, wichtige Kommandeure der Iraker durch Bestechung zur Aufgabe zu bewegen. Bei den Kampfhandlungen fielen 171 alliierte und circa 2 300 irakische Soldaten.

Nach dem Ende der militärischen Operationen stellte sich heraus, daß die US-Administration keinerlei Konzept für die Zukunft des Landes entwickelt hatte. Interessiert war man lediglich an der Sicherung der Ölquellen und -förderungsanlagen. Große Teile der irakischen Bevölkerung hatten die alliierten Truppen, speziell die US-Soldaten, mit einer gewissen Sympathie empfangen. Durch ungeschicktes Verhalten und Inkompetenz gelang es der militärischen und der zivilen Besatzungsadministration aber rasch, diese positive Haltung in Ablehnung zu verwandeln. Die Mitarbeiter der amerikanischen Botschaft und die Kommandeure der US-Armee in Bagdad schafften es, im Gegensatz zur britischen, in einigen südlichen Teilen des Irak nie, die öffentliche Sicherheit zu gewährleisten, die komplexen ethnischen, religiösen und politischen Strukturen des Landes zu verstehen und einen wirtschaftlichen Aufbau in die Wege zu leiten. Gegen die Anhänger des alten Regimes gingen die amerikanischen Sicherheitskräfte undifferenziert und mit brutaler Gewalt vor. Für diese Einstellung gegenüber der irakischen Bevölkerung steht das Gefängnis von Abu Ghraib, in dem irakische Gefangene schlimmsten Folterungen und Demütigungen durch amerikanisches Personal ausgesetzt wurden, als weltweites Symbol. Für ihre Inhumanität und Inkompetenz mußten die USA bis zu ihrem Abzug im Dezember 2011 einen hohen Blutzoll bezahlen. Nach offiziellen Angaben fielen circa 4 500 amerikanische Soldaten direkten Angriffen zum Opfer. Wie groß die Zahl der Verwundeten ist, die später ihren Verletzungen erlagen, wurde nicht bekannt gegeben. Trotz des militärischen Rückzugs blieben private Sicherheitsfirmen aus den USA im Irak weiterhin aktiv. Die dortige Botschaft verfügt über die weltweit größte Zahl an amerikanischen Diplomaten. Kaum bezifferbar sind die Verluste in der irakischen Zivilbevölkerung. Genaue Zahlen werden wohl auch in Zukunft nicht zu ermitteln sein. Besonders gravierend ist darüber hinaus, daß in Folge der Verwendung von atomar abgereicherter Munition, die zu schweren Umweltschäden geführt hat, die Zahl der an Leukämie und anderen Karzinomen erkrankten Iraker sich um das 180fache erhöht hat. Auch die Zahl der Mißgeburten ist stark gestiegen.

Die irakische Politik ist seit 2003 von den ethnischen und religiösen Besonderheiten des Landes geprägt. Im Süden des Landes und in Teilen der Hauptstadt bilden arabische Schiiten die Mehrheit. In ihren Siedlungsgebieten liegen auch die größten Ölvorkommen des Landes. Arabische Sunniten wohnen im westlichen Irak und in Bagdad und den nördlich davon liegenden Gebieten bis in die Gegend von Mosul. Kurden dominieren den Norden und Nordosten des Landes. Bei ihnen spielen die religiösen Unterschiede zwischen einer kurdischen sunnitischen Mehrheit und einer kurdischen schiitischen Minderheit derzeit keine Rolle. Viele der kleinen religiösen Minderheiten wie Christen, Juden, Yesidi oder Sabäer haben das Land verlassen und sind nach West- oder Nordeuropa ausgewandert. In Bagdad selbst fanden »ethnische Säuberungen« statt. In Stadtteilen, deren Einwohner aus Sunniten, Schiiten und Christen bestanden hatten, kam es zu Vertreibungen der jeweils kleineren Gemeinschaften. Den komplizierten Verhältnissen versuchten die offiziellen Vertreter der verschiedenen Gruppierungen, durch eine Verfassung zu begegnen, die als föderal beschrieben werden kann. Das Land wurde in 18 Provinzen eingeteilt, die formal eine gewisse Selbstständigkeit erhalten sollen. Seit 2014 sind Tendenzen zu beobachten, diese Zahl auf 24 Provinzen zu erweitern, entlang religiöser oder ethnischer Grenzen. Trotz dieser Festlegungen bestehen grundlegende Spannungen zwischen Schiiten, sunnitischen Arabern und Kurden, weil alle Gruppen an einem möglichst großen Anteil an den Ressourcengewinnen des Landes interessiert sind. Die Kurden, in deren Region sich ebenfalls wichtige Energieressourcen befinden, haben sich relativ schnell eine komfortable politische und wirtschaftliche Situation erarbeitet, wobei sie die internen Konflikte vorläufig beigelegt sowie ihre Autonomie konsequent abgesichert und ausgebaut haben. Schwieriger stellt sich die Situation für die sunnitischen Araber dar, die als religiöse Minderheit über Jahrzehnte das Land politisch kontrolliert hatten und sich nun einer politisch dominierenden schiitischen Mehrheit gegenübersehen. Infolge der Retribalisierung in den Jahren seit 1991 haben sich die sunnitischen Stämme weiterhin zu wichtigen Faktoren einer politischen Struktur entwickelt, die von Stammesmilizen getragen wird. Es gibt einen Rat der Stammesführer, der die gemeinsamen Interessen einer sunnitischen Mehrheit im Irak formulieren und in einer Zentralregierung zur Geltung zu bringen soll. Auf jeden Fall kann der Rat mehr oder weniger erfolgreich die sunnitischen Siedlungsgebiete vor vagabundierenden Organisationen beschützen, die teilweise radikal-islamischen Vorstellungen anhängen oder auch einfach nur kriminell aktiv sind. Die radikal-islamischen und militanten sunnitischen Gruppierungen nutzen den Westen des Irak seit 2011/2012 als Rückzugsgebiet für ihre Einsätze im syrischen Bürgerkrieg.

Die führende politische Kraft im Irak stellt derzeit die Gruppe der Schiiten dar. Diese bilden jedoch ebenfalls keine interne politische Einheit. Derzeit spielen Politiker der Hizb al-Da'wa, geführt von Nuri al-Maliki (geb. 1950) eine dominierende Rolle, müssen aber auf andere Strömungen Rücksicht nehmen. So steht al-Maliki der Jüngere Muqtada al-Sadr (geb. 1973) gegenüber, der aus einer bedeutenden Familie von Rechtsgelehrten stammt und Führer einer Miliz mit dem Namen »Heer des Mahdi« ist. Al-Maliki wird von einem gebildeteren Teil der Schiiten unterstützt, al-Sadr findet seine Anhänger in der ärmeren schiitischen Bevölkerung. Intensivere Konflikte zwischen ihnen sind zukünftig nicht auszuschließen. Solange die Machtverhältnisse zwischen den drei großen Gruppen im Irak insgesamt nicht geklärt sind, werden innerschiitische Auseinandersetzungen wohl zunächst nicht ausbrechen. Im Vordergrund stehen die Machtkämpfe zwischen schiitischen und sunnitischen Politikern, bei denen die Schiiten offenbar die Oberhand behalten. Es gibt jedoch gefährliche Tendenzen in den sunnitischen Gebieten durch das Anwachsen radikal-islamischer Kräfte infolge des syrischen Bürgerkriegs. Die einflußreichste Gruppe ist »Islamischer Staat in Irak und Shâm« (ISIS, arabische Abk.: Dâ'is = al-danla al-islâmiyya fî l'irâq wa-l-shâm), die von dem Iraker Abu Bakr al-Baghdadi (geb. wahrscheinlich 1971 in Samarra) geführt wird. Unter der geographischen Bezeichnung Shâm wird das heutige Syrien, Libanon und Palästina verstanden. Al-Baghdadi gehörte ursprünglich zu der radikalen Gruppe »al-Qaida im Irak«. Diese war zum großen Teil von den US-amerikanischen Truppen vernichtet worden. Die Reste fanden sich dann in ISIS zusammen, lehnten die Führung durch den al-Qaida-Führer Aymân al-Zawâhirî ab und operierten unabhängig. Im syrischen Bürgerkrieg gelang es ISIS, sich gegen die ebenfalls radikale Nusra-Front durchzusetzen und zahlreiche weitere Anhänger zu finden. Ideologisch steht ISIS al-Qaida nahe, ist strikt anti-westlich ausgerichtet und hält schiitische Muslime für Apostaten, die zum wahren, nämlich sunnitischen Islam bekehrt oder vernichtet werden müssen. Seit Ende 2013 konnte ISIS große Teile der westirakischen Provinz Anbar und im Frühjahr 2014 auch die große Stadt Falluja kontrollieren. Die dort lebende sunnitische Bevölkerungsmehrheit zog ISIS der Herrschaft durch die schiitische Regierung in Bagdad vor. Ministerpräsident al-Maliki, der auch die Positionen des Verteidigungsministers und des Innenministers übernommen hatte, rief die sunnitischen Stammesmilizen vergeblich zum Widerstand gegen ISIS auf. Offenbar schlossen sich auch ehemalige baathistische Gruppen und Teile der sunnitischen Stammesmilizen ISIS an. Nuri al-Maliki hatte seit dem Abzug der US-Truppen trotz gegenteiliger Zusagen eine konsequent pro-schiitische Politik betrieben und alle sunnitischen Offiziere in Armee und Polizei durch Schiiten ersetzt. Auch mit der kurdischen Führung konnte er keine Basis zur Kooperation entwickeln. Daher begannen die Kurden, das in Kurdistan geförderte Öl direkt an türkische Interessenten zu verkaufen. Seit Ende Mai/Anfang Juni 2014 sammelten sich ISIS-Truppen im Nordirak in der Nähe der syrischen Grenze und übernahmen in einer plötzlichen Operation mit Mosul die zweitgrößte Stadt des Irak. Irakisches Militär und Polizei ergriffen die Flucht und ließen ihr militärisches Gerät zurück. Die kurdische Autonomie-Behörde lehnte jede Zusammenarbeit mit ISIS ab, mußte aber nach einigen Verzögerungen schließlich doch auf Kooperationsangebote der Zentralregierung eingehen. ISIS konnte rasch bis nach Samarra, circa 100 km nördlich von Bagdad gelegen, vorrücken. Samarra gehört zu den heiligen Stätten des schiitischen Islams. Maliki agierte zunächst hilflos und suchte Hilfe bei dem benachbarten Iran und den USA. Außerdem riefen schiitische Religionsgelehrte zum Kampf gegen ISIS auf. Der bedeutendste Gelehrte, Ayatollah Ali al-Sistani, verlangte zur gleichen Zeit, daß die Regierung alle Iraker unabhängig von Konfession, Religion oder nationaler Zugehörigkeit gleich behandeln müsse. Ende Juni 2014 entsandten die USA Militärinstrukteure nach Bagdad und auch der Iran sagte Unterstützung zu. Ab Juni 2014 nannte sich die Organisation nicht mehr ISIS, sondern nur noch IS für Islamischer Staat und al-Baghdadi nahm für sich den Kalifentitel in Anspruch. Die Situation ist bei Abschluß dieser Ausgabe unübersichtlich. Es besteht die Gefahr, daß der Irak in einen kurdischen, einen sunnitischen und einen schiitischen Teilstaat zerfällt.

	Babylonien	
2600 v. Chr.	Mesalim	Königsgräber von Ur Urnansche Eanatum Entemena Urukagina
2350	Sargon 2334–2279 Naram-Sin 2254–2218 Schar-kali-scharri 2217–2193 Urnammu 2112–2095	Lugalzagesi v. Umma Gudea 2122–2102 Urningirsu
2100	Schulgi 2094–2047 Schu-Sin 2037–2029 Ibbi-Sin 2028–2004	 Ischbi'erra 2017–1985
2000	Hammurapi 1792–1750	
1600	Samsuditana 1626–1595	
1400	**KASSITEN** Karaïndasch um 1415 Kurigalzu I. um 1390 Burnaburiasch II. um 1350	
1200	Nebukadnezar I. 1126–1105	
900		**URARTU** Sarduri I. ca. 840–830
800	Mardukapaliddina II. 721–710	

	Assyrien	Ägypten
		ALTES REICH Cheops 2551–2528
Utuhegal von Uruk		6. Dynastie Pepi I. 2300–2268
		MITTLERES REICH 2040–1785
HETHITER Murschili I. 1620–1595		**2. ZWISCHENZEIT** 1630–1550
MITTANI Sauschtatar um 1440 Artatama um 1420 Tuschratta um 1390 Schattiwaza um 1330 **ELAM** Untasch-Napirischa 1260–1235	Eriba-Adad 1390–1364 Assur-uballit 1365–1328 Salmanassar I. 1273–1244 Tukulti-Ninurta I. 1243–1207	**NEUES REICH** 18. Dynastie Amenophis III. 1391–1353 Echnaton 1336–1327
Schutruk-nahhunte um 1175	Assur-rabi II. 1010–970	
	Assur-nasirpal II. 883–859 Salmanassar III. 858–824 Schamschi-Adad V. 823–811 Schammuramat 810–806 Adad-nirari III. 805–783	
	Tiglat-Pileser III. 744–727 Sargon II. 721–705	

700	Muschezib-Marduk 692–689 Schamasch-schum-ukin 667–648 Nabupolassar 626–605 Nebukadnezar II. 604–562	 MEDER Kyaxares ca. 625–585
600	Nabonid 555–539 Nebukadnezar III. 522	Astyages 585–550
500		
400	SELEUKIDEN Seleukos I. Nikator 311–281	Alexander der Große 330–323 Philipp III. Arrhidäus 323–316
300	Antiochos I. Soter 281–261 Seleukos II. Kallinikos Antiochos III. 223–187	
200	Antiochos VII. Sidetes 139–129	PARTHER Mithridates I. 171–138 Phraates II. 138–128 Artabanos II. 128–124 Mithridates II. 123–88
200 n. Chr.		Gotarzes II. 38–51 Osroes 109–128 Vologaeses II. 106–147 Mithridates IV. 128–147 Vologaeses IV. 148–192
300		Artabanos IV. 208–224
600		
700		Hidschra Mohammeds 622 Tod Mohammeds 632 Kalif Abu Bakr 632–634 Omar I. 634–644

	Assyrien	Ägypten
PERSER Kyros I. ca. 640–600	Sanherib 704–681 Asarhaddon 680–669 Assurbanipal 668–631 Sin-schar-ischkun 627–612	25. Dynastie Taharka 690–664 Tanutamun 664–656 26. Dynastie Necho II. 610–595
Kyros II. 559–530 Kambyses II. 529–522 Darius I.		Psammetich II. 595–589
Xerxes I. 485–465 Artaxerxes 464–424		
Darius III. 335–331	Antigonos Monophthalmos 382–301	
URUK Anu-uballit Nikarchos Anu-uballit Kephalon 202		
CHARAX Hyspaosines 165–124		
	ROM Trajan 98–117 Hadrian 117–138 Antoninus Pius 138–161 Marc Aurel 161–180 Commodus 180–192	
SASANIDEN Ardaschir I. 224–241 Schapur I. 241–272 Bahram I. 273–276	Septimius Severus 193–211 Valerian 253–260	
Schapur II. 309–379 Hormizd IV. 579–590 Chosroes II. 590–628	Konstantin 324–337	
Hormizd V. 631–632 Chosroes III. 632–633 Yazdegerd III. 633–651	Heraklios I. 610–641	

Zeittafel

ISLAM	636	Eroberung und Herrschaft der rechtgeleiteten Kalifen
	661	Herrschaft der Omayyaden von Damaskus
	750	Herrschaft der Abbasiden in Baghdad
	1258	Herrschaft der mongolischen Ilkhaniden
	1236	Herrschaft der Jala'iriden
	1378	Herrschaft der Jala'iriden bis 1411, der Qara-Qoyunlu und der Aq-Qoyunlu
	1502	Herrschaft der iranischen Safawiden
	1638	Herrschaft der Osmanen
	1918	Direkte britische Besatzung
MONARCHIE	1921	Königreich Irak als Protektorat des Völkerbundes. Protektorats-Macht Großbritannien
	1932	Ende des Protektorats, britische Berater weiterhin im Land
	1941	Irakisch-britischer Krieg
REPUBLIK	1958	Staatsstreich von General Abd al-Karim Qassem
	1963	Staatsstreich von Abd al-Salam Aref
	1966	Tod von Abd al-Salam Aref, sein Bruder Abd al-Rahman Aref wird Staatspräsident
	1967	Staatsstreich unter Führung baathistischer Offiziere. General Hassan Al-Bakr wird Staatspräsident
	1979	Saddam Hussein wird Staatspräsident
	1980 – 1988	1. Golfkrieg (gegen den Iran)
	1990	Besetzung Kuwaits durch irakische Truppen. Alliierte Operation »Desert Shield«
	1991	2. Golfkrieg, irakische Niederlage, Saddam Hussein bleibt an der Macht
	1992	Internationale Kontrollen nach Massenvernichtungswaffen im Irak
	2003	3. Golfkrieg. Alliierte Truppen besetzen den Irak. Ende der Herrschaft von Saddam Hussein
	2011	Abzug der US-Truppen
	2014	Bewaffnete Aufstände durch radikal-islamische IS-Rebellen

Ausgewählte Literatur

MONOGRAPHIEN

Claude Cahen, *Der Islam I.* Fischer Weltgeschichte Band 14. Frankfurt a. M.: Fischer 1968

Henner Fürtig, *Der Iranisch-irakische Krieg.* Berlin: Akademie 1992

Ders., *Kleine Geschichte des Irak. Von der Gründung 1921 bis zur Gegenwart.* München: C. H. Beck 2003

Gustav v. Grunebaum, *Der Islam II.* Fischer Weltgeschichte Band 15. Frankfurt a. M.: Fischer 1971

Gudrun Harrer, *Kriegsgründe. Versuch über den Irakkrieg.* Wien: Mandelbaum 2003

Dies., *Souveränität und Nachkriegszeit. Der Irak nach dem Abschluss des Status of Forces Agreement mit den USA.* Wien: Sozialwissenschaftliche Schriftenreihe 2009

Barthel Hrouda (Hrsg.), *Der Alte Orient.* Gütersloh: Bertelsmann 1991

Majid Khadduri, *Independent Iraq 1932–1958: A Study in Iraqi Politics.* London: Oxford University Press 1960

Ders., *Republican Iraq.* London: Oxford University Press 1969

Ders., *Socialist Iraq: A study in Iraqi Politics since 1968.* Washington D.C.: Middle East Institute 1978

Gudrun Krämer, *Geschichte des Islam.* München: C. H. Beck 2005

Anton Moortgaat, *Die Kunst des Alten Mesopotamien.* Köln: DuMont 1967

Hans J. Nissen, *Grundzüge einer Geschichte des alten Vorderen Orients.* Darmstadt: Wissenschaftliche Buchgesellschaft 3. Auflage 1995; erweitert als *The Early History of the Ancient Near, 9000–2000 BC.* Chicago, IL: University of Chicago Press 1988, und: *Protostoria del Vicino Oriente.* Rom/Bari: Laterza 1990

Ders., *Geschichte Alt-Vorderasiens.* München: Oldenbourg 1998

Hans J. Nissen, Peter Damerow, Robert K. Englund, *Frühe Schrift und Techniken der Wirtschaftsverwaltung im alten Vorderen Orient.* Bad Salzdetfurth: Franzbecker 1990

Winfried Orthmann (Hrsg.), *Der Alte Orient.* Propyläen Kunstgeschichte Band 14. Berlin: Propyläen 1975

Joachim Oelsner, *Materialien zur babylonischen Gesellschaft und Kultur in hellenistischer Zeit.* Budapest: Eötvös-Universität 1986

Michael Roaf, *Mesopotamien.* München: Christian 1991

Klaus Schippmann, *Grundzüge der parthischen Geschichte.* Darmstadt: Wissenschaftliche Buchgesellschaft 1980

Ders., *Grundzüge der Geschichte des sasanidischen Reiches.* Darmstadt: Wissenschaftliche Buchgesellschaft 1990

NACHSCHLAGEWERKE

Der Neue Pauly. Enzyklopädie der Antike, herausgegeben von Hubert Cancik und Helmut Schneider. Stuttgart/Weimar: Metzler 1996–2002

Civilization of the Ancient Near East, herausgegeben von Jack M. Sasson. New York: Scribner's 1995

The Oxford Encyclopedia of Archaeology in the Near East, herausgegeben von Eric M. Meyers. New York/Oxford: Oxford University Press 1997

The Encyclopedia of Islam, herausgegeben von Th. Bianquis, C. E. Bosworth, E. van Donzel und W. P. Heinrichs. Leiden: Brill

Abbildungsnachweis

Vorlagen von Hans J. Nissen: S. 10, 18, 20, 22, 23 rechts, 24, 25, 28 unten, 33, 36, 37, 47, 50, 52, 56, 57, 58, 59, 60, 63, 68, 71, 79, 88, 93, 103, 104, 121, 132, 134, 139, 146, 156

S. 23 links: Braidwood et al., *Prehistoric Investigations in Iraqi Kurdistan,* 1960 Tafel 15/12

S. 26: Bernbeck, *Die Auflösung der häuslichen Produktionsweise,* 1994, Tafel IX a

S. 27, 111: Mallowan, *Twenty-Five Years of Mesopotamien Discovery,* 1956, Titelabb., Fig. 1

S. 28 oben: Herzfeld, *Die Ausgrabungen von Samarra V,* 1930, Abb. 2

S. 28 Mitte: Schmidt, *Tell Halaf I,* 1943, Tafel 2, 75

S. 30 oben: Bartl et al. (Hrsg.), *Zwischen Euphrat und Indus,* 1995, Abb. 3, 4

S. 30 unten: Heinrich, *Tempel und Heiligtümer in Mesopotamien,* Abb. 67

S. 35: *Uruk Vorbericht VIII,* 1937, S. 46, Abb. 5

S. 38, 43: Heinrich, *Kleinfunde aus den Archaischen Tempelschichten in Uruk,* 1936, Tafel 3, 17 a, 38

S. 40, 42, 48: Falkenstein, *Archaische Texte aus Uruk,* 1936, Nr. 304, 340, Zeichng. 743, 744

S. 41: Nissen et al., *Frühe Schrift und Techniken der Wirtschaftsverwaltung im alten Vorderen Orient,* 1990, Abb. 9 b

S. 45 oben: Becker, *Uruk Kleinfunde 1,* 1993, Tafel 38

S. 45 unten, 66, 70 unten, 79, 81, 86, 99, 112: Moortgat, *Die Kunst des alten Mesopotamien,* 1967, Abb. 26, 86, 109, 119, 134, 136, 139, 154, 170, 227, 259

S. 54: Adams/Nissen, *The Uruk Countryside,* 1972, Fig. 3, 4

S. 65, 153: *Sumer Assur Babylon – Ausstellungskatalog,* Hildesheim 1978, Titelabb., Abb. Nr. 65, 160

S. 69, 70 oben und Mitte: Woolley, *The Royal Cemetery,* 1934, Tafel 30, 128, 133

S. 82: Parrot, *Sumer,* 1960, Abb. 213
S. 87 links: Schmid, *Der Tempelturm Etemenanki in Babylon,* 1995, Plan 7
S. 87 rechts: Woolley, *The Ziggurat and its Surroundings,* 1979, Tafel 68
S. 92: Saggs, *The Greatness that was Babylon,* 1962, Tafel 21 b
S. 102, 151: Andrae, *Das wiedererstandene Assur,* 1938, Abb. 79 und Beilage 81
S. 106: Collon, *First Impressions,* 1987, Nr. 276, 548
S. 108: King, *Babylonian Boundary Stones,* 1912, Tafel 1
S. 114: Woolley, *Mesopotamien und Vorderasien,* 1961, Fig. 60
S. 118: Strommenger, *Mesopotamien,* 1962, Abb. 52, 55
S. 119: Trümpler (Hrsg.), *Agatha Christie und der Orient,* 2000, S. 72
S. 120 oben: *Iraq 1,* S. 97, Abb. 1
S. 120, 122: Barnett/Lorenzini, *Assyrische Skulpturen,* 1975, Abb. 53, 130
S. 124: Seipel (Hrsg.), *Der Turmbau zu Babel,* Band 1, 2003, S. 174
S. 125: Schmökel, *Ur, Assur und Babylon,* 1955, Tafel 155
S. 136, 137: Ghirshman, *Perse,* 1963, Ausschnitt aus Abb. 190, 255, 283
S. 141: Koldewey, *Das wieder erstehende Babylon,* 1913, Abb. 253
S. 160: Reuther, *Die Ausgrabungen der deutschen Ktesiphon-Expedition 1928/29,* 1929, Fig. 7

Sachregister

Abbasiden 167, 169, 170, 210
Ahlamu 108
Akkader 14 f., 78; akkadische Sprache 13, 15; akkadische Statue und Kampfstele 81 Abb.
Akquyunlu 172
Amarna-Korrespondenz 105
Amoriter 90, 97
Amphorenhenkel 144
Amtssprache 134 f., 137
Anabasis 136
Araber 15, 151, 160 f., 166, 180, 202; arabisch 153, 160, 163 f., 166 ff., 170, 181, 183, 187–192, 196, 202, 204; arabischer Nationalismus 182, 186
Aramäer 108, 110, 112, 116; aramäische Kleinstaaten 113; Aramäisierung des Assyrischen 114; *Reichsaramäische* 135
Asphalt 13
Astronomie 123, 128, 158
Aquädukt 120
Ära 140

Baath-Partei 183, 187, 188, 189, 190, 191, 193, 197; *Arabische Sozialistische Baath-Partei* 185
Babyloniaka des Berossos 141
Babylonische Gefangenschaft 126, 132; babylonische Medizin 128; *babylonischer Talmud* 132, 158
Bagdad-Pakt 183
Bankhaus 127, 133
Baumaterial 12, 24, 199
Bevölkerung 9, 14 ff., 21, 31, 55, 61 f., 89, 100, 116, 126, 138, 140, 146, 153, 162, 164, 169, 171, 173 f., 177, 180 f., 186, 189, 191, 195, 198, 201, 203
Bewässerung 11, 88 f., 156 f.; Bewässerungsoasen 61, 76
Bibliothek 122 f., 167
Bischofssitz 158
Bit Resch 142 f.
Bronze 13, 70; -kopf 79 Abb.
byzantinisch 159, 162 f.

C_{14} (Kohlenstoff 14) Methode 24
Chaldäer 116, 121
Charakene 144
Christen 157, 162, 168, 180, 202
christliches Konzil 158
CIA 187

Dendrochronologie 24
Deportation 16, 114
Diadochen 139
Domestikation 17
Doppelmonarch/-ie 117, 122
Drehbank 47, 48
drehbare Arbeitsplatte 29, 46
Dunkles Zeitalter 96
Dynastien 59, 63, 75, 78, 83, 86, 88 f., 168 f.

Eanna 35, 36 Abb., 38, 57 f.
East India Company 175 f.
Effendi 177
Elfenbein 115; -relief 115 Abb.
Entwässerung 157
Erdöl 13
eurasische Platte 9

Faschismus 182
Felseninschrift von Bisutun 133, 135, 137 Abb.
Fluch über Akkad 82, 84, 91
freie Offiziere 183
Frühdynastische Zeit 59, 66, 68, 71 Abb., 75 f., 78, 80

gelagerte Achse 46 f.
Geldwesen 134, 137
Gilgamesch-Epos 42, 53, 59, 123
Glockentopf 46 f., 47 Abb.
Götterkampf 79
Götterliste 67
Gold 13, 73, 103, 135
Guti 82, 84 f., 99

Hängende Gärten 127
Halaf-Kultur 27, 27 f. Abb.
halbnomadisch 62
Handel 18 Abb., 140, 149, 154, 174; Fern- 85; -beziehungen 72; -route 148, 154; -stationen 102 f., 149
Hausformen 26
Heeresreform 113
Hellenisierung 139, 142, 147; Hellenismus 153, 155; hellenistisch 140, 143 f., 147 f., 150 ff., 168
Herakles 152
Herdenhaltung 20
Herrscherinschriften 14, 63
Hethiter 75, 93, 96 f., 101, 104, 207
Hidschra 208
Hijra 161
Hochglanz 28
Hochterrasse 35
Hörnerkrone 80 f.
homo sapiens sapiens 17
Hungersnot 90 f.
Hurriter 15, 99 f.

Imperialismus 124, 188
Informationsspeicherung 25 Abb., 51
Irakisch-Britischer Krieg 183, 210
Irigal 143
Islam 160 ff., 164, 166, 168, 170, 175, 177, 188, 191, 204 f.
Islamische Revolution 191, 193

Jihad 161
Jizya 162
Juden 132, 162, 168, 180, 202

Kalif 160, 162 ff., 167, 168 ff., 208, 210
Kalkstein 12, 43, 45 Abb., 65
Kanäle 60 f., 115, 127, 157; Kanalbewässerung 61
Kanonisierung 109
Karneol 12, 73
Kassiten 16, 97, 98 f., 206; kassitische Sprache 97
Kaufleute 103, 103 Abb., 107, 133, 149, 169
Keilschrift 15, 73, 98, 105, 135, 143; Entzifferung der 135
Keramik 22 f., 26–29, 47, 49; attische 144
Kharaj 162
Khediven 176
Klima 9, 17, 33, 51, 53, 145; -schwankungen 10, 54; Mikro- 19
Königsgräber 69, 69 f. Abb., 206; -inschriften 108; -liste 108
Kolonien 49, 58; Kolonisierung 115
Komitee für Einheit und Fortschritt 178
Kommunistische Partei des Irak 183–186, 190
Konflikte 42, 54 f., 62 f., 74, 101, 169, 178, 189, 194, 202 f.
Koran 161 f.
Kudurru 108 Abb., 109
Kultgebäude 29
Kultvase 43 Abb., 44
Kunst 18 Abb., 34, 45, 65 f., 71, 80, 96, 106 f., 109, 123, 152, 189; Kunstraub 108
Kupfer 13, 70

Lachmiden 157; -staat 157
Lapislazuli 12, 72 f.

Leute des Buches 162
Lexikalische Aufzeichnungen 40, 42 Abb.
Liga der arabischen Staaten 187
lingua franca 105
Listenliteratur 127
Liwan 147, 151, 152 f., 152 Abb.; -bau 150
Lullubi 80, 82, 84, 99

Mamluken 170, 175 f.
Manichäer 157
Massenware 46, 57
Meder 125, 128, 131, 208
Messias (Mahdi) 165
Metall 11, 13, 40, 43, 49, 70; -werkstatt 38
Metropole 137
Militärlager 157, 163
Mischwirtschaft 20
Mißernten 20 f.
Mittani 101, 108, 207; -Reich 100 f., 108, 110
Mittelsaalhaus 29, 30, 30 Abb.
Mondgott 67 f.
Mongolen 170 f.; mongolisch 170, 172, 210
Mosaiken 37
Mosul-Alabaster 12
Muscheln 13
Muslime 161–164, 166 f., 169, 204
Mu'tazila 168
mythologische Szenen 79, 80 Abb.

Nahrungserzeugung 20 f.
Neandertaler 17 f.
Nestorianismus 158
Neujahrsfesthaus 127, 143
Niederschläge 9 f.

Obed-Kultur 28 Abb., 29; Obed-Periode 34; Obed-Zeit 31, 32, 34, 46, 53 f.
Obsidian 13
Omayyaden 164, 166 f., 210
Osmanen 172 ff., 210; Osmanisches Reich 172 f., 175–180

Palast 12, 31, 58, 64, 90, 93, 98, 106, 109, 112 Abb., 113, 114 f. Abb., 118 ff., 118 ff. Abb., 122 f., 122 Abb., 127, 134, 136 Abb., 139, 150, 153 f., 167; parthischer 102, 151 Abb.; -relief 12, 113; -terrasse 134, 134 Abb., 155
Peristylhof 151
Perser 113, 128, 131, 133, 209
Pflanzenanbau 10, 20
plan-konvexe Ziegel 59
Premiere 7, 19, 47, 108, 119, 127, 140
Propaganda 111, 166, 196
Proto-Elamisches Netz 59

Ramadan 161
Regenfeldbau 10
Reichsgott 107
Relief 12, 38, 43, 51, 66 f., 71, 78, 80, 98, 108, 112, 120, 123, 127, 134, 137 Abb., 152; Elfenbein- 115 Abb.; Familien- 66, 66 Abb.; Wand- 12; Ziegel- 126, 136 Abb.
reliefierte Steinplatten 112
Residenzstadt 97 f., 105, 114, 169
Revolutionärer Kommandorat 184 f., 187
Revolution von 1920 180, 182
rhodisch 144
Rohstoffe 11, 49, 124
Rundbau 27 Abb.; -stadt 151

Safawiden 172, 210
Samarra-Kultur 26 Abb., 27, 28 Abb.
Säulensaal 134
Schaf 19 f., 43

Schia 164, 193
Schiiten 164 f., 167, 173 f., 180, 182, 189, 193 f., 197 f., 202 ff.
Schleifscheibe 47, 56
Schrift 14, 18 Abb., 32, 34, 38, 41, 50–53, 52 Abb., 55 f., 62, 73 f., 85, 87, 96 f., 100, 109
Schulen 87 f.
Schwemmebene 9 f., 12, 18 Abb.
Seidenstraße 146
Selbstvergöttlichung 82, 91
Seßhaftigkeit 17 ff.
Siedlungssysteme 31
Siegel 27, 38 f., 51, 56, 56 Abb., 71 f., 79 f., 88 Abb., 94, 107; Roll- 38 Abb., 39, 45, 47, 49, 50 f., 56, 71, 78, 106; Stempel- 25, 25 Abb., 38, 51
Silber 13, 73, 103
Sintflut 53
Sprache 13 ff., 55, 73 f., 77, 97, 100, 114, 126, 135, 141, 143; -verwirrung 126; semitische 14 f., 74, 97
Stadt; -gottheit 64, 76, 82, 86; -gründung 139 f.; -mauer 33 Abb., 59 f., 62, 102, 118, 127, 143, 147, 150; -regierung 36, 56; -staaten 18 Abb., 49, 56, 63, 73–76, 84, 92, 98; -verwaltung 42
Stammesgebiet 116
Stiermensch 72, 114 Abb.
Stifterstatuen 65
Straßennetz 130, 134, 137
Stratigraphie 23 f.
Streitwagengruppe 113
Su-Baschi 173
Sultan 170, 174 ff., 178
Sumerer 14, 78; sumerische Sprache 14 f., 73, 143; Sumerische Königsliste 59, 83
Sunniten 164, 180, 202
Syces-Picot-Abkommen 180

Tanzimat-Periode 176
Technologie 29, 199
Tempel 30 Abb., 31, 35, 35 Abb., 44, 58, 63 ff., 67, 76, 85 f., 89, 93, 98, 99 Abb., 107, 142 f., 148, 150; Tempel auf Terrasse 58, 86; Weißer 35, 35 Abb., 58, 142
Territorialstaaten 75
Textilien 49, 103
Tiefgrabungen 32, 53
Tierkampf 71 Abb., 78, 80 Abb.
Tierseuchen 20
Töpferscheibe 46 ff., 57, 58 Abb.
Ton; -kugel 52; -tafel 38 ff., 40 f. Abb., 98, 120 Abb., 143; -verschluß 25, 38, 51
Turm von Babel 125 Abb., 126

Universität 158, 183, 189
Uruk-Netzwerk 58 f.

Versalzung 89
Versammlungsgebäude 36, 64
Verwaltung 42, 49, 138, 168 f., 172 ff., 177, 180 ff.; -sreform 87, 176
Völkerbund 181 f.

Wagen 48, 48 Abb.
Wahhabiten 175
Wanderungen 14 ff., 55, 94, 100, 202 f.
Weltschöpfungsepos 123
Werkstatt 38, 43
Wildform (Schaf) 19, 20 Abb.
Wirtschaftsverwaltung 38 f.
Wörterbuch 41, 109

Yakin (Bit) 118

Zählmarken 25 Abb., 51 f., 52 Abb.
Zeitrechnung 24, 140
zentrale Funktion 30 f.

zentraler Ort 30
Zentralisierung 77
Zentralstaat 56, 75 f., 83 f., 89
Ziegel 12 f., 59, 98, 134; farbig glasiert 113, 127, 134; Lehm- 24, 127; -relief 126, 136 Abb.
Zinn 13, 103
Ziqqurrat 86, 87 Abb., 98, 124 Abb., 126, 135, 147; von Babylon 124 Abb., 126, 135; von Ur 87 Abb.
Zoroastrier 162, 168

Personenregister

Abd al-Hamid II. 178
Abd al-Karim Qassem 184, 210
Abdallah 181
Abd al-Majid 176
Abd al-Rahman al Bazzaz 187
Abd al-Rahman Aref 187, 210
Abd al-Salam Aref 185, 187, 210
Abu Bakr 163 f., 204, 208
Abul-Abbas 167
Adad-nirari III. 116, 207
Afrasiyab 174
Ahmed 175
Ahmed Pascha 174
Alexander der Große 136, 138 f., 139 Abb., 140 f., 208
Ali 163 f., 166, 194
al-Ma'mûn 167
al-Mansur 167 f.
al-Mu'tasim 169
al-Mutawakkil 168 f.
al-Nâsir 170
Amenophis III. 103, 207
Amenophis IV. 105
Antigonos Monophthalmos 140, 209
Antiochos I. Soter 141, 144, 208
Antiochos III. 144, 208
Antiochos VII. Sidetes 145, 208
Antoninus Pius 153, 209
Anu-uballit Kephalon 142, 209
Anu-uballit Nikarchos 142, 209
Ardaschir I. 154 ff., 209
Artabanos II. 145, 208
Artabanos IV. 154
Artatama 100, 207
Artaxerxes II. 136, 209
Asarhaddon 121 f., 121 Abb., 209
Assurbanipal 119 f. Abb., 122, 122 Abb., 123, 209
Assurnasirpal II. 112 Abb., 113, 115 Abb.

Assur-rabi II. 111, 207
Assur-uballit I. 103, 106, 207
Astyages 131, 208
Ayatollah Khomeini 195

Bahram I. 157, 209
Belsazar 128
Bessos 136, 138
Berossos 141
Burnaburiasch 103, 206

Chosroe II. 159, 209

Darius I. 132 Abb., 133, 209
Darius III. 134 ff., 136 f. Abb., 138, 209
Dschingis Khan 170

Eannatum 66 Abb., 76, 80
Echnaton 98, 103, 105, 207
Egibi 127, 133
Enheduana 77 f., 83
Emir Faisal 181
Entemena 206
Enver Pascha 179
Eriba-Adad 103, 106 f., 106 Abb., 207

Gamal Abd el-Nasser 183, 186
Gaumata 133
Gilgamesch 18 Abb., 59, 62
Gotarzes II. 147, 208
Gudea 84 f., 86 Abb., 206

Hadrian 150, 209
Hammurapi 91–94, 92 f. Abb., 97, 102, 109, 206
Hasan al-Bakr 187 f., 190 f., 210
Hasan Pascha 174
Heraklios 159, 209
Herodot 11, 135
Himeros 145
Hulagu 170
Hussein aus Medina 164 f.
Hyspaosines 145, 209

Ibbisin 78, 90 f.
Ibn Abd al-Wahhab 175
Ischbi-Erra 90 f.

Jala'iriden 172, 210

Kambyses 131
Kambyses II. 133, 135, 209
Kandalanu 122
Karaïndasch 98, 99 Abb., 206
Karder 157
Khatt-i Humayun 176
Kroisos 128
Kurigalzu I. 97, 104 f., 206
Kyros I. 128, 131, 209
Kyros II. 131 ff., 136, 209

Lugalzagesi 75 ff., 206

Mahmud II. 176
Mani 157 f.
Marc Aurel 153, 209
Mardukapaliddina II. 117 f., 121, 206
Mehmet Fatih 170
Merodachbaladan 118
Mesalim 78, 206
Midhat Pascha 177
Mithridates I. 144, 147, 208
Mithridates II. 146, 208
Mohammed 159, 208
Moses 77
Mu'awiya 164
Mullah Mustafa Barzani 184
Murad IV. 174
Muraschu 133
Murschili 75, 93, 96 f., 207

Muschezib-Marduk 121, 208

Nabonid 128, 132, 208
Nabupolassar 125, 129, 208
Naramsin 80–83, 82 Abb., 87, 109
Nebukadnezar I. 116
Nebukadnezar II. 124, 125, 208
Nebukadnezar III. 135, 139, 208
Nebukadnezar IV. 135
Nuri al-Said 182 ff.

Omar I. 160, 208
Osroes 150

Papak 154
Pascha 172–175
Philipp Arrhidäus 139 f., 208
Phraates II. 145, 208
Plinius 149
Puabi 70 Abb., 78
Pulu 117

Raschid Ali al-Ghailani 183

Saddam Hussein 186, 190–197, 200, 210
Salmanassar I. 107 f., 114, 207
Salmanassar III. 113, 207
Sanherib 119, 119 Abb., 120 ff., 120 Abb., 209
Sarduri 117, 206
Sargon 14, 18 Abb., 74, 77 f., 79 Abb., 80, 83 f., 114 Abb., 117 ff., 118 Abb., 206 f.
Sasan 155
Sauschtatar 101, 106 Abb., 207
Schah Abbas 173
Schamasch-schum-ukkin 122, 208
Schammuramat 116, 207
Schamschi-Adad V. 114, 207
Schapur I. 157 f., 209
Schapur II. 158, 209
Scharkalischarri 84, 90
Schattiwaza 100, 207
Schulgi 83, 87 f., 90, 206
Schusin 78, 90
Schutruk Nahhunte 108, 207
Seleukos I. 140 f., 208
Semiramis 116
Septimius Severus 154, 209
Shatt al-'Arab 163
Sinmuballit 91
Sin-schar-ischkun 123, 209
Smerdis 133 f.

Tamerlan 170
Tiglat-Pileser III. 117, 131
Timur 170
Trajan 149 f., 209
Tukulti Ninurta I. 105, 108, 207
Tuschratta 100, 207

Untasch-Napirischa 105, 207
Urnamma 18 Abb., 85 ff.
Urnansche 18 Abb., 66, 66 Abb., 78, 206
Urukagina 76, 206
Utuhegal 85, 207

Vologaeses IV. 153 f., 208
Vologaeses VI. 154

Wilson 180

Xenophon 138
Xerxes 135, 138, 209

Yazdegird III. 159 f., 163

Ortsregister

Abade 22 Abb.; Tell 30 Abb.
Achetaton (heute Tell el-Amarna) 105
Ägypten 11, 14, 50, 98, 101, 105, 117, 122, 124 f., 133, 135, 140, 158 f., 163, 169 f., 172, 176, 183, 185, 207, 209
Afghanistan 12, 73, 200
Akkad 14, 18 Abb., 74 f., 77, 79 Abb., 82, 84, 86, 91, 129
Alalach 100
Aleppo 22 Abb., 108, 172, 175
al-Madina, siehe Yathrib
al-Sadr City, siehe Madinat al-Thaura
Anatolien 13, 103
Antiochia 140 f.
Arrapcha 101
Aschdod 117
Aserbaidschan 117
Assur 22 Abb., 81 Abb., 92 f., 96, 101, 102–107, 102 Abb., 110, 112, 124, 129, 137, 150 f., 151 Abb., 153
Assyrien 11, 105, 106 ff., 110, 114 ff., 119, 121, 123 ff., 129
Aqar Quf, siehe Dur-Kurigalzu

Babylon 22 Abb., 75, 91–94, 96 ff., 104 f., 108, 111, 115, 117 f., 121 ff., 124 Abb., 125–128, 132–135, 137 ff., 140, 141 Abb., 143–147, 154
Babylonien 11, 49, 50 Abb., 51, 55 f., 58, 61 f., 75 f., 83, 90, 92 f., 96–100, 105, 107–110, 114–118, 121, 124, 126, 128 f., 132, 135, 137 f., 142–150, 155–158, 160, 206, 208
Badachschan 12, 73
Bagdad 22 Abb., 97, 105, 135, 140, 163, 167–177, 180 f., 186, 189 f., 194, 197, 199, 201 f., 204 f.
Baghouz 22 Abb., 26
Bahrein 160, 163
Basra 22 Abb., 163, 172, 174 ff., 179, 180 f.
Beldibi 17
Beluchistan 104
Bisutun 133, 135, 137 Abb.
Britannien 172
Byzanz 159

Chana 97
Charax 145, 148 f., 154, 156, 209
China 146, 155
Chogha Mami 22 Abb., 26
Chogha Mish 22 Abb., 31
Chogha Zanbil, siehe Dur-Untasch
Chorsabad, siehe Dur-Scharrukin

Demavend 117, 131
Deutschland 178 f., 183
Dilmun 77
Dschemdet Nasr 18 Abb., 22 Abb.
Dura Europos 148
Dur-Kurigalzu (heute Aqar Quf) 97, 105
Dur-Untasch (heute Chogha Zanbil) 105
Dur-Scharrukin (heute Chorsabad) 118, 118 Abb.

Ebla 22 Abb., 73
Edessa 159
Egbatana (heute Hamadan) 133, 135, 146
Elam 90 ff., 96, 104 f., 104 Abb., 108, 122, 207
Erbil 158
Eridu 22 Abb., 30, 30 Abb., 56, 91
Eschnunna 22 Abb., 90, 92
Euphrat (Grenze) 9, 11 ff., 26, 34, 61, 63 Abb., 76, 91, 139, 148 f.,

150 f., 154 ff., 163, 167
Firuzabad, *siehe* Gur
Frankreich 178, 180, 195

Gaugamela 136, 138 f.
Girsu 22 Abb., 63, 63 Abb., 83 f., 145
Gundeschapur 158
Gur (heute Firuzabad) 154

Habur 124, 154
Halaf 18 Abb., 22 Abb., 27 f.
Halys (heute Kızıl Irmak) 117
Hamadan, siehe Egbatana
Harran 125
Ḥassuna 18 Abb., 22 Abb., 23
Hatra 150 ff., 152 f. Abb., 154, 158
Hattuscha 101
Hira 157 f., 160
Hit 13
Hotu 17

Indien 128, 135, 148, 155, 175, 178
Indus 11; -gebiet 70 Abb., 73, 77, 85, 100, 104, 138
Isfahan 158
Isin 56, 90 f., 111, 116
Istachr 154 f., 158
Istanbul 173–178

Jemen 185
Jerusalem 126, 159
Jordanien 199

Kalach 112 ff., 112 Abb., 115 Abb.
Kanesch 102
Karkemisch 108
Karmel-Gebirge 17
Kar Tukulti Ninurta (heute Tulul Aqir) 105 f., 114
Kayseri 102
Kazallu 90
Kazimiya 165
Kerbela 165, 175, 180 f., 189
Kerkuk 100 f., 158
Kermanschah 146, 160
Khorramshahr 145
Khuzestan 25 Abb., 59, 104 f., 158
Kilikien 113
Kirkuk 186
Kisch 22 Abb., 56, 77
Kızıl Irmak, siehe Halys
Konstantinopel 159
Ktesiphon 145, 149, 153–158, 160, 160 Abb., 163
Kufa 156, 163 f.
Kujundschik 119, 119 Abb., 120 Abb.
Kunaxa 135 f.
Kuwait 178, 187, 195 f., 210
Kültepe 102

Lagasch 56, 63, 65 f., 66 Abb., 74, 76 ff., 83 ff., 86 Abb.
Larsa 63 Abb., 91, 116
Libanon 85, 204

Madinat al-Thaura (später Saddam City; heute al-Sadr City) 186
Magan 77
Mari 22 Abb., 76, 92, 94
Medina 159, 161, 164
Mekka 159, 161, 181, 194
Meluhha 77
Mosul 22 Abb., 26, 118, 136, 172, 174 ff., 179 f., 186, 202, 204

Najaf 165, 175, 180 f., 189, 193
Naqsch i-Rustam 155
Nedschef 156
Nihavend 160
Nil 11
Nimrud 112
Ninive 22 Abb., 79 Abb., 103, 112, 119, 119 Abb., 122 ff., 122 Abb., 131, 134, 146, 150, 159

Nippur 22 Abb., 56, 63 Abb., 82, 91, 116, 127, 133, 147
Nisibis 154, 158
Nuzi 100

Obed 18 Abb., 22 Abb.
Oman 13
Ouweli 22 Abb., 31

Palästina 117, 125, 183, 204
Palmyra 149, 154
Parsuasch 113, 131
Pasargadae 133
Pelusium 133
Persepolis 133, 134 Abb., 136 Abb., 138, 155
Persis 133, 154
Portugal 172

Qadisiyya 160, 163
Qatna 93, 100

Rußland 178 f.

Saddam City, siehe Madinat al-Thaura
Samaria 117
Samarra 18 Abb., 26, 28, 165, 169, 189, 193, 204 f.
Samauwa 12
Sardes 136
Sar-i Pol-e Zohab 97
Schanidar (Höhle) 17, 22 Abb.
Schatt el-Arab 145
Seistan 59, 104
Seleukia 140 ff., 144 ff., 153
Sowjetunion 186, 190
Spanien 172
Susa 22 Abb., 31, 93, 106, 109, 111, 133 f., 136 Abb., 138, 158
Syrien 9, 27, 29, 49, 73, 92, 101, 112, 116 f., 125, 140, 150, 158, 163, 170, 172, 183, 185, 191, 198, 204
Taurus 19
Teheran 22 Abb., 117, 146
Teima 128
Tell el-Amarna, siehe Achetaton
Tell es-Siwwan 26, 26 Abb.
Tell Nebi Yunus 119
Tello 66 Abb., 81 Abb., 86 Abb., 145
Terqa 97
Tikrit 190
Til Barsip 108
Transjordanien 181
Tulul Aqir, *siehe* Kar Tukulti Ninurta

Umma 22 Abb., 63, 63 Abb., 66, 74 f., 78, 85, 206
Ur 18 Abb., 22 Abb., 56, 63 Abb., 67 ff., 68 ff. Abb., 73, 75, 77 f., 83, 85 f., 87 Abb., 88–93, 98, 102, 116, 206
Urartu 117, 206
Uruk 12, 22 Abb., 32–35, 33 Abb., 35 Abb., 38 Abb., 43 f., 43 Abb., 45 Abb., 48 ff., 53, 54 Abb., 56, 59, 59 Abb., 60 f., 60 Abb., 63, 63 Abb., 77, 84 ff., 91, 98, 99 Abb., 115 f., 127, 133, 142–147, 142 Abb., 149, 155, 207, 209
USA 186, 192, 196, 198, 200 f., 205

Van-See 117
Vologaisias 156

Yamchad 93
Yathrib (später al-Madina) 161

Zagros 9, 12 f., 17, 19, 100, 123, 131

Wagenbachs Blick in die Geschichte

Michael Axworthy

Iran *Weltreich des Geistes*

Axworthy führt in großem Bogen und zugleich detailreich durch drei Jahrtausende iranischer Kulturgeschichte. Ein längst fälliger Einblick in eine wenig bekannte Region.

Aus dem Englischen von Gennaro Ghirardelli
Gebunden mit Schutzumschlag. 352 Seiten mit zahlreichen Abbildungen

William Montgomery Watt

Der Einfluß des Islam auf das europäische Mittelalter

Die arabische Expansion hat die westliche Welt fast immer nur als Bedrohung, kaum je als Bereicherung erfahren. Dabei brachten die Araber nicht nur Lehren der Naturwissenschaften wie der Physik, Astronomie, Geographie, Mathematik und Medizin aus der Welt des antiken Griechentums nach Europa, sondern auch Poesie und Musiktheorie.

Aus dem Englischen von Holger Fließbach. Vorwort von Ulrich Haarmann
WAT 420. 144 Seiten

Jonathan Riley-Smith Wozu heilige Kriege?

Anlässe und Motive der Kreuzzüge

Welche Motive standen hinter den Kreuzzügen? Wer waren die Kreuzfahrer? Ein führender Wissenschaftler stellt die Quintessenz seiner Forschungen vor. Eine Basislektüre für interessierte Laien und Historiker gleichermaßen.

Aus dem Englischen von Michael Müller
WAT 480. 192 Seiten